Jonas Lanig
Marion Schweizer

»Ausländer nehmen uns die Arbeitsplätze weg!«

Rechtsradikale Propaganda und wie man sie widerlegt

herausgegeben von
Wilfried Stascheit

mit Fotografien von
Bernd Schäfer

Vollständig aktualisierte Neuauflage

Verlag an der Ruhr

Impressum

Titel: „Ausländer nehmen uns die Arbeitsplätze weg."
Rechtsradikale Propaganda und wie man sie widerlegt

Herausgeber: Wilfried Stascheit

AutorInnen: Jonas Lanig, Marion Schweizer

Schlussredaktion: Wilfried Stascheit

Interviews: Sabine Wings/Bernd Schäfer

Portätfotos: Bernd Schäfer
Die Fotografien und Zitate sind Teil der Wanderausstellung *„Zu Hause in der Fremde – Gesichter und Gedanken von Menschen, die hier leben"*.

Druck: Druckerei Uwe Nolte, Iserlohn

Verlag: Verlag an der Ruhr
Alexanderstraße 54 – 45472 Mülheim an der Ruhr
Postfach 10 22 51 – 45422 Mülheim an der Ruhr
Tel.: 02 08/439 54 50 – Fax: 02 08/439 54 39
E-Mail: info@verlagruhr.de
www.verlagruhr.de

ISBN 3-86072-992-6

Die Schreibweise der Texte folgt der reformierten Rechtschreibung.

Gedruckt auf chlorfrei gebleichtes Papier.

Kirk: Soll ich Ihnen etwas sagen, Spock? Jeder ist ein Mensch.

Spock: Sie beleidigen mich.

Kirk: Das ist nur menschlich.

Spock: Rassist.

Kirk: Vulkanier.

(J. M. Dillard: Star Trek VI
„Das unentdeckte Land", S. 246)

Inhalt

Inhalt

III. Wohnen

IV. Bildung

V. Kriminalität

Inhalt

VI. Soziales

VII. Integration

VIII. Frauen

Inhalt

IX. Vergangenheitsbewältigung

X. Staatliche Ordnung

Vorwort

Sechs Jahre nach Erscheinen unseres ersten Buches zum Thema Nazismus und Rechtsradikalismus *„‚In Auschwitz wurde niemand vergast' – 60 rechtsradikale Lügen und wie man sie widerlegt"* folgt nun der Band *„‚Ausländer nehmen uns die Arbeitsplätze weg' – Rechtsradikale Propaganda und wie man sie widerlegt"*.

Nach der Auseinandersetzung mit den historischen Rechtfertigungsversuchen eines verbrecherischen Systems war das nun vorliegende Buch notwendig geblieben, um auch den aktuelleren Propagandalügen der Rechten Paroli bieten zu können.

Die „Geburt" dieses Buches war nicht einfach. Einmal, weil der zu behandelnde Stoff zum Teil äußerst unappetitlich war und viel emotionale Zurückhaltung erforderte. Zum anderen, weil es sich in weiten Teilen des Buches um eine Pionierleistung handelt. Niemand scheint sich bislang die Mühe gemacht zu haben, das Lügengebäude der Rechtsradikalen systematisch auseinanderzupflücken.

Aber schlimmer als das waren eigentlich die fortwährenden Zweifel, die uns geplagt haben. Sätze wie: „Sollen wir das Buch überhaupt herausbringen, für wen soll es denn eigentlich einen Sinn haben?" – „Überzeugen werden wir Rechtsradikale sowieso nicht!", schwirrten jedem von uns zu verschiedenen Zeiten im Kopf herum.

Außerdem seien es ja nicht nur typisch rechtsradikale Argumente, die hier behandelt würden. Viele dieser Argumente machten an Stammtischen die Runde und außerdem würden einige der Aussagen nicht so ganz an den Haaren herbeigezogen sein. Vieles stimme doch einfach. Diese Meinungen verträten auch Leute, die nicht der rechten Szene zugerechnet werden können.

Und zudem hätte sich ein solches Buch doch sowieso überholt, denn die ganze Sache mit dem „Rechtsradikalismus" habe sich doch einigermaßen beruhigt. Die Medien hätten die ganze Geschichte um rechte Gewalttaten im Übrigen aufgebauscht. Ähnliche Einstellungen und Vorfälle gäbe es schließlich auch in anderen europäischen Ländern wie Frankreich oder Österreich, nur da kümmere sich niemand drum.

Wenn man die Leute gar nicht beachten und ihnen keine Bühne schaffen würde – alles würde sich von selbst erledigen.

Zwei kleinere Erlebnisse haben mich dann doch darin bestärkt, dieses Buch ganz bestimmt herauszubringen:

Ich stand beim allwöchentlichen Einkaufen an der Theke meines Obst- und Gemüsehändlers. Die Dame vor mir verlangte nach einem Pfund Erdnüsse. Der Verkäufer entnahm die Nüsse einer Tüte, die auf der Vorderseite mit einem Stern verziert war. Daraufhin die Kundin: „Da ist ja ein Judenstern drauf. Die Nüsse nehm' ich nicht!"

Das andere Erlebnis hat mit der Entstehung dieses Buches zu tun. Ursprünglich hatten wir geplant, auf dem Titelcover eine italienische Eisdiele zu zeigen. Aus einiger Entfernung fotografiert, konnte man klein den Besitzer entdecken, wie er bediente und am Bildrand war der Name der Eisdiele zu lesen. Als das Foto vor einiger Zeit entstanden ist, hatten wir netterweise auch die Genehmigung zum Abdruck bekommen. Nun, da das Erscheinen unseres Buches immer näher rückte, setzten wir uns noch einmal mit dem Besitzer in Verbindung, und er zog über seinen Rechtsberater seine Zusage zurück. Er befürchtete, dass er irgendwie Unannehmlichkeiten bekommen könnte. Hier der öffentliche Antisemitismus – dort das prophylaktische „Sich-Wegducken" vor einer (vermeintlichen?) Gefahr. Das ist keine Schlagzeile auf der ersten Seite der Zeitung, das ist schlichte Realität.

Dann gibt es inzwischen auch im liberal-kritischen Publikum Stimmen, die behaupten, dass man die Ausländer im Zuge von *Multikulti* und *Political Correctness* zu lange geschont hat. Schließlich stünden inzwischen doch regelmäßig vor allem jugendliche Ausländer in den Fußgängerzonen herum, pöbelten Passanten an, zögen Kleidungsstücke ab und belästigten Mädchen und Frauen. Es könne doch nicht angehen, dass man gegen die nichts sagen dürfe, weil man dann gleich ein Ausländerfeind ist.

mit einem solchen Buch die Augen vor der Realität und lässt die nicht deutsch-stämmigen Mitbürger unkritisch zu gut wegkommen? Wie also soll man diese Kritik aufnehmen, die ja nicht zu leugnen ist, soweit es um die Beschreibung von Phänomenen geht? Da die Staatszugehörigkeit sehr wenig über den

***Möchten Sie einen Juden zum Schwiegersohn?
Wenn nicht, sind Sie dann ein Antisemit?
Nein, wenn Sie gute Gründe haben.
Vielleicht finden Sie ihn nur unsymphatisch, weil er raucht,
weil Sie Sächsisch noch nie ausstehen konnten
oder weil er nur freier Journalist ist
und kein festes Einkommen hat.
Antisemit wären Sie jedoch,
schrieben Sie den Juden Eigenarten zu, die „sie"
von anderen Menschen angeblich unterschieden:
besondere Intelligenz, Raffinesse oder gar eine Hakennase.
Ein waschechter Neonazi wären Sie,
hielten Sie Juden für eine Rasse.***

*(Auszug aus: Burkhard Schröder: „Der alltägliche Rassismus",
in: Berliner Morgenpost, 15.10.2000)
mehr von B. Schäfer auf seiner Interseite www.burks.de/nazis.html*

An diesem Argument mag wohl richtig sein: Die schlimmsten Feinde von Ausländern sind die Rassisten, die zweitschlimmsten sind die „Ausländerfreunde". Diese Gruppe hat zum Teil aus einzelnen Menschen eine Herde von „heiligen Kühen" gemacht und so an vielen Punkten einen ernsthaften Dialog, einen vernünftigen Streit und eine am beiderseitigen Interesse ausgerichtete Politik verhindert.

Wenn man also ein Buch gegen rechtsradikale Argumente macht, gerät man dann nicht gleich wieder auf die Trampelpfade der „Chile-kocht-für-Deutschland"-Fraktion? Verschließt man

einzelnen Menschen aussagt, bringt auch das lange propagierte Konzept der leichteren Einbürgerung sehr wenig. Denn das Problem ist ja nicht, ob wir wirklich Ausländer vor uns haben. Ein Amerikaner erregt nun mal keinen Anstoß weil er Amerikaner ist, sondern erst dann, wenn er gleichzeitig Afroamerikaner ist. Die pöbelnden Jugendlichen mögen alle einen deutschen Pass haben, sie bleiben doch einfach Ausländer, weil sie so aussehen wie Ausländer. Und dieser Rassismus ist des Pudels Kern. Es geht nicht um die Frage: Darf ich Ausländer kritisieren? Es geht vielmehr um die Frage: Darf ich sie kritisieren als Ausländer?

Ein Pöbler bleibt ein Pöbler, ein Dieb bleibt ein Dieb. Er wird weder besser noch schlechter, wenn er ein Deutscher oder wenn er ein Ausländer ist. Es gibt keinen Grund hier irgendwelche Rücksichten zu nehmen. Aber dieses Buch behandelt nicht das Problem, dass es pöbelnde Jugendliche gibt (so wichtig das Thema ist), es handelt von den pöbelnden Ausländern, die es nach Meinung einiger Leute gibt.

Problem zurückzuführen und es damit auch einer Lösung zugänglich zu machen, die nicht plump-falsch heißt: „Ausländer raus".

Natürlich können wir in diesem Buch nicht alle „Argumente" behandeln – wir sind aber überzeugt, dass wir die Grundmuster abgedeckt haben. Für manche politischen Probleme haben wir auch keine Lösung. In der jetzigen gesellschaftlichen Lage kann leider nicht alles

Wer Vorurteile hat, denkt nicht immer extrem. Viele Antisemiten und Rassisten leben angepasst und normal und wählen demokratische Parteien. Sie benehmen sich so unauffällig wie Adolf Eichmann, der zu Hause Frau und Kinder streichelte, Mozart hörte und sich während der Dienstzeit als Massenmörder im Konzentrationslager betätigte. Wer als arbeitsloser Jugendlicher etwas gegen „Neger" und Juden hat, zeigt das anders als ein Politiker, der den Vorsitzenden des Zentralrats der Juden in Deutschland fragt, wann der denn in „seine Heimat" zurückzukehren gedenke. Niemand muss „extrem" sein, um so zu denken wie ein glatzköpfiger Neonazi.

(Auszug aus: Burkhard Schröder: „Der alltägliche Rassismus", in: Berliner Morgenpost, 15.10.2000)
mehr von B. Schäfer auf seiner Interseite www.burks.de/nazis.html

Wenn eine Diskussion schon mit diesem rassistischen Eröffnungsargument beginnt, dann tut man gut daran sich auch genau darauf zu beziehen. Einschränkungen oder gar Zweifel dienen hier nicht der Wahrheitsfindung, sondern würden eher als Schwäche ausgelegt. Insofern ist dieses Buch „einseitig", weil es immer wieder nur darum geht, ein „Ausländerproblem" auf ein allgemein existierendes

von jetzt auf gleich geändert werden. Aber eines ist uns gewiss: Wenn wir nicht lernen von „Mensch zu Mensch" miteinander zu reden und den jeweils „Anderen" zumindest ansatzweise in seinen Motivationen zu verstehen, dann werden wir überhaupt keine Chance haben, weder bei der Lösung innergesellschaftlicher Probleme, noch bei der Lösung zwischenstaatlicher Probleme.

Deswegen verläuft durch das ganze Buch neben der Ebene der Debatte von Fakten eine zweite und dritte Ebene. Neben dem eher emotionslosen, faktenbeladenen Text gibt es als Moment der Ruhe, des Perspektivenwechsels Portraitaufnahmen. Wir zeigen Menschen ausländischer Herkunft und lassen sie in Zitaten selbst zu Wort kommen. Wir stellen damit dem rassistischen Konzept der Verallgemeinerung und Kategorisierung nach Hautfarbe, Herkunft etc. ein Konzept vom Individuum gegenüber: Es geht immer um jeweils besondere Menschen mit ihren Ansichten, mit ihren Stärken und Schwächen, mit ihren Vorlieben und dem, was sie nicht mögen. Es geht nie um *die* Türken, *die* Schwarzen, *die* Ausländer, *die* Asylsuchenden.

Um noch intensiver daran zu erinnern, dass sich hinter allen Statistiken, hinter allen politischen und bürokratischen Entscheidungen Menschen verbergen, laufen als dritte Leseebene kleine Tickermeldungen durchs Buch. In ihnen wird dokumentiert, dass es nach wie vor dramatische Einzelschicksale gibt, auch wenn sie den Zeitungen kaum mehr eine Nachricht wert sind.

Das größte Problem ist ja gerade, dass „Mensch" sich an alles gewöhnt, und nur noch Steigerungsformen des Alltäglichen wahrnimmt. Was in diesem Falle bedeutet: Wenn sich die rechtsradikalen Argumentationsmuster im Alltag bereits eingenistet haben, dann fängt es erst richtig an gefährlich zu werden. Und bedrohlich wird es nicht nur für die „Andersartigen", nicht nur für „Ausländer", sondern auch für die gesamte Demokratie, für eine Art des Zusammenlebens, die bei aller Unvollkommenheit und bei allem zeitweiligen „Schwächeln", doch das Maximum an Humanismus und individueller Freiheit bietet.

Im Übrigen glauben wir natürlich nicht daran, dass wir mit diesem Buch irgendeinen Rechtsradikalen „bekehren" können, dazu wird es allemal mehr als nur der intellektuellen Auseinandersetzung bedürfen. Aber wir sind überzeugt, dass wir Menschen, die eine humane Gesellschaft wollen, resistenter machen können. Es ist nicht angenehm und auch keine Werbung für die Demokratie, in Debatten mit Demagogen zu unterliegen.

Verteidigen wir also die Menschlichkeit und Menschenwürde, wo immer es geht und so gut es geht, und natürlich gegen all ihre Feinde: seien sie Deutsche oder Ausländer, Fremde oder Einheimische.

Wilfried Stascheit
(Herausgeber)

Bevölkerung

Lüge Nr. 1

»Wenn das mit den Ausländern so weitergeht, sind wir bald in der Minderheit – und das in unserem eigenen Land.«

Hier wird behauptet, dass es zu viele Ausländer gibt, sonst würden „wir Deutschen" ja nicht in der Masse der Fremden untergehen. In Umfragen schätzt jeder zehnte Befragte den Ausländeranteil in der Bundesrepublik etwa viermal höher ein, als er tatsächlich ist. Diese übertriebene Furcht ist ganz offensichtlich nicht rational begründet. Man kann sie als eine sehr tief sitzende Angst vor dem Fremden bezeichnen. Geschürt wird diese Angst vor „Überfremdung" nicht nur von rechten, sondern auch von bürgerlichen Parteien, die mit unwahren oder halb wahren Behauptungen über die Entwicklung des Ausländeranteils und entsprechenden fremdenfeindlichen Parolen Wahlwerbung machen. Wenn z.B. ein Kanzlerkandidat im Bundestagswahlkampf 2002 behauptet, jedes Jahr kämen 600.000 Ausländer – eine Stadt von der Größe Frankfurts – nach Deutschland, dann verschweigt er gleichzeitig, dass im selben Zeitraum mehr als eine halbe Million Ausländer wieder abwandern. Im Jahr 2000 erhöhte sich die Zahl der in Deutschland lebenden Ausländer unterm Strich nur um lediglich 86.000. Aus einer Umfrage des Bundesinnenministeriums geht hervor, dass von den Befragten die Zahl der in Deutschland lebenden Ausländer mit 10 Mio. deutlich überschätzt wurde. Tatsächlich waren zum Jahresende 2004 6,7 Mio. Bürger im Ausländerzentralregister gemeldet.

Zunächst wäre der Begriff „Ausländer" zu klären. Die meisten Leute nehmen nahezu alle Menschen fremdländischen Aussehens bzw. nichtweißer Hautfarbe als „Ausländer" wahr. Die Frage, ob der Betreffende einen deutschen Pass hat oder nicht, scheint dabei ziemlich unerheblich zu sein. Insofern ist „Ausländerfeindlichkeit" eine ablenkende Schönfärberei, die der Verschleierung von Rassismus dient – schließlich werden nicht die weißen Ausländer Nord- und Westeuropas oder der USA angefeindet. Die rechtliche Definition, auf der auch die amtlichen Statistiken beruhen, bezieht sich dagegen auf Menschen, die dauerhaft in Deutschland leben und nicht die deutsche Staatsangehörigkeit (im Sinne des Artikels 116 Grundgesetz) besitzen. Diese beiden Gruppen sind natürlich nicht deckungsgleich. Längst nicht jeder rechtlich als solcher definierte

Wenn ein Deutscher etwas erreichen möchte, dann setzt er seine
ganze Kraft ein, um an sein Ziel zu kommen. Das hilft ihm sehr viel.
Das können z.B. die Ghanaer von den Deutschen lernen, diese Konsequenz.
Und die Deutschen könnten von den Ghanaern lernen,
wie man mit anderen Leuten, mit Fremden umgeht.
Sie können ein bisschen mehr Freundschaft und Gastlichkeit lernen.

Ausländer ist auch äußerlich als solcher zu erkennen. Und andererseits sind auch zahlreiche Menschen, deren Äußeres auf eine fremde Herkunft hinzudeuten scheint, deutsche Staatsbürger. Dazu kommt noch eine juristische Zuordnung des „Deutschen“: In rechtlicher Hinsicht ist dafür der deutsche Pass – bzw. der Anspruch auf einen deutschen Pass (z.B. für Aussiedler) – ausschlaggebend. Genau an dieser Stelle allerdings liegt der Hund begraben: Im Unterschied etwa zu den Franzosen haben es die Deutschen nie geschafft, sich gänzlich vom überkommenen „Blutsrecht“ (ius sanguinis) zu lösen und einen modernen Begriff der Nation als einer Lebensgemeinschaft von Menschen zu prägen. Die Liberalisierung des Staatsbürgerrechts im Jahr 2000 hat zwar eine gewisse Bresche geschlagen, doch im Bewusstsein vieler scheint immer noch das alte Abstammungsprinzip verankert zu sein: Deutscher ist, wer deutsche Eltern hat. Diese Blut-und-Boden-Ideologie ist nicht nur in der rechten Szene, sondern auch in Kreisen der bürgerlichen Mitte verbreitet. All dem zum Trotz ist das „deutsche Blut“ eine Mär, die wissenschaftlichen Kriterien nicht standhält. Die Frage, ob z.B. ein Elsässer deutsches oder französisches Blut in seinen Adern hat, ist durch eine Blutuntersuchung nicht zu ermitteln: Blutkörperchen kennen keine Nationalitäten. Daher definieren rechte Ideologen „Deutsch sein“ neuerdings auch als eine nicht näher gekennzeichnete Zugehörigkeit zur „deutschen Kultur“.

Unabhängig von diesen Überlegungen weisen die Einwanderungszahlen der letzten Jahre einen eindeutigen Trend auf: Nach einem starken Anstieg – vor allem zu Beginn der Neunzigerjahre – liegt der Ausländeranteil an der Gesamtbevölkerung nun seit 1995 praktisch unverändert bei 8,9 Prozent. Im Jahr 2000 lebten 7,3 Millionen Ausländer in Deutschland, von denen gut ein Viertel aus Ländern der EU kommt, deren Bürger in den EU-Staaten weitgehende Freizügigkeit genießen. Ein Drittel aller nach dem Gesetz als solche definierten Ausländer lebt seit mehr als zwanzig Jahren in Deutschland, die Hälfte seit mehr als zehn Jahren. Jeder Fünfte von ihnen wurde in Deutschland geboren *(Quelle: Migrationsbericht der Ausländerbeauftragten im Auftrag der Bundesregierung, vorgelegt am 12.2.2002).* Der einzig sinnvolle Einwand in diesem Zusammenhang wäre: Warum gelten diese Menschen eigentlich immer noch als Ausländer und nicht längst als Deutsche? Zudem wird aber auch ein grundsätzliches Problem verkannt: Die Bundesrepublik Deutschland braucht nicht

16. Mai 01 **+++ Der kurdische Flüchtling Sedat Baydemir verschluckt einen Schlüssel, um eine Abschiebung zu verhindern. Seine Abschiebung wird verschoben, er bleibt jedoch weiterhin in Abschiebehaft. Er war in der Türkei gefoltert worden, weil er den bewaffneten Dienst als Dorfschützer abgelehnt hatte. +++** (Connection 22.05.01 und 31.05.02)

Ausländer im Bundesgebiet von 1993–2003			
Jahr	Ausländische Bevölkerung (Tsd.)	Anteil der ausländischen Bevölkerung an der Gesamtbevölkerung (%)	Sozialversicherungs-pflichtige Beschäftigte (Tsd.)
1993	6.878,1	8,5	2.150,1
1994	6.990,5	8,6	2.109,7
1995	7.173,9	8,8	2.094,0
1996	7.314,0	8,9	2.050,5
1997	7.365,8	9,0	1.997,8
1998	7.319,6	8,9	2.023,8
1999	7.343,6	8,9	1.915,2
2000	7.296,8	8,9	1.974,0
2001	7.296,8	8,99	2.008,0
2002	7.335,6	8,99	1.959,0
2003	7.341,8	8,99	1.874,0

Quelle: Statistisches Bundesamt/Bundesagentur für Arbeit

weniger, sondern mehr Einwanderung. Die demographische Entwicklung der deutschen Bevölkerung ist seit Jahrzehnten drastisch rückläufig. Seit 40 Jahren ist die Kindergeneration zahlenmäßig jeweils um ein Drittel geringer als die Generation ihrer Eltern. In den neuen Bundesländern ist dieser Trend seit dem Ende der DDR noch stärker zu spüren als in den alten Ländern. Ein Effekt, der sich von Generation zu Generation nicht addiert, sondern potenziert: Ein Drittel weniger Frauen bekommt selbst wieder ein Drittel weniger Kinder usf. Ohne Einwanderung wird die Bevölkerung Deutschlands in den nächsten 50 Jahren um etwa ein Drittel abnehmen: von heute 82 Millionen auf etwa 58 Millionen im Jahr 2050. Damit verbunden ist die unübersehbare Alterung der Gesellschaft. 1998 übertraf die Zahl der über Sechzigjährigen zum ersten Mal die der unter Zwanzigjährigen. Diese Entwicklung verstärkt sich von Jahr zu Jahr, auch aufgrund der steigenden Lebenserwartung, sodass es 2050 sieben Millionen weniger junge, dafür aber 15 Millionen mehr alte Menschen geben wird als im Jahr 2000. 2040 werden dem Arbeitsmarkt damit etwa 40 Prozent weniger Arbeitskräfte zur Verfügung stehen als noch um die Jahrtausendwende. Das wird vielfältige negative Auswirkungen auf die Wirtschaft haben, von denen der abzusehende und durch Rationalisierung nur unzureichend aufzufangende Arbeitskräftemangel lediglich ein Aspekt ist. Schon heute, zu Beginn des ersten Jahrzehnts in diesem Jahrhundert, fehlen zwischen hundert- und zweihunderttausend Arbeitskräfte im Hotel-

und Gaststättengewerbe, im Reinigungsdienst, Pflegedienst, Handwerk, in der Landwirtschaft, im Computer- und IT-Bereich und anderen Branchen. Tendenz: steigend *(Quelle: Tenbrock, Christian/Uchatius, Wolfgang: Geschlossene Gesellschaft, in: Die Zeit 13/2002).*

Um ein Vielfaches dramatischer werden die Auswirkungen auf die zukünftige Finanzierung von Renten und Pflegekosten sein. Immer weniger arbeitende Menschen müssen für immer mehr Rentner und Pflegepatienten aufkommen und die Schere öffnet sich jedes Jahr weiter. Im Jahr 1950 kamen noch 6,9 Menschen für einen Rentner auf. 1995 waren es nur noch 4,41 Berufstätige, die mit ihren Rentenbeiträgen eine Rente finanzierten. 2050 werden es nur noch 2,05 Menschen sein *(Quelle: Roland & Andrea Tichy: Die Pyramide steht Kopf. Die Wirtschaft in der Altersfalle und wie sie ihr entkommt, München 2001).*

Dieses Problem haben praktisch alle Industriestaaten und die Entwicklung ist inzwischen nicht mehr zu vermeiden: Selbst wenn die Geburtenrate ab sofort und dauerhaft anstiege, würde es mindestens hundert Jahre dauern, bis die Entwicklung der letzten vierzig

Jahre wieder in ihr Gegenteil umschlüge. Die heutigen Generationen werden das also nicht mehr erleben. Allerdings gibt es für einen solchen Umschwung keinerlei Anzeichen, ganz im Gegenteil.

Die einzige Möglichkeit, dieser fatalen Entvölkerung zumindest etwas entgegenzuwirken, ist eine vermehrte Einwanderung. Um die Gesamtbevölkerung auf dem Stand der Jahrtausendwende in den nächsten fünfzig Jahren konstant zu halten, müssen jedes Jahr 344.000 Ausländer zu uns kommen – insgesamt 17 Millionen bis zum Jahr 2050, also knapp die Einwohnerzahl von Nordrhein-Westfalen. Soll die Zahl der arbeitenden Menschen konstant bleiben, müssen jährlich sogar 487.000 Ausländer einwandern, bis 2050 insgesamt 24,3 Millionen Menschen. (Zum Vergleich: Zwischen 1990 und 1992 kamen jährlich knapp 680.000 Einwanderer nach Deutschland – gemessen daran bewegen sich diese Zahlen in einer durchaus mäßigen Größenordnung.) Das Problem der Rentenfinanzierung kommt ganz unvermeidlich auf diese Gesellschaft zu. Um das Verhältnis zwischen arbeitenden Personen und Rentnern konstant zu halten, müssten jährlich bis zu 3,6 Millionen Zuwanderer ins Land kommen, insgesamt 181 Millionen Menschen bis 2050. (Diese Zahl ist deshalb so hoch, weil auch die Einwanderer irgendwann die Altersgrenze erreichen und dann von den Arbeitenden mitversorgt werden müssen, wodurch sich der Prozess dynamisiert.)

Die ausländische Bevölkerung in der Bundesrepublik Deutschland am 31. Dezember 2000 nach Altersgruppen und in Deutschland Geborene

Altersgruppen	insgesamt absolut:	insgesamt in %[1]	davon in Deutschland geboren:
bis unter 6 Jahre	485.690	6,7	429.048 (88,3%[2])
6 bis unter 18 Jahre	1.056.684	14,5	627.143 (59,4%[2])
18 bis unter 60 Jahre	5.130.389	70,3	538.749 (10,5%[2])
60 bis unter 65 Jahre	282.866	3,9	3.105 (1,1%[2])
65 Jahre und älter	341.188	4,7	15.733 (4,6%[2])
insgesamt	7.296.817	100,0	1.613.778 (22,1%[2])

1) Anteil an der Gesamtzahl der Ausländer.

2) Anteil an der Gesamtzahl der Altersgruppe.

Quellen: Statistisches Bundesamt, eigene Berechnungen

Fazit: Deutschland kann es sich nicht aussuchen, ob es ein Zuwanderungsland sein will oder nicht. Es müssen alle Anstrengungen unternommen werden, mehr Einwanderer ins Land zu holen, denn unsere Zukunft hängt davon ab. *(Quelle: Roland & Andrea Tichy: Die Pyramide steht Kopf. Die Wirtschaft in der Altersfalle und wie sie ihr entkommt, München 2001.)* Angesichts dessen täten die Deutschen also gut daran, Einwanderer mit offenen Armen – und dem Angebot der Einbürgerung – zu empfangen statt mit fremdenfeindlichen Parolen.

Unberücksichtigt bei dieser kühlen Rechnung bleibt allerdings die menschliche Seite. Ähnlich wie während des zweiten Weltkriegs und der Trümmerzeit, als Frauen als Arbeitskräfte willkommen waren, danach aber, als die Männer aus Krieg und Gefangenschaft zurückkamen, wieder an den Herd geschickt wurden, benutzen wir seit den Sechzigerjahren Ausländer in Deutschland als Manipulationsmasse, um unsere hausgemachten Probleme im eigenen Wirtschaftsraum zu lösen. Sie halten die deutsche Wirtschaft in Gang und werden zum Dank dafür aus der Gesellschaft ausgegrenzt. Man verschiebt jedoch in dem Fall keine Waggons auf einem Rangierbahnhof, sondern geht mit menschlichen Individuen um.

Wir alle sollten uns daher gelegentlich daran erinnern, was über das Verhältnis der Deutschen zu den ersten Gastarbeitern aus Südeuropa zum geflügelten Wort geworden ist: „Wir holten Arbeitskräfte – doch es kamen Menschen."

Aktuelle Infos, Daten und Fakten zur Situation der Ausländer in Deutschland gibt's unter:

- **www.bmi.bund.de**
  (Bundesinnenministerium)
- **www.bafl.de**
  (Bundesamt für Migration und Flüchtlinge)
- **www.isoplan.de/aid/**
  (Informationsdienst zu aktuellen Fragen der Ausländerarbeit)
- **www.auslaender-statistik.de**
  (Daten zur ausländischen Bevölkerung)
- **www.boell.de**
  (Heinrich-Böll-Stiftung)

19. Mai 01 +++ **Jena in Thüringen. Laguide Konan Deen, ein Flüchtling aus der Flüchtlingsunterkunft im thüringischen Apolda, ist zusammen mit Freunden auf dem Weg ins Heim. Sie alle hatten sich an den budesweiten „Aktionstagen gegen die Residenzpflicht" in Berlin beteiligt. Unterwegs werden sie von Neo-Nazis angegriffen. Die von den Flüchtlingen herbeigerufenen Polizisten fordern sie jedoch auf, weiterzugehen, während die Angreifer unbehelligt bleiben.** +++ (The Voice)

»Nur eine verschwindend kleine Minderheit der Asylbewerber wird anerkannt. Das beweist, dass die meisten nur als Wirtschaftsflüchtlinge hier sind.«

Lüge Nr. 2

Da rollt sie an, die Flut der Asylsuchenden. Dabei tun doch die meisten armen Schlucker nur so, als würden sie in ihrer Heimat verfolgt und unterdrückt. In Wirklichkeit wollen sie nur auf unsere Kosten leben.
Als Beweis für diese Behauptung muss die geringe Anerkennungsquote im mehrmals verschärften Asylverfahren herhalten.

Vor dem Einstieg in eine Diskussion wären grundsätzlich zunächst einmal die Begriffe „Asylbewerber" und „Asylant" zu klären – im Vergleich zum pauschal verwendeten Begriff „Ausländer". Danach sollte man auch die Bezeichnung „Wirtschaftsflüchtling" genauer unter die Lupe nehmen.

Das Ausländerrecht nennt klare Bedingungen, nach denen sich der Status der einzelnen Migrantengruppen richtet. Das Recht auf Asyl für politisch Verfolgte ist im Grundgesetz der Bundesrepublik Deutschland, Artikel 16, verankert. Asylbewerber sind Flüchtlinge, die bei der Einreise in die Bundesrepublik an der Grenze oder bei der Ausländerbehörde einen Asylantrag gestellt haben. Wird dieser Antrag im Asylbewerberverfahren anerkannt, erhält der Antragsteller als Asylberechtigter (Asylant) zunächst eine Aufenthaltsgenehmigung.
Eine reelle Chance auf Anerkennung haben allerdings nur die Personen, die direkt und ohne Zwischenaufenthalt aus den nicht als „sichere Herkunftsstaaten" deklarierten Ländern kommen. Darüber hinaus müssen sie in einem Verfahren nachweisen können, dass sie in ihrem Herkunftsland aus politischen Gründen verfolgt wurden.
Als „Wirtschaftsflüchtlinge" oder besser „Armutsflüchtlinge" dagegen gelten nach der Genfer Flüchtlingskonvention Menschen, die ihre Heimat verlassen, um vor Armut, Krieg und Hunger zu flüchten.

Diese Menschen gelten jedoch nicht als Flüchtlinge im Sinne der Genfer Konvention und haben in Deutschland auch keinen Anspruch auf Asyl.
In diesem Zusammenhang stellt sich jedoch die Frage, ob es wirklich verwerflich ist, wenn Menschen aus materieller Not den Aufenthaltsort wechseln. Zwischen 1989 und 1998 wanderten 1,8 Millionen Ostdeutsche in die alten Bundesländer ab, um ihren Lebensstandard zu erhöhen. Neuerdings sind vor allem auch die Niederlande ein Ziel für Arbeitsmigranten aus den neuen Bundesländern. Niemand hat daran etwas auszusetzen, im Gegenteil, in diesem Zusammenhang wird dann von Flexibilität und Mobilität auf dem Arbeitsmarkt gesprochen.

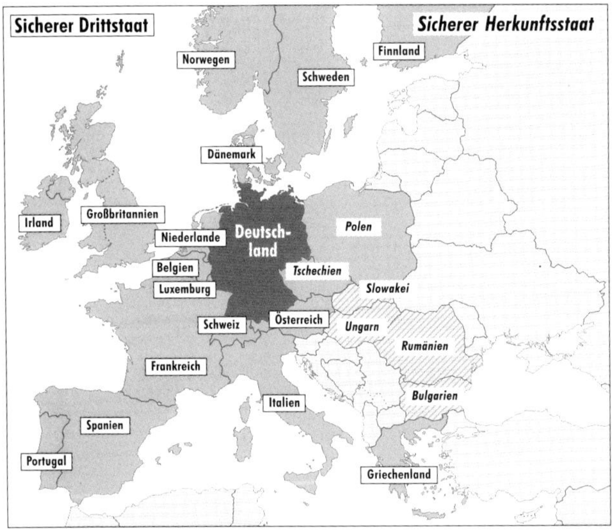

„Drittstaaten-Regelung" des Schengener Abkommens

Die niedrige Zahl der Anerkennungen im Asylbewerberverfahren beweist höchstens, dass die europäischen Staaten es im Zuge des Schengener Abkommens geschafft haben, die „Festung Europa" gegen Flüchtlinge weitestgehend abzuschotten. Ein Flüchtling, der in Deutschland einen Asylantrag stellen will, muss einige Hürden bewältigen:
Die erste besteht darin, überhaupt eine deutsche Grenze zu erreichen, ohne vorher ein so genanntes „sicheres Drittland" zu betreten. Dadurch würde er den Anspruch auf Asyl in Deutschland sofort und ohne weitere Prüfung verlieren. (Das Aufnahmekriterium hat sich also von den Flucht*gründen* auf den Flucht*weg*, den eine Person genommen hat, verlagert.) Zu sicheren Drittländern wurden sämtliche Staaten erklärt, die mit der Bundesrepublik gemeinsame Grenzen haben, sodass nur noch Flüchtlinge, die per Schiff oder per Flugzeug direkt einreisen, überhaupt einen Asylantrag stellen können. Für die Länder, aus denen vor dem Schengener Abkommen die meisten Flüchtlinge in die Bundesrepublik Deutschland kamen – u.a. Irak, Iran, Libanon, Philippinen, die GUS-Staaten, sämtliche afrikanische Staaten – wurde eine Visumpflicht eingeführt, soweit sie nicht schon vorher bestand *(Quelle: Auswärtiges Amt der Bundesrepublik Deutschland).*

Ich würde den Leuten sagen, dass es sie nichts gekostet hat,
Deutscher oder weiß zu sein. Das ist nur Zufall.
Jemand sagt mir, du bist Ausländer, Außenseiter ...
er oder sie hat es sich nicht gekauft, Deutscher zu sein.
Es hat sie nichts gekostet, hier zu sein. Es ist reiner Zufall ...

Jemandes Mutter ist schwanger geworden und hat ihn oder sie hier geboren,
es ist Zufall, es ist unbedeutend, es hat die Person nichts gekostet.
Wenn jemand aufsteht und mir sagt, er hat viel bezahlt dafür,
dass er hier ist, dann würde ich ihm das gerne sagen.
Ich möchte, dass die Leute begreifen, dass wir alle gleich sind ...

Nicht, dass ich das sage, weil ich Ausländer bin oder Leute durcheinander
bringen möchte. Es ist wirklich Zeit, dass die Leute das lernen.
Viele Leute reisen auch ins Ausland, einige finden einen Ort,
an dem sie leben wollen, sie fühlen sich dort zu Hause.
Ich denke, so sollten wir sein.

So verhindert meist schon das zuständige Konsulat im Heimatland, dass Flüchtlinge überhaupt ein Schiff oder ein Flugzeug nach Deutschland besteigen können. Durch das Schengener Abkommen werden gleichzeitig die Außengrenzen Europas nahezu hermetisch abgeriegelt. So hat man es innerhalb von zwei Jahren geschafft, die Zahl der Asylanträge auf weniger als ein Drittel zu reduzieren: Von 438.192 Anträgen im Jahr 1992 sank die Zahl auf 127.210 im Jahr 1994. Im Jahr 2004 lag die Zahl der Anträge nur noch bei 50.152 – davon 35.607 Erstanträge. *(Quelle: Migrationsbericht der Ausländerbeauftragten im Auftrag der Bundesregierung, vorgelegt im Nov. 2004).* Ergänzend wurde mit dem so genannten Flughafenverfahren die Möglichkeiten erweitert, Flüchtlinge schon am Flughafen abzufangen und so lange festzuhalten bis ihr Asylantrag geprüft ist. Wird der Antrag nach kurzer Prüfung innerhalb weniger Tage als „offensichtlich unbegründet" abgelehnt, wird der Flüchtling gleich wieder abgeschoben, ohne dass er überhaupt das Gelände verlassen hat. Es mag sein, dass es sogar unter diesen schwierigen Bedingungen der eine oder andere „Wirtschaftsflüchtling" immer noch schafft, in die Bundesrepublik zu kommen, um hier einen Asylantrag zu stellen. Wie viele wirklich politisch Verfolgte jedoch schon im Vorfeld auf der Strecke bleiben, lässt sich nicht belegen, denn dazu gibt es natürlich kein Zahlenmaterial.

Die eigentlichen Schwierigkeiten beginnen für einen Asylsuchenden erst, wenn der Antrag gestellt ist.

Zunächst muss der Antragsteller schriftlich die Gründe erläutern, die ihn daran hindern, in seine Heimat zurückzukehren. Danach wird jeder Einzelne zu einer persönlichen Anhörung vorgeladen und zu verschiedenen Details befragt: Lebenslauf, Bedrohungen, denen er ausgesetzt war usw. Der Asylsuchende muss den Behörden glaubhaft machen, dass seine Angaben richtig sind. Dazu benötigt er nicht selten auch schriftliche Beweise wie z.B. Zeitungsartikel oder Dokumente.

Ausländische Bevölkerung in Deutschland nach Aufenthaltsstatus (inkl. Duldung) am 31.12.2003

Aufenthaltsstatus		Ausländische Bevölkerung (Anzahl)
insgesamt		7.334.765
darunter:	Aufenthaltserlaubnis befristet	1.637.359
	Aufenthaltserlaubnis unbefristet	2.036.480
	Aufenthaltsberechtigung	770.344
	Aufenthaltsbewilligung	343.293
	Aufenthaltsbefugnis	264.176
	Aufenthaltserlaubnis EU befristet	413.230
	Aufenthaltserlaubnis EU unbefristet	678.758
	Duldung	226.569

Quelle: Statistisches Bundesamt Deutschland 2004 (aktualisiert am 19. April 2004)

Aufenthaltsrecht für Ausländer
Zur Erklärung einiger Begriffe

BISHERIGE REGELUNG:

Befristete Aufenthaltserlaubnis	für Nicht-EU-Bürger der Schlüssel für einen späteren Daueraufenthalt in Deutschland; z.B. für nachkommende Familienmitglieder
Unbefristete Aufenthaltserlaubnis	Voraussetzungen sind: 5 Jahre Aufenthalt in Deutschland, Arbeitserlaubnis, gesichertes Einkommen, ausreichender Wohnraum und Verständigung auf deutsch
Aufenthaltsberechtigung	sicherster Aufenthaltsstatus; zusätzliche Voraussetzungen: insg. 8 Jahre Aufenthalt, Altersvorsorge, für 3 Jahre vorstrafenfrei
Aufenthaltsbewilligung	beschränkt auf einen ganz bestimmten, zeitlich begrenzten Zweck (z.B. Studium)
Aufenthaltsbefugnis	wird aus humanitären oder völkerrechtlichen Gründen erteilt, z.B. an Kriegs- und Bürgerkriegsflüchtlinge
Aufenthaltserlaubnis für EU-Bürger	EU-Bürger haben einen Anspruch auf eine Aufenthaltserlaubnis in allen Staaten der Europäischen Union; Voraussetzung: ein gesichertes Einkommen
Duldung	befristeter Verzicht des Staates auf Abschiebung eines Ausländers aus humanitären oder anderen Gründen

Nach dem neuen Zuwanderungsgesetz (Inkrafttreten: 1. Januar 2005) wird nur noch zwischen befristeter Aufenthaltserlaubnis und unbefristeter Niederlassungserlaubis unterschieden.

Befristete Aufenthaltserlaubnis	befristeter Aufenthaltstitel zu bestimmten Aufenthaltszwecken oder aus bestimmten Aufenthaltsgründen, z.B. aus völkerrechtlichen, politischen oder humanitären Gründen, zur Ausbildung oder Beschäftigung, zum vorübergehenden Schutz etc.
Unbefristete Niederlassungserlaubnis	unbefristeter Aufenthaltstitel; berechtigt zur Ausübung einer Erwerbstätigkeit; zeitlich und räumlich unbeschränkt

§ 4 Erfordernis eines Aufenthaltstitels

(1) Ausländer bedürfen für die Einreise und den Aufenthalt im Bundesgebiet eines Aufenthaltstitels, sofern nicht [...] ein Aufenthaltsrecht besteht. Die Aufenthaltstitel werden erteilt als Visum (§ 6), Aufenthaltserlaubnis (§ 7) oder Niederlassungserlaubnis (§ 9).

Im Jahr 2003 gelang es auf diese Weise 1,6 % der Antragsteller, die prüfende Behörde von ihrer Asylwürdigkeit zu überzeugen. Einer der Gründe für diese geringe Zahl ist schlicht, dass es oft keine eindeutigen Beweise für eine Verfolgung gibt – weil etwa Folterspuren vermieden wurden oder weil die kritische Presse im Verfolgerland unterdrückt wird und Menschenrechtsorganisationen nichts von dem Fall erfahren haben. Viele Flüchtlinge, denen in ihrer Heimat Verhaftung droht, müssen zudem auf illegalen Schleichwegen das Land verlassen. Für sie wäre es viel zu gefährlich, auf der Flucht Papiere bei sich zu tragen, durch die sie identifiziert werden könnten. Fielen sie der Polizei in die Hände, könnte das unter Umständen ihr Ende in irgendeinem Foltergefängnis bedeuten. Findet ein Asylbewerber keinen Glauben bei seinem Sachbearbeiter, wird sein Antrag abgelehnt und er wird aufgefordert, innerhalb einer Woche das Land zu verlassen. Gegen einen ablehnenden Bescheid kann zwar Widerspruch eingelegt werden, doch sind diese Verfahren sehr kompliziert und die Einspruchsfristen äußerst kurz. Nur wenige abgelehnte Bewerber finden auf die Schnelle einen sachkundigen Anwalt. 2004 reichten nur 14.545 Folgeanträge ein.

Grundsätzlich wenig Chancen auf Anerkennung ihres Asylantrags haben Flüchtlinge, die aus den vom Gesetzgeber zu „sicheren Herkunftsstaaten" erklärten Ländern kommen. Im Februar 2002 waren das alle Staaten der Europäischen Union sowie Bulgarien, Ghana, Polen, Rumänien, Senegal, Slowakische Republik, Tschechische Republik und Ungarn. Ihre Anträge gelten von vornherein als „offensichtlich unbegründet", und die betreffenden Asylbewerber werden meist unverzüglich wieder abgeschoben. Es werden also keineswegs nur „Wirtschaftsflüchtlinge" abgelehnt.

Dennoch ist schon der erste Teil der Behauptung, dass nur eine verschwindende Minderheit der Asylbewerber anerkannt werde, nur eine Halbwahrheit. Neben der Anerkennung oder Ablehnung eines Asylantrags hat das Bundesamt für die Anerkennung ausländischer Flüchtlinge durchaus auch die Möglichkeit, für einen befristeten Zeitraum einen legalen Aufenthaltsstatus zu gewähren. Hier liegt die Quote erheblich höher.
Gemäß der Genfer Flüchtlingskonvention kann das Amt in ihrer Heimat gefährdeten Flüchtlingen (z.B. bei Bürgerkriegen u.ä. Situationen) Abschiebeschutz für jeweils zwei Jahre gewähren („kleines Asyl" nach § 51 Absatz 1 AuslG). Dieser kann bis zu dreimal verlängert werden. Nach acht Jahren kann ggf. eine dauerhafte Aufenthaltsbefugnis erteilt werden. Im Jahr 2003 kamen immerhin 1,7 % der Antragsteller in den Genuss dieser Art der befristeten Aufenthaltsbefugnis.

Darüber hinaus kann bei Feststellung eines Abschiebehindernisses nach § 53 Absatz 6 AuslG (z.B. bei drohender Folter, Todesstrafe, unmenschlicher oder erniedrigender Strafe oder Behandlung und anderen erheblichen konkreten Gefahren für Leib, Leben oder Freiheit) eine befristete Duldung gewährt werden. Das heißt also nichts anderes, als dass sogar der Gesetzgeber einräumt, dass eine Ablehnung im Asylbewerberverfahren in zahlreichen Fällen eine unzumutbare Härte darstellt. Daher eröffnet er sich diese Möglichkeit, um abgelehnten Asylbewerbern aus „verfolgungsspezifischen Gründen" dennoch einen gewissen, wenn auch minimalen humanitären Schutz zu gewähren. Die befristete Duldung erhielten weitere 1,7 % der Asylbewerber, sodass sich der Anteil der – vorläufigen oder dauerhaften – Aufenthaltstitel für Asylbewerber im Jahr 2003 auf 4,2 % erhöhte *(Quelle: Migrationsbericht der Ausländerbeauftragten im Auftrag der Bundesregierung im November 2004).*

Über knapp ein Drittel der gestellten Anträge wird gar nicht erst verhandelt, da die Antragsteller ihren Antrag zurückziehen, weil sie entweder in ein anderes Land weiterreisen, versterben, heiraten, Fristen versäumen oder nicht zur Anhörung erscheinen u.Ä. Im Jahr 2003 waren das 27,9 %.

Fazit:
Unwiderruflich abgelehnt werden damit nur gut die Hälfte aller Asylanträge – im Jahr 2003 waren das 67,1 %.

21. Mai 01 **+++ Der 20-jährige Flüchtling Simon Traore aus Sierra Leone ist auf dem Weg zum Arzt. Er ist schwer nierenkrank und muss alle zwei Tage zur Dialyse. Unterwegs wird er von Polizeibeamten angehalten, die ihn auffordern, sich auszuweisen. Der von Simon Traore vorgelegte Attest und eine Terminbestätigung des Arztes reichen den Polizeibeamten nicht. Als Traore nach weiteren Papieren in seinen Taschen sucht, werfen ihn die Beamten zu Boden, legen ihm Handschellen an und drücken ihm Daumen in die Augen. +++** (Stimme 5-6/01)

Lüge Nr. 3

»Wir bekommen die ganzen Asylanten ab und die anderen europäischen Länder bleiben verschont.«

Solche Behauptungen hört man nicht ausschließlich von ganz rechts. So mancher deutsche Steuerzahler ärgert sich über zu hohe Abgaben, die nicht zuletzt der „ungeheuren Flut" von Asylsuchenden zu Gute käme, unter der gerade die Deutschen besonders zu leiden hätten. Deutschland sei der Zahlmeister Europas, heißt es dann auch im gleichen Atemzug. Der deutsche Steuerzahler werde von deutschen wie europäischen Entscheidungsträgern bis aufs Hemd ausgenommen, um das sauer erarbeitete Geld den Ausländern im In- und Ausland in den Rachen zu werfen. Die Zahlen sprechen jedoch eine etwas andere Sprache.

Die Behauptung, Deutschland bekäme im Vergleich zu anderen europäischen Staaten die meisten Asylanten ab, ist lediglich eine Halbwahrheit. 15,7 Prozent aller Asylanträge in Europa wurden im Jahr 2003 bei deutschen Behörden gestellt. Damit liegt Deutschland in der Tat nach Großbritannien auf Platz 2 nach absoluten Zahlen *(Quelle: UNICEF)*. Allerdings ist Deutschland dem Bruttosozialprodukt nach das reichste Land Europas und nach den USA und Japan das drittreichste Land der Erde, während z.B. Großbritannien hier erst auf Platz 2 (Europa) bzw. 4 (Welt) rangiert *(Quelle: Weltbank 2003)*.

29. Mai 01 +++ **Prenzlau im Kreis Uckermark in Brandenburg. Zwei kolumbianische Asylbewerberinnen, 23 und 35 Jahre alt, und ihre zwei Kinder werden an einer Bushaltestelle aus einer Gruppe von Jugendlichen heraus rassistisch beschimpft und mit Steinen beworfen. Zwei der Angreifer schlagen den beiden Frauen direkt ins Gesicht.** +++ (Berliner Zeitung 14.06.01, Jungle World 20.06.01)

Asylanträge pro 1000 Einwohner in den einzelnen Länder (1998–2003)

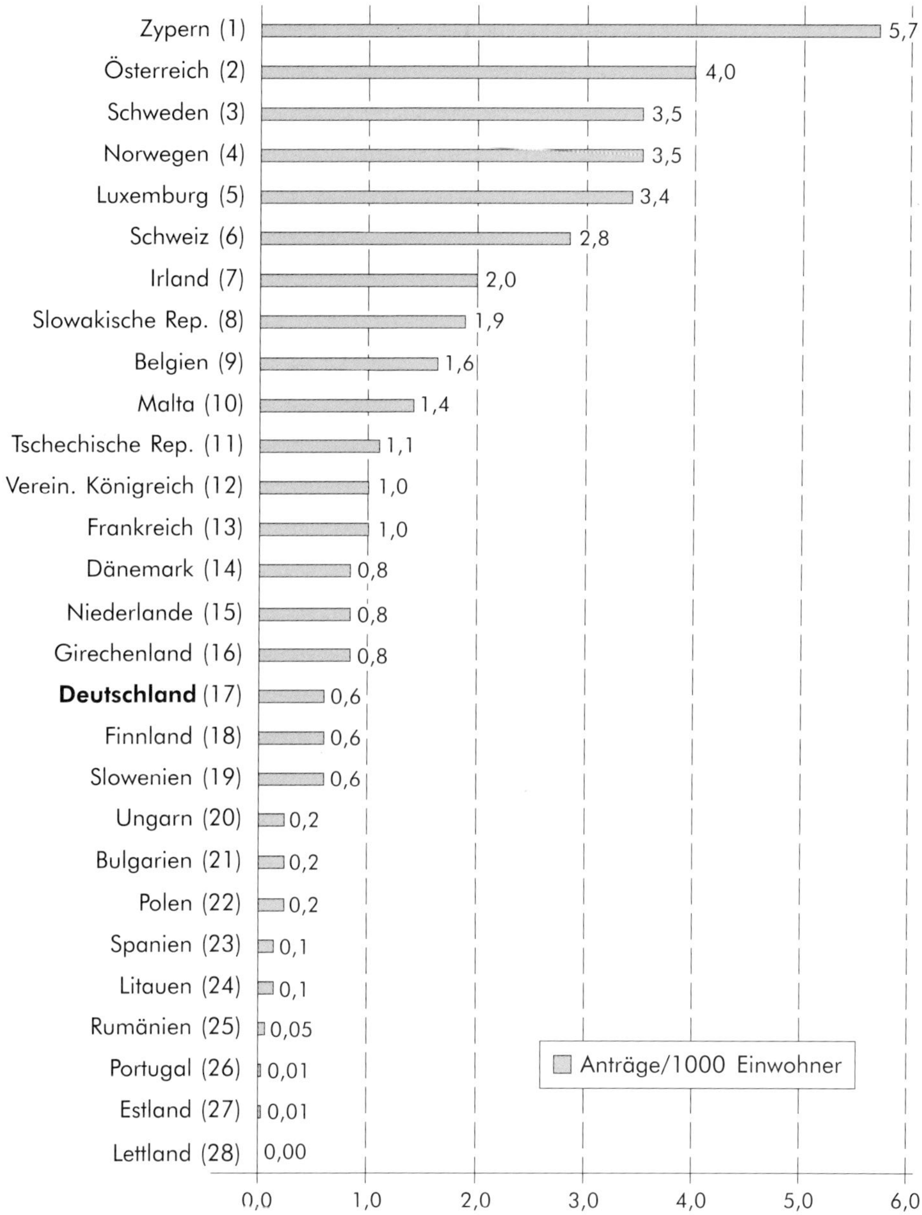

Italien meldet keine Asylzugangszahlen.

Quelle:

Anträge: ***UNHCR*** *(Griechenland, Luxemburg, Portugal),* ***Inter-Governmental*** *Consultations (übrige Staaten);*
Einwohnerzahlen: ***Statistisches Bundesamt*** *(Bundesrepublik Deutschland),* ***CIA-The World Factbook*** *(übrige Staaten)*

Plakat-Aktion von PRO ASYL
Beispiel Residenzpflicht: Flüchtlinge dürfen den zugewiesenen Bezirk unter Strafandrohung nicht verlassen.

Da Deutschland außerdem mit einigem Abstand das bevölkerungsreichste Land Europas ist, relativiert sich diese Zahl im Vergleich beträchtlich: Pro tausend Einwohner wurden in Deutschland 20031 gerade mal 0,6 Asylanträge gestellt, womit die Bundesrepublik im europäischen Vergleich hinter wesentlich kleineren und weniger wohlhabenden Ländern wie Österreich oder Schweden erst auf Platz 17 zu finden ist *(Quelle: bafl.de)*. Berücksichtigt man noch, dass insgesamt nur knapp ein Viertel der Asylbewerber auf Dauer oder vorübergehend im Land bleiben darf (siehe Lüge Nr. 2: „Nur eine verschwindend kleine Minderheit der Asylbewerber wird anerkannt ...", S. 25ff.), so wird schnell deutlich, dass die Zahl der Asylberechtigten im Verhältnis zur Bevölkerung in Deutschland verschwindend gering ist.

»Viele Ausländer sind illegal hier. Aber die Behörden dulden das.«

Lüge Nr. 4

Was genau hinter dieser Behauptung steckt, bleibt unklar. Man kann sie als Klage über den allgemeinen Verfall von Recht und Ordnung verstehen, aber auch als Aufruf zur Selbstjustiz: „Wenn die Behörden das dulden, dann müssen wir rechtschaffenen Bürger eben selbst dafür sorgen, dass die Illegalen verschwinden." Auf jeden Fall werden mit dieser Aussage sowohl Ausländer als auch Behörden verleumdet. Es wird unterstellt, dass die einen die Schlamperei und das mangelnde Pflichtbewusstsein der anderen ausnutzen – zum Schaden der deutschen Bürger und Steuerzahler.

Die erste Frage, die sich stellt, ist: Wie viele sind überhaupt „viele"? Natürlich gibt es über die Anzahl der Ausländer, die sich ohne Papiere in Deutschland aufhalten, keine Statistiken, allenfalls grobe Schätzungen. Fest steht nur die Anzahl derer, die vom Bundesgrenzschutz beim Versuch des illegalen Grenzübertritts aufgegriffen werden. Im Jahr 2003 waren es 19.974 Menschen, die versuchten, ohne Papiere nach Deutschland einzureisen *(Quelle: Migrationsbericht der Ausländerbeauftragten im Auftrag der Bundesregierung, 2004)*. Diese Zahl lässt jedoch nur sehr indirekte Rückschlüsse darauf zu, wie viele Personen illegal über die Grenze gelangt sind und sich ohne gültige Papiere in Deutschland aufhalten.

Was den zweiten Teil der Behauptung angeht, trifft das genaue Gegenteil zu: Die Behörden – Bundesgrenzschutz, Zollverwaltung, Polizei, Ausländerbehörden und Arbeitsämter, Krankenkassen und Rentenversicherungsanstalten, Finanzämter und Arbeitsschutzbehörden – sind entgegen der Behauptung sehr bemüht, „Illegale" ausfindig zu machen. Allein der Bundesgrenzschutz hat rund 20.000 Beamte an den Außengrenzen postiert, die illegale Grenzübertritte verhindern sollen. Außerdem wird die ohnehin schon intensive internationale Zusammenarbeit mit ausländischen Polizei- und Grenzschutzbehörden ständig weiter verstärkt. Dadurch sollen schon in den als Transitländer bekannten Staaten geplante Schleusungen aufgedeckt und verhindert werden. Dazu gehört auch die Befugnis, auch ohne jeden Verdacht Kontrollen durchzuführen.

> ***„Die Ausländerzahlen gehen zurück – aber die Ausländer nicht!"***
>
> *(Jürgen Dietz, Humorist)*

Diese finden häufig nicht nur an den Außengrenzen, sondern auch im Inland, in Zügen und an Bahnhöfen statt. Ein langfristiges Ziel der Bundesregierung ist es, *„eine Europäische Grenzpolizei zu schaffen, denn für die Sicherung der Außengrenzen sind alle Mitgliedstaaten gemeinsam verantwortlich" (Innenminister Otto Schily, 15.3.2001).* Es wird also ein erheblicher personeller und technischer Apparat aufgeboten, um der illegalen Einwanderung Einhalt zu gebieten.

Noch erfolgreicher sind die Arbeits- und Hauptzollämter: Sie spüren illegal beschäftigte Arbeitnehmer auf Baustellen, in der Gastronomie und in privaten Haushalten auf. Seit 1986 dürfen sie kontrollieren, ohne dass ein begründeter Verdacht vorliegt. In manchen Branchen – etwa auf dem Bau und im Gaststättengewerbe – werden regelmäßig Razzien durchgeführt. Das Personal, das diese Betriebsprüfungen für die Bundesanstalt für Arbeit durchführt, wurde in den Jahren 1982 bis 1998 von 50 auf 2.450 Mitarbeiter erweitert, die von 1.100 Beamten der Zollverwaltung unterstützt werden *(Quelle: 4. Bericht der Beauftragten der Bundesregierung für Ausländerfragen über die Lage der Ausländer in der Bundesrepublik Deutschland, Berlin 2000).* Daneben werden umfangreiche Routinekontrollen und Datenabgleichungen zwischen computerisierten Datenbeständen durchgeführt, um illegal Beschäftigte aufzuspüren. Auch auf der Straße werden „ausländisch" aussehende Menschen tendenziell häufiger von der Polizei kontrolliert als „deutsch" aussehende. Sogar Ärzte sind gesetzlich verpflichtet, Patienten zu melden, die sich illegal in Deutschland aufhalten. Ausländer ohne Papiere müssen also in der ständigen Angst vor Entdeckung leben.

Weißt du, was ich eigentlich vermisse, weshalb ich sage, ich bin heimatlos ... und identitätslos ... ich vermisse meine Kindheit. Die habe ich nicht hier verlebt. Also, ich kann nicht sagen, mit dem bin ich zur Schule gegangen, mit dem haben wir Obst beim Nachbarn geklaut ... gar nichts.

Ich bin erst als erwachsener Mensch nach Deutschland gekommen. Deshalb denke ich, dass ich immer noch nach Chile tendiere. Da finde ich immer noch meine Vergangenheit und meine Kindheit, weil meine Familie noch da lebt und ein paar Freunde ... obwohl Freunde habe ich in Chile kaum mehr, die von damals.

Werden sie aufgegriffen, drohen ihnen hohe Strafen – Geldstrafen oder Gefängnis – und vor allem Landesverweis und Abschiebung. Betriebe jedoch, die solche illegalen Ausländer beschäftigen, fahren durch die superbilligen illegalen Arbeiter satte Gewinne ein. Die bei Entdeckung gegen sie verhängten Bußgelder sind bei einer zynischen Betriebskalkulation ein zu verschmerzendes Risiko.
Ob ein illegal in Deutschland lebender Mensch aufgespürt wird, ist nur eine Frage der Zeit. Dabei ist das Leben, das er während dieser Zeit führt, alles andere als angenehm. Für einige endet die Flucht allerdings schon direkt an der Grenze. Denn die Einreise kann lebensgefährlich sein – allein in den Jahren 1999 und 2000 sind bei dem Versuch, über die deutsche Grenze zu gelangen, 19 Flüchtlinge ums Leben gekommen und mindestens 53 – meist durch Bisse von Diensthunden – verletzt worden *(Quelle: Anfrage der PDS im Bundestag vom März 2001, Antwort der Bundesregierung).* Sollten sie es trotzdem schaffen, ins Land zu kommen, haben sie wenig reale Chancen, selbst die ihnen theoretisch zustehenden Rechte (etwa ihre unveräußerlichen Menschenrechte) geltend zu machen, weil sie sich dann als „Illegale" zu erkennen geben müssten. Ihr rechtloser Status kann von Arbeitgebern bequem ausgebeutet werden. Sie können von Menschenhändlern versklavt und zur Arbeit gezwungen werden, etwa als Prostituierte oder Dienstboten. Sie sind nicht versichert und haben außer in akuten Notfällen keinen Anspruch auf gesundheitliche Versorgung. Sie haben keinen Zugang zum Bildungssystem und die meisten wagen nicht einmal, ihre Kinder zur Schule zu schicken. Sie können keine Wohnung mieten, kein Auto fahren und oft nur unter großen Schwierigkeiten heiraten. Sie können sich nicht einmal auf legalem Weg gegen Straftaten zur Wehr setzen, die sich gegen ihre Person richten. Das „Verbrechen" der „Illegalen" besteht meist nur in einem Verstoß gegen das Ausländerrecht. Werden illegale Einwanderer entdeckt und abgeschoben, ist das auch nicht ganz risikolos für sie. Es hat wenig Zweck aus reiner Verzweiflung bei der Abschiebung handgreiflich zu werden. Soweit die Fälle überhaupt bekannt geworden sind, starben von 1991 bis 2001 13 Personen bei ihrer Abschiebung aus Deutschland, in aller Regel durch die Anwendung von Zwang und Gewalt *(Quelle: NZZ, 2.2.2002).*

17. Juni 01 +++ **Schneeberg in Sachsen.**
Zwei iranische Flüchtlinge werden nachts auf dem Weg zu ihrer Unterkunft von 20 bis 25 deutschen Jugendlichen überfallen. Die Angreifer schlagen mit Zaunlatten auf die Flüchtlinge ein und traktieren sie mit Faustschlägen und Fußtritten. Sie entkommen unerkannt. +++
(Berliner Zeitung 18.06.01)

»Jede Rasse ist für einen bestimmten Lebensraum geschaffen. Deshalb kann es niemals gut gehen, Ausländer bei uns anzusiedeln.«

Lüge Nr. 5

Als man in Europa das Mittelalter hinter sich gelassen hatte, begann man damit, die Welt zu erobern, sie wissenschaftlich zu erfassen, zu beschreiben und zu vermessen. Man unterteilte die Tier- und Pflanzenwelt in verschiedene Gruppen. Und die Forscher machten auch vor den Menschen nicht Halt. Auch sie wurden in unterschiedliche „Rassen" aufgeteilt. Äußerlichen Merkmalen wie Haar-, Augen- und Hautfarbe, Schädelgröße und Nasenform wurden bestimmte charakterliche oder seelische Eigenschaften zugeteilt, die als „natürlich" und unveränderbar gelten. Auf diese Weise wurde die Überlegenheit der einen Rasse über die andere scheinbar wissenschaftlich begründet. Als Krönung der Schöpfung galt die „nordische Rasse", der alle anderen untergeordnet wurden.

Die Rassenlehre war im Verlauf der Geschichte für verschiedene Interessengruppen äußerst nützlich und nicht nur der Nationalsozialismus bediente sich dieser Theorie. Auch für den Kolonialismus und den Kapitalismus war sie eine willkommene Grundlage ihrer jeweiligen Ideologie. Sie diente dazu, die Unterdrückung der so genannten minderwertigen „Rassen" zu legitimieren.

Die Nationalsozialisten machten einen besonderen Kult um die angebliche Überlegenheit der „nordischen Rasse". Diejenigen, die dem nationalsozialistischen „Anforderungsprofil" nicht entsprachen, erwartete als letzte Konsequenz der Rassenideologie Verfolgung und Tod: die Juden, die so genannten „Zigeuner", die minderwertigen „Neger" oder die „slawischen Untermenschen". Die NS-Ideologie übertrug die Darwinschen Erkenntnisse über Evolution und Selektion in der Tierwelt auf den Menschen. *„Es gibt nur ein Recht in der Welt, und dieses Recht liegt in der eigenen Stärke" (Adolf Hitler, 1928).* Die Deutschen wurden als das „Vorvolk" der überlegenen „nordischen Rasse" bezeichnet, welche sich durch ihre „Arbeits- und Wehrkraft" fast ganz Europa unterworfen hatte – mit der „nationalistischen" Rechtfertigung, dass jede Rasse um den benötigten Lebensraum kämpft und kämpfen darf.

Heute spricht in der Biologie niemand mehr über verschiedene „Menschenrassen". Die Forschung ist auf dem Weg, das menschliche Erbgut zu entschlüsseln. Noch kann man nicht genau sagen, wie viele menschliche Gene es genau gibt. Was man jedoch sagen kann, ist, dass 99,9 % der Gene aller Menschen gleich sind, egal ob sie aus Afrika, Asien oder Europa stammen. Der Humangenetiker Cavalli-Sforza sagt dazu: „Die Differenzen zwischen „Rassen" sind oberflächlicher Natur" *(in „Die Zeit" vom 19.9.2002)* – auch wenn sich die Forscher darüber streiten, wie groß die Bedeutung dieses restlichen Zehntelprozents ist.

In der letzten Zeit spricht es sich selbst in der rechtsextremen Szene herum, dass die biologische Begründung der angeblichen Rassenhierarchie nicht haltbar ist. Als Reaktion darauf versuchen die rechten Ideologen neuerdings, die biologische Argumentation durch eine „kulturelle" zu ersetzen. Diese „Kultur" wird ebenso als natürlich gegeben und damit als unveränderbar vorausgesetzt.
Argumentativ bewegen sie sich damit auf noch dünnerem Eis, weil die kulturellen „Wesensmerkmale" des Deutschen oder des Europäers oder gar des „Ariers" noch mehr im Ungefähren bleiben als z.B. die Hautfarbe. Entsprechend wechseln auch die Zielgruppen rassistischer Diskriminierung häufiger als etwa im 19. Jahrhundert, wie man beispielsweise am Wandel der Einstellung gegenüber Aussiedlern beobachten kann (vergl. Burgmer, Christoph (Hg): Rassismus in der Diskussion, Berlin 1999; siehe auch Lüge Nr. 6: „Die meisten deutschen Aussiedler haben nicht mehr vorzuweisen als einen Deutschen Schäferhund ...", S. 47 ff.).

Die Rassenlehre mitsamt dem daraus erwachsenden Rassismus ist ein äußerst vielschichtiges und anpassungsfähiges ideologisches Konstrukt, das keineswegs auf den biologischen Faktor beschränkt ist. Es kann je nach Kontext verändert und mit anderen Inhalten gefüllt werden. Daher reicht es auch nicht aus, ihm nur auf der rein biologischen Argumentationsschiene zu begegnen, wenngleich dies nahe liegt. Das zentrale Augenmerk muss sich vielmehr auf die Funktion von Rassismus richten: Rassisten geht es grundsätzlich um Hierarchisierung und Machtausübung, ganz gleich, was sie behaupten.
Das Konzept basiert auf dem Bedürfnis des Einzelnen, sich selbst mit einem möglichst homogenen Ganzen – so etwas wie dem „Volkskörper" – zu identifizieren, um das eigene Selbstwertgefühl zu stärken. Damit kann sich der Rassist vom „unterlegenen Ausländer" (Juden, Untermenschen, Kanaken usw.) distanzieren, indem er ihn als Mangelwesen ausgrenzt. Was dahinter steckt, ist:
Ich, Deutscher (Franzose, Engländer, Österreicher ...) bin aufgrund meiner natürlichen Eigenschaften, meiner angeborenen Fähigkeiten und meiner kulturellen Identität besser als du, Afrikaner (Asiate, Indio, Kaffer ...).

Ich habe das Glück, zwei Kulturen
kennen gelernt zu haben, zu erleben.

Ich bin mit 26 nach Deutschland gekommen
und habe danach die ganze Zeit hier gelebt.
Ich habe das Gute von dort und das Gute von hier genommen.
Von daher fühle ich mich reicher, als die Menschen,
die dieses Glück nicht hatten.

Das Hinterhältige daran ist, dass die Zielgruppen beliebig austauschbar sind: ob Juden oder Türken, Afrikaner oder Asiaten, Obdachlose, Homosexuelle oder Behinderte ist letztlich zweitrangig. Rassisten werden immer ihre Zielgruppen finden, die sie diskriminieren und ausgrenzen können. Und wenn keine tatsächlichen Unterschiede existieren, dann werden eben welche erfunden (wie z.B. Rassemerkmale) oder verordnet (wie z.B. der Judenstern). Diese Funktion des Rassismus bringt der Soziologe und Schriftsteller Albert Memmi in seiner bekannten Definition auf den Punkt:
„Rassismus entsteht durch die verallgemeinerte und verabsolutierte Wertung tatsächlicher oder fiktiver Unterschiede zum Nutzen des Anklägers und zum Schaden seines Opfers, mit der dessen Privilegien oder Aggressionen gerechtfertigt werden sollen.“ *(Quelle: Memmi, Albert: Der Rassismus. Frankfurt/M. 1987).*

Viele Menschen scheinen ihr Selbstwertgefühl daraus zu ziehen, dass sie sich von anderen – vermeintlich schlechteren Konkurrenten – abgrenzen. Die Verlierer in der heutigen Leistungsgesellschaft haben wenig, worauf sie „stolz“ sein können – weder Besitz noch soziale Anerkennung. Einige von ihnen greifen daher auf andere Kriterien wie z.B. ihre Hautfarbe zurück, um wenigstens daraus Selbstbewusstsein und Selbstachtung beziehen zu können.

Im Übrigen ist es ein verhängnisvoller Irrtum zu glauben, Rassismus finde man nur am äußersten rechten Rand. Im Gegenteil: Rassistische Tendenzen sind ein fester Bestandteil unserer Gesellschaft und daher kaum mit ein paar Argumenten einfach zu beseitigen.

6. Juli 01 +++ **Zwickau in Sachsen. Ein 25 Jahre alter Asylbewerber aus Afghanistan wird auf der Straße von zwei Skinheads angehalten. Sie fordern von ihm die Herausgabe einer Schachtel Zigaretten. Als der Afghane es ablehnt, zieht einer der Skins ein Messer und verletzt ihn. Es gelingt dem Angegriffenen schließlich zu entkommen.** +++ (Jungle World 18.07.01)

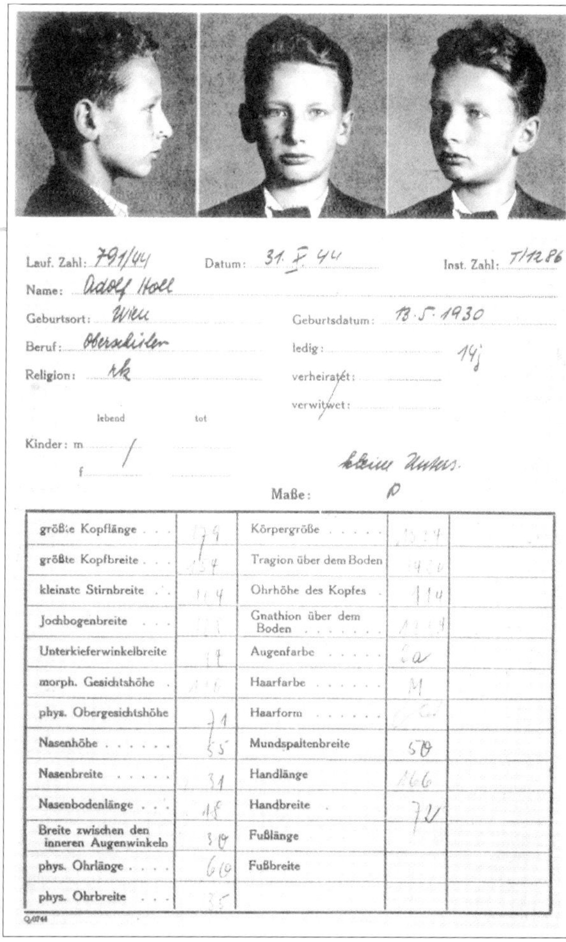

Lauf. Zahl: 791/44 Datum: 31. [illegible] 44 Inst. Zahl: T/1286

Name: Adolf Holl

Geburtsort: Wien Geburtsdatum: 13. 5. 1930

Beruf: Oberschüler ledig: 14j

Religion: rk verheiratet: /

verwitwet:

lebend tot

Kinder: m /

f

kleine Unters.

Maße: P

größte Kopflänge	179	Körpergröße	[illegible]	
größte Kopfbreite	154	Tragion über dem Boden	[illegible]	
kleinste Stirnbreite	114	Ohrhöhe des Kopfes	114	
Jochbogenbreite	[illegible]	Gnathion über dem Boden	[illegible]	
Unterkieferwinkelbreite	[illegible]	Augenfarbe	[illegible]	
morph. Gesichtshöhe	[illegible]	Haarfarbe	M	
phys. Obergesichtshöhe	71	Haarform	[illegible]	
Nasenhöhe	55	Mundspaltenbreite	50	
Nasenbreite	31	Handlänge	166	
Nasenbodenlänge	18	Handbreite	72	
Breite zwischen den inneren Augenwinkeln	30	Fußlänge		
phys. Ohrlänge	60	Fußbreite		
phys. Ohrbreite	35			

Q/0744

Formular zu einer „erbbiologisch-anthropologischen Untersuchung“, vorgenommen am Anthropologischen Institut der Universität Wien.

(mit freundlicher Genehmigung von Dr. Adolf Holl)

Die Rassenlehre ist inzwischen wissenschaftlich längst widerlegt. Biologisch betrachtet gehören alle Menschen zur selben Art und die Unterschiede zwischen ihnen haben sich erst im Lauf der Zeit durch Zufall und durch Anpassung an unterschiedliche Umweltbedingungen herausgebildet. Diese Unterschiede sind erstens biologisch und genetisch minimal, zweitens historisch rein zufällig und haben drittens schon gar nichts mit einer bestimmten Nation zu tun, zu der sich viele Völker aufgrund historisch-politischer Entwicklungen erst in den letzten zweihundert Jahren zusammengeschlossen haben. Zwischen den Angehörigen verschiedener Nationen, Völker, Religionen oder sozialer Gruppen gibt es keine „naturgegebenen“ Unterschiede. Sucht man nach den genetischen Gemeinsamkeiten innerhalb einer ethnischen Gruppe, beispielsweise Pygmäen, und vergleicht diese mit den genetischen Gemeinsamkeiten einer Gruppe großer blonder Schweden, dann ist die Bandbreite der genetischen Unterschiede zwischen diesen beiden Gruppen weit geringer als die Bandbreite der Unterschiede zwischen verschiedenen Individuen, die ein und derselben Gruppe angehören.

Ganz sicher sind Menschen auch nicht für bestimmte Lebensräume „geschaffen". Auch Schwarzafrikaner können im ewigen Eis der Polarwelt überleben und Inuit am Äquator. Die Behauptung eines „natürlichen Lebensraums" für bestimmte Gruppen von Menschen wird schon durch die schlichte Tatsache entkräftet, dass die gesamte Menschheit aus dem südlichen Afrika stammt und erst im Lauf ihrer Geschichte durch Wanderung (!) den Rest der Welt besiedelt hat. Die 130.000 Jahre, die sie dazu gebraucht hat, sind evolutionsgeschichtlich gesehen kaum mehr als ein flüchtiger Augenblick. Nach Europa kamen die ersten Menschen vor ca. 40.000 Jahren. In so kurzer Zeit könnte sich eine eigenständige „Rasse" bei einer hochdifferenzierten Art wie dem Menschen gar nicht herausbilden, selbst wenn dazu eine evolutionsbedingte Notwendigkeit bestünde.

Die verhältnismäßig neue Begründung der Rassenideologie mit angeblichen Kulturunterschieden (dem so genannten „Ethnopluralismus") ist nur scheinbar etwas qualitativ Neues. Diese gibt nunmehr vor, die Gleichwertigkeit der Ethnien grundsätzlich anzuerkennen, also keine Hierarchien mehr herstellen zu wollen.

Angeblich geht es den Verfechtern lediglich darum, die Vermischung unterschiedlicher Kulturen zu verhindern, da sie vermeintlich zu einer Verflachung aller Kulturen und damit zur Schwächung und Dekadenz des „Volkskörpers" führen. Daher seien die Individuen an ihre eigene, „ursprüngliche" Kultur gebunden *(Quelle: Magiros, Angelika: Demontage des Neo-Rassismus, in: iz3w, Januar 2001).*

Doch auch in dieser Argumentation steckt der oben bezeichnete Grundgedanke des Rassismus. Individuen oder Gruppen von Menschen werden bestimmte – in Ermangelung von biologischen jetzt eben kulturelle – Eigenschaften als „naturgegeben" und unveränderbar angedichtet. Das Ansinnen, die Angehörigen anderer Kulturen zu ihrem Besten in ihren „eigenen Lebensraum" zurückzuschicken, lässt deutlich erkennen, dass hier nur ein humanes Deckmäntelchen benutzt wird, um Herrschaft auszuüben und Ausgrenzung zu betreiben: Deutschland ist „unser" natürlicher Lebensraum, also verschwinde, du hast deinen eigenen! Für solche Zwecke eignet sich das wie auch immer variierte Konzept des Rassismus ganz vortrefflich.

Dabei stellt sich nicht zuletzt die Gegenfrage, was denn eigentlich die „natürlichen Kennzeichen" der deutschen (oder auch europäischen) Kultur – im Unterschied zu anderen Kulturen – sein mögen. Die Sprache wäre nahe liegend. Sie kann es aber nicht sein, sonst könnte man durch das Erlernen derselben diesen Graben überbrücken. Und den geistigen und künstlerischen Errungenschaften des „Volks der Dichter und Denker" haben im vergangenen Jahrhundert ausgerechnet nationalsozialistische Rassisten ein nachhaltiges Ende bereitet. Das „deutsche Kulturgut" stammt zu großen Teilen von Juden, Kommunisten, Freidenkern etc. Zahllose Schriftsteller, Publizisten, bildende Künstler und Musiker, deren Werke während des Nationalsozialismus verfemt und verbrannt wurden – und die selbst entweder ins Exil gehen mussten oder im KZ landeten – sind seitdem aus dem öffentlichen Bewusstsein und dem Kulturleben Deutschlands verschwunden.

Weitere Infos zu den Themen „Rassismus" und „Rassenideologie" gibt's im Internet unter den Adressen:

- **www.aric.de**
  (Antirassistisch-Interkulturelles-Informationszentrum)
- **www.eumc.eu.int/**
  (Europäische Stelle zur Beobachtung von Rassismus und Fremdenfeindlichkeit)
- **www.enar-ev.org**
  (Europäisches Netz gegen Rassismus)

19. Juli 01 **+++ Am Morgen um kurz vor 7 Uhr stehen Polizeibeamte vor der Tür der Vietnamesin Nguyen Thi Nga und wollen sie zur Abschiebung abholen. Nguyen Thi Nga versucht sich der Abschiebung zu entziehen und springt aus dem Badezimmerfenster. Sie erliegt ihren Verletzungen. Nguyen Thi Nga hatte bereits ihrer freiwilligen Rückkehr nach Vietnam zugestimmt – der Abschiebetermin am nächsten Tag war ihr nicht mitgeteilt worden. +++** (IGFM Deutsche Sektion 3.08.01, Main-Echo 6.08.01)

„Und jetzt stellen Sie sich mal
Ihre Ahnenreihe vor – seit Christi Geburt.

Da war ein römischer Feldhauptmann,
ein schwarzer Kerl, braun wie 'ne reife Olive,
der hat einem blonden Mädchen Latein beigebracht.

Und dann kam ein jüdischer Gewürzhändler in die Familie,
das war ein ernster Mensch, der ist noch vor der Heirat
Christ geworden und hat die katholische Haustradition
begründet.

Und dann kam ein griechischer Arzt dazu,
oder ein keltischer Legionär,
ein Graubündner Landsknecht,
ein schwedischer Reiter,
ein Soldat Napoleons,
ein desertierter Kosak ...

– das alles hat am Rhein gelebt, gerauft, gesoffen
und gesungen und Kinder gezeugt – und – und

der Goethe, der kam aus demselben Topf,
und der Beethoven, und der Gutenberg,
und der Matthias Grünewald, und –
ach was, schau im Lexikon nach.

Es waren die Besten, mein Lieber!
Die Besten der Welt!
Und warum?
Weil sich die Völker dort vermischt haben."

(aus: „Des Teufels General"
von Carl Zuckmeyer, 1945)

»Die meisten deutschen Aussiedler haben nicht mehr vorzuweisen als einen Deutschen Schäferhund. Aber sie wollen behandelt werden wie richtige Deutsche.«

Lüge Nr. 6

Unter Aussiedlern versteht man Angehörige deutscher Minderheiten, die sich seit dem Mittelalter bis ins 19. Jahrhundert hinein aus unterschiedlichen Gründen in Osteuropa angesiedelt und diese Länder seit Ende des Zweiten Weltkriegs in Richtung Deutschland verlassen haben und verlassen. Die Gründe dafür sind einfach: Nach 1945 waren sie als Angehörige des Kriegsfeindes Repressalien ausgesetzt und wurden gesellschaftlich ausgegrenzt. Zudem hatten sie unter dem wirtschaftlichen Niedergang der osteuropäischen Staaten zu leiden.

Aussiedler haben einen bemerkenswerten Absturz in der Wertschätzung der restdeutschen Gesellschaft hinter sich. Seit Ende des Zweiten Weltkriegs bis zur Auflösung des Warschauer Pakts waren sie – weil von „deutschem Blut" und „deutscher Kultur" – noch das Hätschelkind derjenigen, die auf eine Wiedervereinigung mit den ehemaligen deutschen Ostgebieten hofften. Heute hat sich diese Einstellung jedoch grundlegend geändert. Angeblich ist das „Boot voll". Und so entdeckte man plötzlich, dass die Aussiedler doch keine „richtigen" Deutschen seien. Seit dem Kollaps der realsozialistischen Systeme Osteuropas gelten sie daher zunehmend als Belastung für Gesellschaft und öffentliche Haushalte (zur Geschichte der Aussiedler siehe auch Lüge Nr. 28: „Alle Aussiedler sind Trittbrettfahrer", S. 145 ff.).

Auch hierbei handelt es sich um ein weiteres rassistisches Vorurteil, das in Anbetracht der rechtsextremen Blut- und Boden-Ideologie schon fast kurios erscheint. Der immanente Widerspruch innerhalb der rechten Argumentation ist unübersehbar: Einerseits wird die deutsche Volkszugehörigkeit qua Abstammung (ius sanguinis) gefordert und andererseits wird behauptet, Aussiedler, die ja im Unterschied zu den anderen Zuwanderern genau diese deutsche Abstammung vorweisen können, seien keine „richtigen" Deutschen. Da stellt sich dann doch die Frage, was denn nun ein „richtiger" Deutscher sein soll?!

Aussiedler aus Süd- und Osteuropa 1950–2001

(Quelle: BMI)

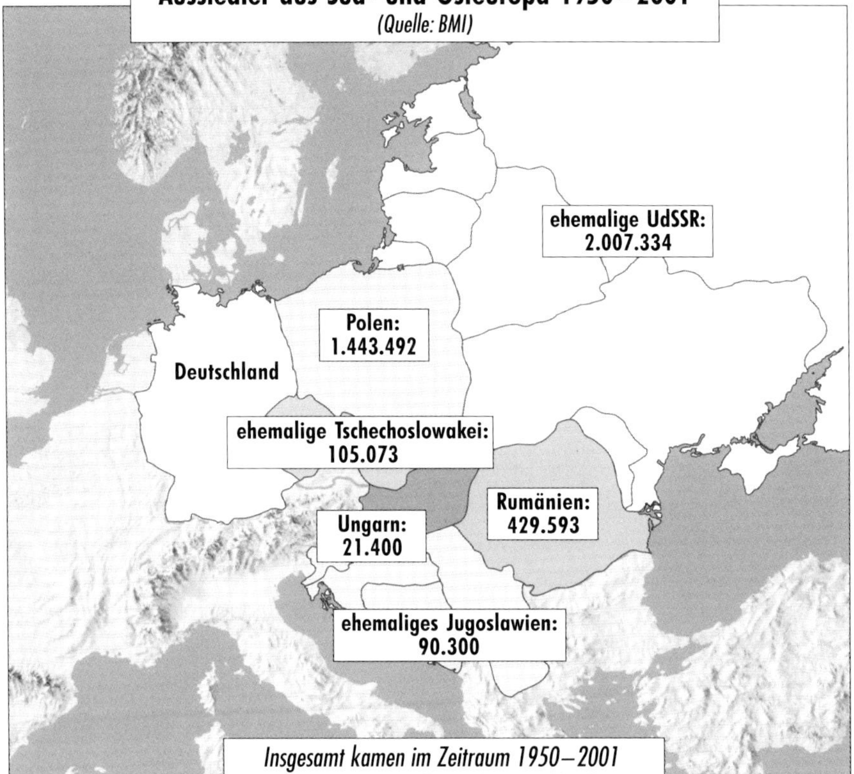

Insgesamt kamen im Zeitraum 1950–2001 4,22 Mio Aussiedler nach Deutschland.

Aussiedler können nur dann nach Deutschland einwandern, wenn sie ihre deutsche Volkszugehörigkeit – d.h. im Regelfall die Abstammung von deutschen Eltern sowie Kenntnisse der deutschen Sprache und Kultur – nachweisen können. Seit 1993 gehört dazu auch das Bestehen eines Sprachtests. Dieser Test wird von einem Vertreter des Bundesverwaltungsamts im Herkunftsgebiet durchgeführt. Die Verfahrensdauer inkl. Prüfung von der Antragstellung bis zur Ausreise lag im Jahr 2000 durchschnittlich bei vier bis fünf Jahren. Die Antragsteller müssen dabei größere Hürden bewältigen. Denn aufgrund des hohen Assimilationsdrucks in ihren Heimatländern und den meist mangelhaften Bildungsangeboten in deutscher Sprache haben sie in der Regel kaum Gelegenheit, sich die geforderten Kenntnisse anzueignen. Man darf dabei nicht vergessen, dass es sich bei den Spätaussiedlern heute praktisch durchweg um Mitglieder von Generationen handelt, die den Krieg gar nicht oder höchstens als Kind miterlebt haben und in einer weitgehend fremdsprachigen Umgebung aufgewachsen sind. Infolgedessen haben im Jahr 1999 nur noch 52,1 % der Antragsteller den Sprachtest bestanden. Und die Quote sinkt mit jedem Jahr weiter ab *(Quelle: Bundeszentrale für politische Bildung (Hg.): Informationen zur politischen Bildung 267/2000).*

Der zweite Teil der Behauptung enthüllt die rassistische Funktion der gesamten Aussage: Es wird eine Hierarchie geschaffen zwischen Deutschen erster und solchen zweiter Klasse, mit dem Ziel, die „minderwertigen" Deutschen wieder in ihren „natürlichen Lebensraum" zurückzuschicken.

Literaturtipp:

- Lehmann, A.: **Im Fremden ungewollt zuhaus. Flüchtlinge und Vertriebene in Westdeutschland 1945–1990.** C.H. Beck 1993.

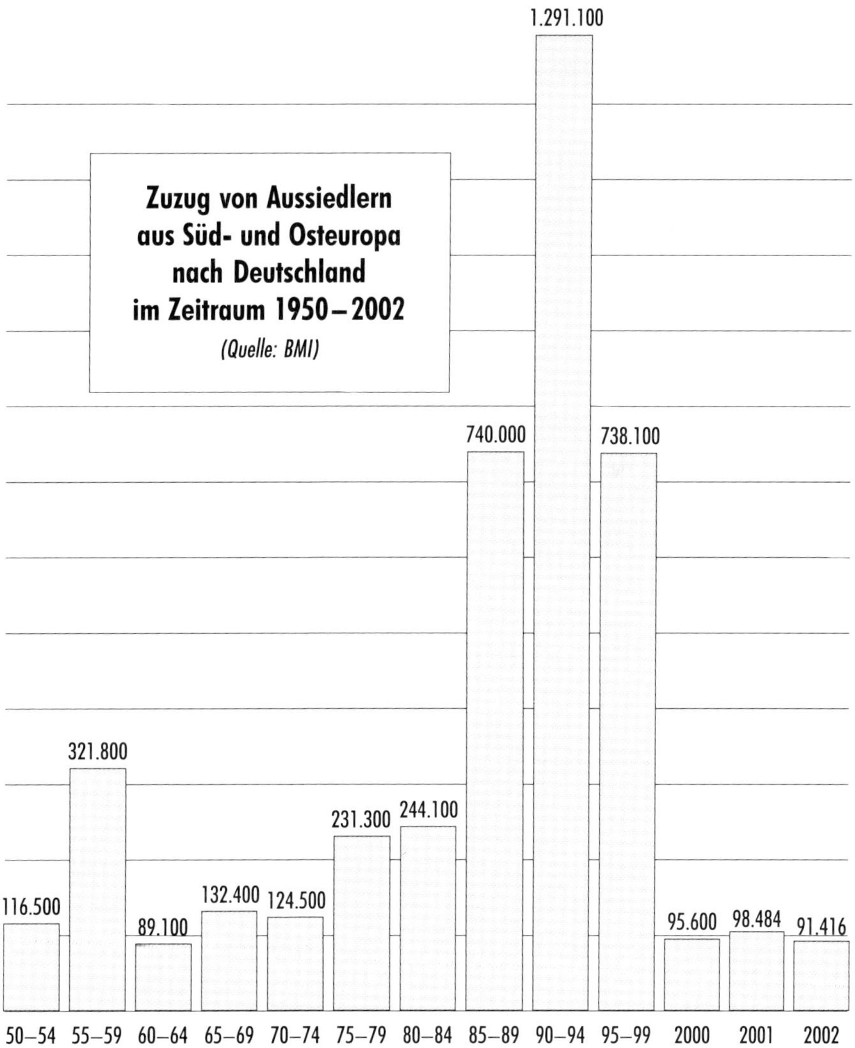

Die Öffnung Osteuropas und verbesserte Ausreisemöglichkeiten ließen die Aussiedlerzahlen in den Jahren 1985 bis 1994 stark ansteigen.

Lüge Nr. 7

»Es macht doch keinen Sinn, Flüchtlinge aus dem ehemaligen Jugoslawien bei uns anzusiedeln. Die werden doch beim Aufbau ihres Landes gebraucht.«

Wir haben nichts gegen Ausländer, solange sie dort bleiben, wo sie hingehören – in ihrer Heimat. Auch hier versteckt sich wieder das Konzept des rassistischen Ethnopluralismus (siehe Lüge Nr. 5: „Jede Rasse ist für einen bestimmten Lebensraum geschaffen …", S. 39 ff.). Da ist dann schnell wieder die Rede vom angeblich „natürlichen" Lebensraum, für den man aufgrund seiner ethnischen und kulturellen Eigenschaften vorgesehen sei, vom Nationalstaat als „natürlicher Organisationsform" eines Volkes *(Quelle: NPD-Flugblatt „Heimat", auch unter http://www.npd.de)*. Die angeblich humanitäre Absicht dieser Aussage ist vorgeschoben. Es geht hier weniger um das Recht der jugoslawischen Flüchtlinge auf ihre Heimat, als vielmehr um das angebliche Recht der Deutschen auf Deutschland als Heimat ohne Ausländer.

Das Recht auf Heimat bedeutet nicht die Pflicht, sich auch dort aufzuhalten – ganz gleich, wie man diese jeweils geografisch und historisch eingrenzen mag. Denn der Mensch hat zwar ein Recht auf Heimat, nicht aber die Heimat auf den Menschen. Max Frisch formulierte dazu treffend: „Heimat ist unerlässlich, aber sie ist nicht an Ländereien gebunden."

Mit dieser Behauptung wird suggeriert, dass Flüchtlinge aus dem ehemaligen Jugoslawien „bei uns" angesiedelt würden. Das ist jedoch falsch. Kriegsflüchtlinge aus dem ehemaligen Jugoslawien wurden in Deutschland nach Maßgabe der Genfer Flüchtlingskonvention und der 1993 geschaffenen Aufnahmeregelung für Kriegs- und Bürgerkriegsflüchtlinge grundsätzlich nur vorübergehend aufgenommen. Und zwar aus dem einfachen Grund, weil sie in ihrer Heimat durch den Krieg einer akuten Bedrohung für Leib und Leben ausgesetzt waren. Während dieses bewilligten Aufenthalts durften die Kriegsflüchtlinge keinen Asylantrag stellen und der Aufenthalt war von Anfang an auf die Dauer der Gefährdung im ehemaligen

Jugoslawien beschränkt. Eine wie auch immer geartete Ansiedlung war also nie geplant und es hat sie auch nie gegeben. Im Gegenteil: Ab Ende 1995 (Daytoner Friedensabkommen) wurde damit begonnen, Rückführungspläne auszuarbeiten.

Der Rückführungsplan vom 16. Dezember 1996 setzte zunächst auf die freiwillige Rückkehr, was sich aber insofern relativierte, als für den Fall der Nichtfreiwilligkeit ab Sommer 1997 die Zwangsrückführung angedroht und auch durchgeführt wurde. Davon ausgenommen waren zunächst nur schutzbedürftige oder behinderte Personen ohne Verwandte in Bosnien-Herzegowina, Personen aus Gebieten, in denen sie nach dem Krieg eine Minderheit darstellten, ethnisch gemischte Ehepaare und traumatisierte Personen, die im Krieg Opfer extremer Gewalt geworden waren *(Quelle: Pro Asyl)*. Ihnen wurde der weitere Aufenthalt in Deutschland ermöglicht. Auch Personen, die sich im Februar 2001 seit mindestens sechs Jahren in Deutschland aufhielten und sozialversicherungspflichtig beschäftigt waren, durften in Deutschland bleiben. Fazit: Während sich 1996 345.000 Kriegsflüchtlinge aus Bosnien-Herzegowina in der Bundesrepublik Deutschland aufhielten, waren es Ende 2003 nur noch 14.820 (Duldung). Damit wird die Rückführung bosnisch-herzegowinischer Kriegsflüchtlinge als im Wesentlichen abgeschlossen betrachtet *(Quelle: Migrationsbericht der Ausländerbeauftragten der Bundesregierung, vorgelegt 2003)*.

Auch die Flüchtlinge aus dem Kosovo sind mittlerweile meist freiwillig in ihre Heimat zurückgekehrt.

Serben auf der Flucht aus dem Kosovo. (Quelle: UNHCR)

Zerstörte Häuser der Roma-Gemeinschaft in Mitrovica, Kosovo. (Quelle: UNHCR)

Bei den ca. 100.000 Albanern und Roma aus dem Kosovo, die sich derzeit noch in der Bundesrepublik aufhalten, handelt es sich vorwiegend um Asylbewerber, deren Anträge jedoch meist zurückgewiesen wurden und die daher ebenfalls ausreisen müssen *(Quelle: Migrationsbericht der Ausländerbeauftragten der Bundesregierung, vorgelegt am 12.2.2002).*

Inwieweit die Bewohner des früheren Jugoslawien tatsächlich beim Aufbau gebraucht werden, ist sicher nicht so pauschal zu beantworten. Das jedoch war kein Kriterium, nach dem den Flüchtlingen eine Verlängerung ihres Aufenthalts in der Bundesrepublik Deutschland gewährt worden wäre.

Weitere Infos zur Situation der Rückkehrer ins ehemalige Jugoslawien gibt's im Internet unter der Adresse:

- **www.ggua.de/rb/**
  (Zwei Mitarbeiter der Flüchtlingshilfe GGUA berichten über die Lebensbedingungen aus Deutschland abgeschobener Roma in Serbien und im Kosovo.)

19. Juli 01 +++ **Im brandenburgischen Bernau wird ein libanesischer Flüchtling in seinem Rollstuhl von einem Deutschen zunächst beschimpft und dann tätlich angegriffen. Der Täter tritt ihm gegen die linke Beinprothese und in Richtung seines Gesichtes.** +++
(Opferperspektive (MoPo 20.07.01) BORG Bernau)

Der Balkankonflikt im Überblick

Die Chronologie setzt bei den separatistischen Bestrebungen an.
Diesen gingen jedoch lang andauernde ethnische Spannungen voraus, sodass diese Bestrebungen auch nicht als alleinige Ursachen der Konflikte angesehen werden können.

25. Juni 1991:
Kroatien und Slowenien erklären ihre Unabhängigkeit von der Sozialistischen Bundesrepublik Jugoslawien. Unmittelbar danach beginnt der Krieg. Serbische Rebellen erobern mit Unterstützung der jugoslawischen Armee 30 Prozent des kroatischen Territoriums.

8. Oktober 1991:
Jugoslawien bittet UNHCR um Unterstützung. Zwei Wochen später erklärt der UN-Generalsekretär das Amt zur federführenden humanitären Organisation in dieser Krise.

2. Januar 1992:
Mit dem Abkommen von Sarajewo wird in Kroatien der erste dauerhafte Waffenstillstand dieses Krieges geschlossen.

15. Januar 1992:
Die Europäische Gemeinschaft erkennt die Unabhängigkeit Kroatiens und Sloweniens an.

21. Februar 1992:
Der UN-Sicherheitsrat bewilligt die Entsendung der UN-Schutztruppe (UNPROFOR) nach Kroatien. Ihr Mandat wird später auch auf Bosnien ausgeweitet.

3. März 1992:
Bosnien und Herzegowina erklärt seine Unabhängigkeit. Die bosnischen Serben belagern die Hauptstadt Sarajewo und bringen 70 Prozent des Territoriums unter ihre Kontrolle.

3. Juli 1992:
Die UNHCR-Luftbrücke nach Sarajewo, die sich zur zeitlich längsten humanitären Luftbrücke der Geschichte entwickeln wird, beginnt. In den folgenden zwei Jahren unterstützen UNHCR und andere Organisationen im gesamten ehemaligen Jugoslawien auf dem Höhepunkt des Konflikts bis zu 3,5 Millionen Menschen. Schätzungsweise 700.000 Bosnier fliehen. Weitere zwei Millionen Menschen werden zu Binnenvertriebenen.

11. Januar 1993:
Die Friedensgespräche zum Vance-Owen-Plan beginnen in Genf.

27. Februar 1993:
Die belagerten Enklaven werden aus der Luft versorgt.

6. Mai 1993:
Die Resolution 824 des UN-Sicherheitsrats erklärt Sarajewo, Tuzla, Zepa, Gorazde, Bihac und Srebrenica zu „Schutzzonen", doch bleibt die militärische Lage vor Ort unverändert.

11. Juli 1995:
Srebrenica fällt an die serbischen Truppen und wird mit einem Massaker an mehreren tausend Menschen zum Schauplatz des schrecklichsten Verbrechens in Europa seit dem Zweiten Weltkrieg.

12. August 1995:
Kroatien leitet die „Operation Sturm" ein und erobert die Krajina von den serbischen Rebellen zurück. 170.000 Serben ergreifen die Flucht.

21. November 1995:
Das Friedensabkommen von Dayton wird unterzeichnet. Es schreibt das Ende der Feindseligkeiten und die Rückkehr der Flüchtlinge nach Bosnien und Herzegowina fest. Einen Monat später werden die IFOR-Truppen unter dem Oberkommando der NATO, die die Umsetzung des Abkommens garantieren sollen, in der Region stationiert.

9. Januar 1996:
Die humanitäre Luftbrücke nach Sarajewo wird eingestellt.

14. September 1996:
Bei den ersten Nachkriegswahlen in Bosnien und Herzegowina wird die Machtposition der Hardliner aus der Zeit des Krieges bestätigt. Das Ergebnis macht die Hoffnungen auf eine baldige Rückkehr der Flüchtlinge zunichte.

15. Januar 1998:
Das bereits in den Anfängen des Krieges von der jugoslawischen Armee eroberte Ostslawonien wird nach dem Abzug der UN-Übergangsbehörde (UNTAES) wieder unter kroatische Souveränität gestellt.

März 1998:
In der serbischen Provinz Kosovo brechen zwischen albanischen Separatisten und jugoslawischen Truppen Kämpfe aus, die eine neue Vertreibungswelle auf dem Balkan auslösen. Bis September sind 350.000 Menschen ins Ausland geflohen oder zu Binnenvertriebenen geworden.

27. Oktober 1998:
Der jugoslawische Präsident Slobodan Milosevic beugt sich dem militärischen Druck der NATO und stimmt einem Waffenstillstand sowie einem teilweisen Abzug der Militär- und Sonderpolizeikräfte aus dem Kosovo zu. Die Organisation für Sicherheit und Zusammenarbeit in Europa (OSZE) entsendet die ersten von geplanten 2.000 Beobachtern, die die Einhaltung des Abkommens überwachen sollen. Die militärische Lage bleibt äußerst angespannt.

(Quelle: UNHCR)

II

Arbeit

Lüge Nr. 8

»Die Ausländer nehmen uns die Arbeitsplätze weg. Deshalb gibt es nur ein Mittel gegen Arbeitslosigkeit: Ausländer raus!«

Fremde sind dreist. Sie erheben Ansprüche auf Arbeit, obwohl genug Deutsche auf der Straße stehen. Ausländer waren lange genug hier, jetzt müssen sie verschwinden.

Die ersten Zuwanderer im Nachkriegsdeutschland zwischen 1945 und 1950 waren 12,5 Millionen Flüchtlinge und Heimatvertriebene. Bis 1961 kamen dann noch einmal 3,5 Millionen Übersiedler aus der ehemaligen DDR in den Westen. Zu diesem Zeitpunkt waren 25 % der Bevölkerung deutschstämmige Einwanderer. *(Quelle: Roland und Andrea Tichy: Die Pyramide steht Kopf. Die Wirtschaft in der Altersfalle und wie sie ihr entkommt, München 2001.)* Für die bundesdeutsche Wirtschaft, die damals händeringend Arbeitskräfte suchte, war das nicht genug. Und so wurde damit begonnen, zunächst in Italien und bald auch in anderen südeuropäischen Ländern gezielt Arbeitskräfte anzuwerben. Anfangs wurden diese so genannten „Gastarbeiter" noch mit Fernsehkameras und großem Bahnhof empfangen. Das deutsche Wirtschaftswunder brach mit ihrer Hilfe zeitweise alle Rekorde. Als das Wirtschaftswachstum in den Siebzigerjahren nachließ, sah man in den Zuwanderern plötzlich Konkurrenten um die knapper werdenden Arbeitsplätze. Diese Parole steht nach wie vor im Raum und scheint bei den derzeit rund 5 Millionen Arbeitslosen auch erst mal plausibel – solange man nicht genauer hinschaut.

Die Behauptung ist falsch, und zwar aus zweierlei Gründen: Zum einen ist die Arbeitslosenquote in den neuen Bundesländern weitaus am höchsten – also gerade dort, wo mit großem Abstand am wenigsten Ausländer leben: Der Ausländeranteil in den neuen Bundesländern liegt zwischen 2,0 – 2,8 %, in den alten Bundesländern zwischen 5,4 – 14,6 % *(Quelle: Bundeszentrale für politische Bildung, Studie: Ausländer in Deutschland. Zahlen von Ende 2003).* In den Niederlanden beträgt der Ausländeranteil 4,33 % an der Gesamtbevölkerung – im Schnitt etwa doppelt so viel wie in den neuen Bundesländern der Bundesrepublik Deutschland, und das bei einer der höchsten Einbürgerungsraten in Europa.

Fühlst du dich hier akzeptiert?

Die Frage stelle ich mir gar nicht. Ich bin ein Teil des Ganzen hier.
Ich bin seit 20 Jahren in den gleichen Kreisen.
Also, wenn jemand sagt „Ausländer raus",
der regt mich gar nicht dermaßen auf.
Ich würde mich natürlich ärgern, aber ich weiß ja,
dass es unberechtigt ist, ich gehöre genauso dazu wie der.

Bei nur 4,8 % Arbeitslosigkeit herrscht dort Vollbeschäftigung. Zum anderen ist die Arbeitslosigkeit in der Bundesrepublik nicht so groß, wie die offizielle Arbeitslosenstatistik suggeriert. Von den rund vier Millionen Arbeitslosen steht ein gutes Viertel dem Arbeitsmarkt aus unterschiedlichsten Gründen gar nicht zur Verfügung.
So werden in der Statistik Personen geführt, die bereits einen neuen Arbeitsplatz in Aussicht haben oder sich nur arbeitslos gemeldet haben, um ihre Ansprüche auf Leistungen wie Kindergeld oder Rente aufrecht zu halten *(Quelle: Bundesregierung, 25.2.2002)*. Schon diese beiden Beispiele sind Indizien dafür, dass Arbeitslosigkeit nicht ursächlich mit der Zahl der Ausländer zusammenhängt, sondern andere, strukturelle oder statistische Gründe hat. In den neuen Bundesländern sind sie beispielsweise in der Vorgeschichte bzw. den Folgen der Wiedervereinigung zu suchen. Zudem gehören Ausländer in Zeiten hoher Arbeitslosigkeit mit zu den ersten Opfern von Entlassungen – die Arbeitslosenquote bei Ausländern war 2003 mit 20,1 % fast doppelt so hoch wie die der Gesamtgesellschaft (11,7 %). *(Quelle: Isoplan, AID.)*

Grundsätzlich klafft auf dem Arbeitsmarkt eine Lücke zwischen Angebot und Nachfrage. Es ist eine Tatsache, dass sich viele offene Stellen nicht ausreichend mit Deutschen besetzen lassen. Vielfach handelt es sich um körperlich sehr belastende, schmutzige oder gefährliche Arbeiten, die Deutsche nicht mehr übernehmen wollen – z.B. in Reinigungsfirmen, auf dem Bau oder bei der Müllentsorgung. Die Bezahlung ist zu schlecht oder die Arbeitszeit zu lang – wie beispielsweise im Pflegebereich. Vor allem neue Zuwanderer, die – wenn sie denn eine Arbeitserlaubnis bekommen – auf jeden Job angewiesen sind, füllen diese Lücken. Ohne sie könnte ein Großteil der Produktions- und Dienstleistungsbranchen überhaupt nicht existieren.

Für viele offene Stellen gibt es nicht genügend Bewerber. Oder den Arbeitsuchenden fehlen die entsprechenden Qualifikationen, die auch auf absehbare Zeit durch Ausbildung, Umschulung und Fortbildung nicht zu schaffen sind. Das betrifft vor allem die IT-Branche (Informationstechnologie), für die in den letzten Jahren eigens die „Green Card" (vorübergehende Aufenthalts- und Arbeitserlaubnis aus arbeitsmarktpolitischen Gründen) geschaffen wurde, aber z.B. auch Ingenieurberufe. Und es gibt noch weitere Lücken. Während etwa in den alten Bundesländern seit Ende der Achtzigerjahre ein faktischer Kassenzulassungsstopp für eine Reihe von Fachärzten gilt, herrscht in Sachsen weiterhin akuter Mangel an niedergelassenen Ärzten.

Zum anderen sind Ausländer genau wie Deutsche nicht nur Arbeiter, sie sind auch Verbraucher. Sie kaufen Lebensmittel, Kleidung, Möbel, Fahrräder, Autos, Reisen, Immobilien usw. Mit anderen Worten: Sie benötigen nicht nur Arbeitsplätze, sondern sie schaffen auch welche, weil sie die Nachfrage nach Konsum- und Investitionsgütern und damit die Produktivität erhöhen. 60 % der Wirtschaftsleistung in Deutschland hängen vom Konsum der Bürger ab. *(Quelle: Sven Egenter / Reuters: Die Launen der Verbraucher, in: Süddeutsche Zeitung 22.7.2002.)* Und nicht zuletzt zahlen Ausländer ebenso wie Deutsche Steuern und

Sozialversicherungsbeiträge. Bei den Renten sind sie sogar Nettoeinzahler: Aufgrund ihrer günstigeren Altersstruktur und weil viele von ihnen im Alter Deutschland wieder verlassen und damit auf 30 % der ihnen zustehenden Rente verzichten, zahlen sie im Durchschnitt mehr Rentenbeiträge ein, als sie an Renten ausbezahlt bekommen – Geld, von dem deutsche Rentner mitfinanziert werden *(Quelle: Website des Bundesministeriums für Wirtschaft; siehe auch Lüge Nr. 27: „Ausländer plündern unsere Rentenkassen …", S. 140 ff.).*

Schließlich und endlich schaffen Ausländer auch ganz direkt Arbeitsplätze. Viele von ihnen sind selbstständige Unternehmer. Sie betreiben Im- und Exportfirmen, Banken, Konzerne, Bio-Tech-Firmen, Transportunternehmen, Fabriken, Druckereien, Einzelhandelsgeschäfte, Franchise-Unternehmen und zahllose kleine, große und mittlere Dienstleistungsbetriebe wie Reisebüros, Werbeagenturen, Design- und Internetfirmen, außerdem Restaurants, Imbissbuden und vieles mehr. Insgesamt gab es im Jahr 2000 280.000 ausländische Selbstständige *(Quelle: Bundeszentrale für politische Bildung, Studie „Ausländische Mitbürger in Deutschland", Bonn 2001),* die über 700.000 Arbeitsplätze geschaffen haben. Tendenz: steigend. Und sie sind erfolgreich. Allein die türkischen Dönerbuden machen in Deutschland inzwischen jährlich mehr Umsatz als McDonald's. *(Quelle: Tenbrock, Christian: Die fremden Unternehmer, in: Die Zeit 30/2001.)* Ausländer raus? Die unmittelbare Folge wäre der totale Zusammenbruch der deutschen Wirtschaft, von der menschlichen Katastrophe gar nicht zu reden.

Lüge Nr. 9

»Die meisten Ausländer sind illegal hier. Sie arbeiten für ein Taschengeld, drücken die Löhne und zahlen als Schwarzarbeiter keine Steuern.«

Die so genannte Schattenwirtschaft scheint dem normalen Lohn- oder Gehaltsempfänger, der auf seiner Gehaltsabrechnung sehen kann, wie viel ihm an Steuern und Sozialbeiträgen abgezogen wird, als Ärgernis – besonders dann, wenn es Ausländer sind, die sich „nebenbei" etwas dazuverdienen. Allerdings ist dies eine Form der (Klein-)Kriminalität, die vor allem aufgrund der hohen Nachfrage auf beiden Seiten gedeiht – bei den Arbeitgebern ebenso wie bei den Arbeitnehmern. In erster Linie wird hier der Staat betrogen. Daher verfolgt er die Täter mit zunehmendem Personalaufwand, hat dabei allerdings insgesamt nur bescheidenen Erfolg: Berechnungen zufolge wurden im Jahr 2000 ca. 643 Milliarden Mark „schwarz" erwirtschaftet *(Quelle: Ulrike Meyer-Timpe, Schwarzarbeit – Die Rebellion des kleinen Mannes. In: Die Zeit 20/2001).*
Schwarzarbeit gilt längst als Kavaliersdelikt – bei Handwerkern und Dienstleistern ebenso wie bei Lehrern, bei Freiberuflern, Angestellten und Arbeitslosen. Laut einer Umfrage des Instituts für Demoskopie Allensbach hielten im Jahr 2002 40 % der Deutschen Schwarzarbeit für akzeptabel. Mitte der Neunzigerjahre seien es nur 31 % gewesen. Die Befragten begründeten ihr Verständnis damit, dass Schwarzarbeit für beide Seiten Vorteile brächte: demjenigen, der sich etwas dazuverdiene, und dem Empfänger der Leistung, der dadurch Dienstleistungen günstiger erhielte. Da die Schattenwirtschaft jedoch gemeinschaftsschädigend wirkt – u.a. weil einerseits weder Lohnsteuer noch Sozialabgaben abgeführt, andererseits auch unberechtigt Arbeitslosengeld oder -hilfe bezogen werden – ist der Ärger des ordentlichen Steuerzahlers verständlich. Letztendlich schadet die unzureichende Nutzung von Wachstums- und Beschäftigungspotenzialen der gesamten Gesellschaft. Äußerst problematisch ist allerdings die Projektion des Problems auf „illegale" Ausländer, denn die allermeisten Schwarzarbeiter sind weder Ausländer noch „illegal".

Die Zahl der bei Razzien und Kontrollen aufgegriffenen ausländischen Arbeitnehmer ohne gültige Papiere (13.931 Strafanzeigen und 27.670 Verwarnungen oder Geldbußen gegen Arbeitgeber und Arbeitnehmer im Jahr 2003, *Quelle: Migrationsbericht der Ausländerbeauftragten im Auftrag der Bundesregierung, vorgelegt 2004)* lässt auf eine Größenordnung von einer halben bis eineinhalb Millionen Menschen schließen. Das sind jedoch nur Schätzungen. *(Quelle: Jörg Alt, Illegal in Deutschland, Karlsruhe 1999.)* Bei 7,3 Millionen Ausländern mit legalem Status wären das also keineswegs „die meisten", sondern eine eher deutliche Minderheit. Wobei man noch berücksichtigen muss, dass viele illegale Ausländer nur kurzfristig zur Arbeitsaufnahme einreisen, etwa Erntehelfer u.a.

Dem zweiten Teil der Aussage kann man eine gewisse Berechtigung nicht absprechen. Aber: Hier werden die Opfer mit den Tätern verwechselt. Menschen ohne Papiere sind aufgrund ihrer rechtlich ungeschützten Situation ein leichtes Opfer für rücksichtslose Unternehmer, die von ihnen profitieren. Da sie durch sämtliche Maschen des sozialen Sicherungssystems fallen, müssen sie bei ihren Jobs jede Bedingung akzeptieren, die ihnen gestellt wird.

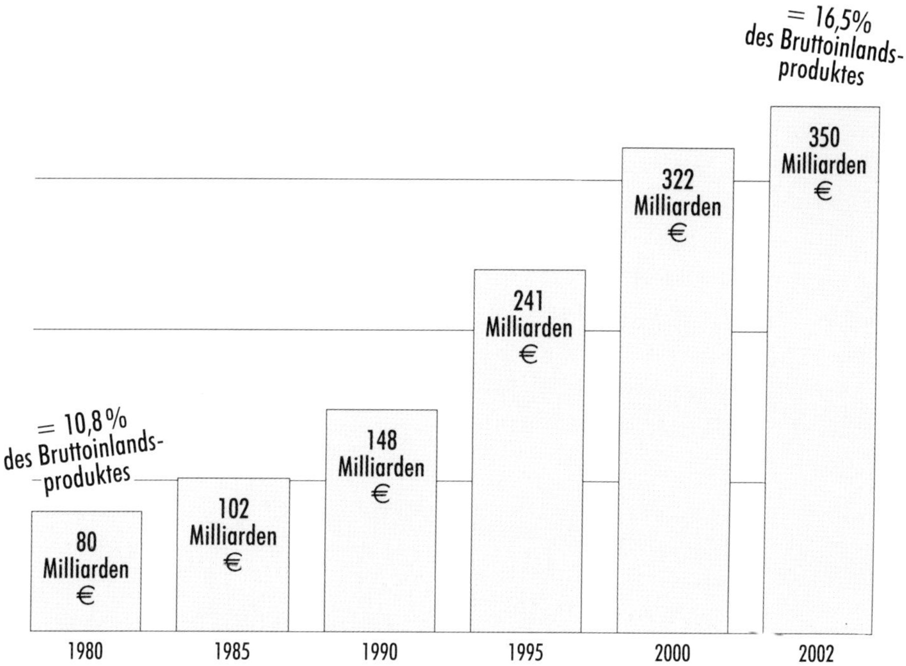

Umsätze in der „Schattenwirtschaft" in Deutschland

Schätzung; ab 1995 bezogen auf Gesamtdeutschland

(Quelle: IAW)

Alternativen dazu gibt es nicht. Denn es ist in jeder Branche dasselbe: Keine Papiere, das bedeutet Niedriglohn weit unterhalb des gültigen Tarifs, keine Versicherung, kein Kündigungsschutz, kein Arbeitsschutz, keine Lohnfortzahlung im Krankheitsfall – von ärztlicher Versorgung ganz zu schweigen –, kein Schutz gegen Lohnbetrug oder gegen unmenschliche Behandlung am Arbeitsplatz – und dabei immer das Damoklesschwert von Entdeckung und Abschiebung im Nacken. Arbeitnehmer ohne Aufenthaltsstatus sind erpressbar und werden besonders gern für besonders gefährliche und gesundheitsschädigende Arbeiten herangezogen *(vgl. Günter Wallraff, Ganz unten, Köln 1985)*. Denn werden sie krank, können sie keine Ansprüche stellen. Sie sind völlig rechtlos und müssen sich nahezu alles gefallen lassen. Nutznießer dieser Schwarzarbeit sind nicht die Ausländer, die ganz sicher auch lieber in gesicherten Arbeitsverhältnissen stünden, sondern die Unternehmer, die sie beschäftigen.

Sie sparen dabei eine Menge Geld – zum einen an den Löhnen selbst, zum anderen an Versicherungsleistungen und Arbeitsschutzmaßnahmen. Außerdem verschaffen sie sich Wettbewerbsvorteile gegenüber der Konkurrenz. Damit schaden sie wiederum ehrlichen Unternehmern und den dort legal beschäftigten Angestellten. Das Risiko einer Geldbuße von bis zu 50.000 Euro, die bei Entdeckung zu entrichten ist, reicht offenbar nicht aus, um illegale Beschäftigung nicht länger lukrativ zu machen. Das größere Risiko gehen die „Illegalen" selbst ein. Bei Entdeckung müssen sie außer mit einer Geldbuße von bis zu 500 Euro mit ihrer Abschiebung rechnen, für deren Kosten sie oft selbst aufkommen müssen.

Schwarzarbeiter gibt es im Übrigen unter Deutschen weit häufiger als unter Ausländern ohne Papiere. Insgesamt stellen arbeitslose und illegal hier lebende Ausländer zusammen nur ein knappes Drittel aller Schwarzarbeiter *(Quelle: Ulrike Meyer-Timpe, Schwarzarbeit – Die Rebellion des kleinen Mannes, in: Die Zeit 20/2001)*.

Weitere Infos zum Thema „Schattenwirtschaft" gibt's im Internet unter den Adressen:

- **www.bmwi.de**
  (Bundesministerium für Wirtschaft und Arbeit)
- **www.hwk-stuttgart.de/1498.htm**
  (Schwarzarbeit – konkret, kurz, knapp)

26. Juli 01 **++++ Der Fahrer eines Kleintransporters überfährt vor einer Flüchtlingsunterkunft im brandenburgischen Prenzlau ein siebenjähriges iranisches Mädchen. Er beschimpft eine dabei stehende Gruppe von Flüchtlingen mit: „Scheiß Ausländer!". Das Mädchen, das bei dem Umfall schwere Kopfverletzungen erleidet, stirbt am nächsten Tag in einem Berliner Krankenhaus. +++** (Jungle World 28.07.01)

»Die meisten Asylbewerber kommen doch nur hierher, um sich auf Kosten der Allgemeinheit ein schönes Leben zu machen. Die rühren keinen Finger und die deutschen Steuerzahler müssen sie durchfüttern.«

Lüge Nr. 10

Das Bild vom faulen, fetten und gefräßigen Schmarotzer wird immer wieder gerne genommen. Kombiniert mit der stets leicht zu mobilisierenden Angst vor dem persönlichen sozialen Abstieg eignet es sich bestens zur Darstellung eines angeblichen „Feindes", der den Deutschen schadet und wie die Made im Speck lebt. Das Bild vom schmarotzenden Juden, dem „ewigen Blutegel", der *„wie ein schädlicher Bazillus sich immer mehr ausbreitet, sowie nur ein günstiger Nährboden dazu einlädt" (Quelle: Hitler, Adolf, Mein Kampf, S. 334)*, sich auf Kosten seines *„Wirtsvolks" (ebd.)* den Bauch vollschlägt und das Säckel füllt, war im Dritten Reich in verschiedenen Variationen allgegenwärtig. Es bereitete den geistigen Nährboden für Vertreibung, Deportation und Vernichtung. Das Bild wird von den entsprechenden Interessengruppen heute erschreckend problemlos auf Asylbewerber bzw. Ausländer allgemein übertragen. Begünstigt wurde dieses Vorurteil bis Ende 2000 auch durch den Gesetzgeber, der Asylbewerbern jede Arbeitsaufnahme grundsätzlich verbot und sie somit unfreiwillig zu „Schmarotzern" machte.

Dass so genannte Wirtschaftsflüchtlinge, die vor Armut, Krieg und Hunger flüchten, nur äußerst geringe Chancen haben, auch nur einen Asylantrag zu stellen – geschweige denn, anerkannt zu werden – ist bekannt (s. „Nur eine verschwindend kleine Minderheit der Asylbewerber wird anerkannt ...", S. 25 ff.).

Sollte es dem einen oder anderen trotzdem gelingen, so werden ihm etwaige Illusionen sehr rasch genommen. Asylbewerber werden zunächst in äußerst dürftig ausgestatteten Sammelunterkünften untergebracht. Die allermeisten von ihnen dürfen zumindest im ersten Jahr ihres Aufenthalts gar nicht arbeiten.

Bis Ende 2000 galt noch ein generelles Arbeitsverbot für alle Asylbewerber, die nach dem 15. Mai 1997 eingereist waren, sowie für alle Ausländer, die sich mit einer befristeten Duldung in Deutschland aufhielten. Wer länger da war, durfte nur einen Arbeitsplatz annehmen, für den nachweislich kein Deutscher und auch kein EU-Bürger gefunden werden konnte. Diese so genannte Vorrangprüfung stellt für Asylbewerber auch heute noch eine hohe Hürde dar und lässt ihnen nur die unattraktivsten Jobs übrig, die sonst keiner will.

Laut Sozialgesetzbuch und einigen konkretisierenden Verordnungen zur Erwerbstätigkeit von Ausländern (Anwerbestoppausnahmeverordnung, Ausländergesetz, Arbeitsaufenthalteverordnung, Green-Card-Regelung u.Ä.) können die Landesregierungen die Arbeitserlaubnis für Ausländer auf bestimmte Betriebe, Berufsgruppen, Wirtschaftszweige, Beschäftigungsarten, Bezirke und Zeiträume beschränken. Auf diese Weise sank die Zahl der Asylbewerber und geduldeten Flüchtlinge in Beschäftigungsverhältnissen zwischen 1992 und 1997 von 84.252 auf 24.772, also auf weniger als ein Drittel *(Quelle: Ahlheim, Klaus/Heger, Bardo, Vorurteile und Fremdenfeindlichkeit, Schwalbach/Ts. 1999², S. 45)*. Asylbewerber wurden damit ganz gezielt vom Arbeitsmarkt fern gehalten.

Seit dem 1.1.2001 ist das Arbeitsverbot teilweise gelockert. Für die meisten Asylbewerber gilt es nur noch während des ersten Jahres ihres Aufenthalts in Deutschland. Danach können sie eine Arbeitsgenehmigung erhalten wenn sie den Status einer Duldung erhalten. Die Vorrangprüfung gilt jedoch weiterhin. Einige Gruppen (z.B. Flüchtlinge im Sinne der Genfer Konvention, Personen mit Aufenthaltserlaubnis) müssen keine Wartezeit mehr einhalten. Asylbewerber, die für die Dauer ihres Asylverfahrens eine so genannte Aufenthaltsgestattung erhalten und in einer Sammelunterkunft untergebracht sind (z.B. Asylbewerber aus den so genannten „sicheren Drittländern"; *Quelle: Asylverfahrensgesetz § 55*), dürfen jedoch nach wie vor überhaupt nicht arbeiten. Sie haben andererseits jedoch keinen Anspruch auf den normalen Sozialhilfesatz – also das, was für einen Deutschen als Existenzminimum gilt –, sondern nur auf das „unabweisbar Gebotene". Das liegt im Jahr 2002 für einen erwachsenen Haushaltsvorstand bei monatlich 225 Euro (vgl: Asylbewerberleistungsgesetz. Der entsprechende Sozialhilfesatz liegt, je nach Bundesland, zwischen 274 und 287 Euro). Ehepartner und Kinder müssen mit noch weniger auskommen. Die Unterstützung wird zudem oft nur in Form von Einkaufsgutscheinen für bestimmte Läden oder gleich in Naturalien ausgehändigt. So können sich die „Leistungsempfänger" von der Unterstützung nicht einmal ihren persönlichen Speisezettel zusammenstellen. Das alles spricht nicht gerade dafür, dass nicht arbeitende Asylbewerber hier wie die Maden im Speck leben.

Die veränderte Regelung seit 2001 wird zu einer erheblichen Entlastung der öffentlichen Haushalte führen. Im Jahr 2000 betrugen die Ausgaben nach dem Asylbewerberleistungsgesetz bundesweit 3,63 Mrd. Mark (1,86 Mrd. Euro *(Quelle: BAFl/Statistisches Bundesamt)*. Zum Vergleich: Nahezu der fünffache Betrag, insgesamt 8,6 Mrd. Euro, war vom Parlament für die Beschaffung von 73 Militärtransportern des Typs A400M in den Haushaltsjahren 2002/03 vorgesehen.

Wenn ich arbeitslos wäre, würde es mich stören,
wenn mir jemand – gut gemeint – Geld gibt,
damit ich mir etwas zu essen kaufen kann,
aber mir keine Möglichkeit gibt, mir selbst eine Arbeit zu suchen.
Es gibt viele Deutsche, die kommen zu mir, unterhalten sich mit mir,
wollen mich und meine Probleme verstehen, wollen mir
die Hand reichen, damit es mir besser geht usw.
Aber für diese wohlmeinenden Leute
bin ich immer ein Ausländer.

Plakat-Aktion von PRO ASYL
Beispiel Lebensmittelpakete: Flüchtlingen wird das Recht verwehrt, frei zu entscheiden, wie sie sich ernähren.

Städte und Gemeinden werden nun voraussichtlich über 400 Millionen Euro pro Jahr einsparen, weil arbeitende Asylbewerber nicht mehr auf Unterstützung angewiesen sind. Von ihrem Lohn wandert außerdem ein Teil in Form von Steuern und Beiträgen zur Sozialversicherung in öffentliche Kassen. Die Arbeit hilft ihnen bei der Integration und ermöglicht finanzielle Unabhängigkeit.
Für die anderen hingegen, denen die Untätigkeit aufgezwungen wird, ist oft gerade diese eine besondere Belastung. Die Unsicherheit über den Ausgang ihres Verfahrens und ihren weiteren Verbleib im Land, die beengte Wohnsituation in den Sammelunterkünften (oft Container, in denen 4 Personen auf 14 Quadratmetern leben müssen) und die ghettoartige Absonderung von der übrigen Bevölkerung machen viele mit der Zeit mürbe und lassen sie resignieren. So sieht also das „Luxusleben" aus, das nicht arbeitende Asylbewerber in Deutschland führen.

»Das ist doch kein Zustand: Ganze Berufe sind in ausländischer Hand.«

Lüge Nr. 11

Hier geht's wieder um das Bild von den dreisten und unverfrorenen Ausländern: Zuerst wurden sie mit den sauer verdienten Steuergeldern der Deutschen durchgefüttert und dann nehmen sie ihnen zum Dank die Arbeitsplätze weg. Denn Ausländer haben nur ein Ziel: ihre einstigen Ernährer aus deren angestammten Berufen zu vertreiben und diese Berufe unter sich aufzuteilen. Wieder werden Menschen mit einer ansteckenden Krankheit gleichgesetzt: Wenn sie sich einmal eingenistet haben, vermehren sie sich und drängen alles Andere beiseite (siehe Lüge Nr. 10: „Die meisten Asylbewerber kommen doch nur hierher ...", S. 63ff.).

Um welche Berufe es sich im Einzelnen handelt, bleibt unklar.
Es kann sich eigentlich nur um solche Berufe handeln, die allgemein beliebt sind. Warum sonst sollte jemand diesen „Zustand" beklagen?

Beschäftigte ausländische Arbeitnehmer nach Wirtschaftszweigen 2002

Wirtschaftsabteilungen	*Gesamtdeutschland*
Land- und Forstwirtschaft, Fischerei	12,6 %
Energie, Bergbau insgesamt	4,0 %
nur Bergbau	9,3 %
Verarbeitendes Gewerbe insgesamt	9,8 %
nur Eisen- und Stahlerzeugung	13,8 %
nur Gießerei	20,4 %
nur Straßenfahrzeugbau	11,3 %
Baugewerbe insgesamt	9,5 %
nur Bauhauptgewerbe	11,2 %
Handel	6,6 %
Verkehr und Nachrichtenübermittlung insgesamt	9,0 %
nur Eisenbahnen	6,2 %
Kreditinstitute, Versicherungsgewerbe	2,7 %
Dienstleistungen (sofern anderweitig nicht genannt) insges.	9,4 %
nur Gaststätten/Beherbergung	25,0 %
nur Reinigung/Körperpflege	25,5 %
Organisationen ohne Erwerbscharakter, private Haushalte	5,4 %
Gebietskörperschaften, Sozialversicherung	3,1 %
ohne Angaben	6,7 %
Gesamt	8,3 %

(Quelle: Bundesagentur für Arbeit)

In welchen Berufssparten ausländische Arbeitnehmer hauptsächlich vertreten sind, zeigt die Tabelle (siehe links) der Bundesanstalt für Arbeit. Wie man sieht, stellen Ausländer in keinem Wirtschaftszweig mehr als etwa ein Viertel der Beschäftigten, meist erheblich weniger. Sie sind also in jeder Berufssparte weitaus in der Minderheit. Damit kann keine Rede davon sein, dass sich „ganze Berufe in ausländischer Hand" befinden.

Zudem sind Ausländer vor allem in Berufen, die einen hohen körperlichen Einsatz erfordern, überrepräsentiert (gemessen an ihrem Anteil an der Bevölkerung). So arbeiten viele Ausländer im Hotel- und Gaststättengewerbe, in Putzkolonnen, im Pflegebereich, in der Schwerindustrie, auf dem Bau und in der Fischerei. In einigen dieser Branchen herrscht erheblicher Arbeitskräftemangel, da die entsprechenden Berufe wenig gesellschaftliches Prestige genießen und auch wegen der ungünstigen Arbeitszeiten sehr unattraktiv sind.

Es ist also keinesfalls so, dass sich ausländische Arbeitnehmer die „Schmankerl" unter den Jobs aufteilen. Ganz im Gegenteil: Die meisten von ihnen müssen das nehmen, was auf dem Arbeitsmarkt übrig bleibt. Denn die unattraktiven Arbeitsplätze haben die Deutschen längst geräumt.

Weitere Infos zum Thema „Erwerbstätigkeit" gibt's im Internet unter den Adressen:

- **www.destatis.de**
  (Statistisches Bundesamt)
- **www.arbeitsagentur.de**
  (Bundesagentur für Arbeit)

18. August 01 +++ **Zwei Flüchtlinge, ein 17-jähriger Iraker und ein 22 Jahre alter Jordanier, werden im bayerischen Regensburg von vier Männern beschimpft und beleidigt. Dann ziehen die Angreifer zwei Messer und stechen auf sie ein. Die Flüchtlinge erleiden Schnittverletzungen an Händen und Armen. Die Täter sind flüchtig.** +++
(Berliner Zeitung 20.08.01, Jungle World 5.09.01)

Lüge Nr. 12 »Ausländer melden sich häufiger krank als ihre deutschen Kollegen.«

Obwohl sie den Deutschen angeblich die Arbeitsplätze wegnehmen, gelten Ausländer andererseits als besonders faul, zumindest als wehleidig. Schließlich reichten sie besonders häufig den „gelben Schein" beim Arbeitgeber ein.

In einer Studie des Rhein-Ruhr-Instituts für Sozialforschung und Politikberatung an der Universität Duisburg wurde für das Land Nordrhein-Westfalen untersucht, ob und – wenn ja – warum Einwanderer häufiger krank sind als deutsche Arbeitnehmer.

Die Studie zeigt, dass ausländische Arbeitnehmer, die in den Fünfziger- und Sechzigerjahren bei der Anwerbung auch nach gesundheitlichen Kriterien ausgewählt wurden, sich zunächst seltener krank meldeten als ihre deutschen Kollegen. Bis Anfang der Siebzigerjahre lagen die Krankenstände der ausländischen Beschäftigten deutlich unter dem Durchschnitt im Vergleich zu denen der deutschen. Erst in den Siebzigerjahren drehte sich dieses Verhältnis um. Laut dieser Studie spielen dabei folgende Gründe eine Rolle:

1. „Die Arbeitsmigranten der ersten Generation wurden als nicht oder wenig qualifizierte Arbeitskräfte in Bereichen eingesetzt, in denen schwere körperliche und gesundheitsschädigende Arbeit geleistet wurde. Die Arbeit war verbunden mit Giftstoffen, Lärm, Hitze, Dämpfen, Kälte und Nässe." *(Quelle: Gesundheitsberichte NRW, Gesundheit von Zuwanderern in Nordrhein-Westfalen, Sonderbericht des Ministeriums für Frauen, Jugend, Familie und Gesundheit des Landes Nordrhein-Westfalen, 2000.)*

Wer Schwerarbeit verrichtet, insbesondere im Freien, wird häufiger krank als jemand, der z.B. am Schreibtisch sitzt. Die körperliche Beanspruchung führt schneller zu Verschleißerscheinungen. Außerdem liegt das Unfallrisiko bei körperlicher Arbeit beträchtlich höher. Diese Art von Arbeit wird auch heute überproportional häufig von Ausländern ausgeführt, wodurch sie einem erhöhten Gesundheitsrisiko ausgesetzt sind (siehe auch „Das ist doch kein Zustand: Ganze Berufe sind in ausländischer Hand.", S. 62).

2. „Zeitdruck im Akkord und Bandarbeit sowie sonstige monotone Tätigkeiten führten zu einseitigen psychischen Belastungen."

Wenn ich auf der Arbeit bin, sieht es so aus,
als ob ich mit den Leuten gut zurechtkomme.
Aber wenn dann irgendetwas passiert, sind plötzlich alle gegen mich.
Ich weiß nicht, ob das z.B. ausländischen weißen Leuten auch so geht,
ich selbst denke, die Leute verhalten sich so, weil ich schwarz bin.

Und: „Die meisten Arbeitsmigranten verfügten nur über geringe Erfahrungen mit der industriellen Arbeitsweise." Sie hatten daher keinerlei Erfahrung damit, wie man vermeidet, seine psychischen und physischen Kräfte zu schnell zu vergeuden.

Wer schon einmal am Fließband gearbeitet hat, weiß, was damit gemeint ist. Der hohe Arbeitsdruck, der durch immer wiederkehrende, monotone Arbeitsabläufe und die ständig geforderte Konzentration entsteht, stellt extreme Anforderungen an Ausdauer und psychische Stabilität.

3. „Ursprünglich gingen die Arbeitsmigranten davon aus, schon bald wieder in die Heimat zurückzukehren. Dieses Ziel schien am schnellsten durchsetzbar zu sein, wenn z.B. möglichst viele Überstunden geleistet wurden." Dazu kommt in aller Regel noch der Schichtdienst, der dazu führt, dass sich der Körper immer wieder auf einen anderen Rhythmus einstellen muss. Schlafstörungen und andere körperliche Probleme sind oft die Folge. Im Schichtdienst wird vor allem im Bergbau und im verarbeitenden Gewerbe gearbeitet und auch hier sind Ausländer überrepräsentiert.

4. „Sie hatten aufgrund ihrer geringen Qualifikation und aufgrund mangelnder Sprachkenntnisse wenig Möglichkeiten, den gesundheitsbelastenden Arbeiten auszuweichen." Im Klartext: Sie machten die Arbeiten, für die Deutsche nicht mehr zu haben waren.

5. Dazu kamen Faktoren, die nicht direkt mit der Arbeit, aber mit der Einwanderung zu tun hatten: schlechte Wohnbedingungen, oft in mangelhaften Sammelunterkünften, wenig Geld, um sich nach der Arbeit zu regenerieren, das ungewohnte feuchtkalte Klima, die Trennung von der Familie und die ungewohnte Ernährung – alles Faktoren, die die Gesundheit zusätzlich beeinträchtigen.

Die schlechtere gesundheitliche Lage von Einwanderern ist auch für heutige Verhältnisse belegt. Die Arbeitsunfähigkeitsstatistik der Betriebskrankenkassen zeigt, dass Migranten häufiger und länger krank sind als deutsche Arbeitnehmer: Pro hundert Mitglieder lag die Zahl der Arbeitsunfähigkeitstage bei ausländischen Arbeitnehmern um 1.000 höher als die der deutschen. Die Analyse zeigt, dass Migranten ein durchschnittlich höheres Gesundheitsrisiko zu tragen haben. Sie arbeiten zum einen an risikoreicheren Arbeitsplätzen und werden zum anderen vom betrieblichen Arbeits- und Gesundheitsschutz nicht oder nicht genügend erreicht. Ersteres trifft ganz besonders auf Berufe in der Baubranche zu, aber auch in der Landwirtschaft, in der Nahrungsmittelbranche und in der metallverarbeitenden Industrie. Das höhere Risiko wirkt sich insbesondere in Erkrankungen des Skeletts, der Muskeln und des Bindegewebes aus – Erkrankungen, in denen das Risiko späterer dauerhafter Erwerbsunfähigkeit oder gar Behinderung besonders groß ist.

Vor allem in den Sechziger- und Siebzigerjahren war auch das Zusatzrisiko von Arbeitsunfällen bei Einwanderern extrem hoch, vor allem aufgrund von Eingewöhnungsproblemen und der Unerfahrenheit mit den industriellen Arbeitsbedingungen, aber auch aufgrund von Sprachproblemen. Viele ausländische Arbeit-

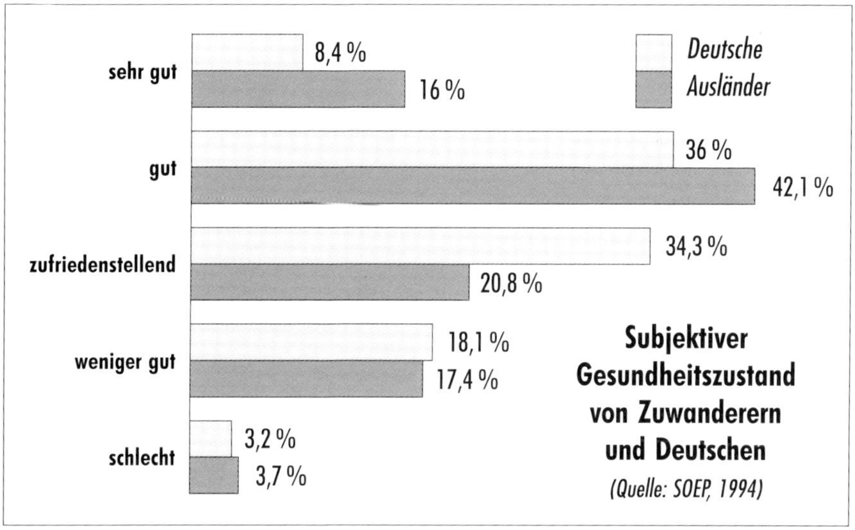

Subjektiver Gesundheitszustand von Zuwanderern und Deutschen
(Quelle: SOEP, 1994)

nehmer haben Spätschäden durch Arbeitsunfälle davongetragen, mit denen sie bis heute zu leben haben. Seit den Achtzigerjahren ist die Zahl der Arbeitsunfälle bei Ausländern erheblich stärker zurückgegangen als bei deutschen Arbeitnehmern. Sie lag 1997 nur noch um 2 % höher. Dabei spielt eine große Rolle, dass Arbeitsunfälle in Risikobranchen insgesamt häufiger sind: Über die Hälfte der Arbeitsunfälle von Migranten entfallen auf die Branchen Bau und Metall. Eine weitere Branche mit hohem Risiko ist der Bereich Reinigung/Müllentsorgung. Auch hier sind Ausländer überrepräsentiert.

Was jedoch die subjektive Einschätzung der Gesundheit angeht, so scheinen die Zuwanderer weniger wehleidig zu sein als die Deutschen: Immerhin 16 % der Zuwanderer bezeichnen ihren Gesundheitszustand als sehr gut gegenüber nur 8,4 % der Deutschen.

15. Oktober 01 +++ **Abschiebegefängnis Köpenick in Berlin. Alle Gefangenen im 6. Stock des Hauses II werden unbekleidet für ca. drei Stunden in einen Duschraum eingesperrt. Der Grund für die Aktion sind von den Insassen durchgesägte Eisenstäbe am Innengitter eines Aufenthaltsraumes. Einigen Gefangenen ist es zudem gelungen auf das Dach des Gebäudes zu gelangen. Von dort aus bestehen jedoch keine weiteren Fluchtmöglichkeiten. Während der Einsperrung finden systematische Durchsuchungen der Zellen sowie der Kleidung der Gefangenen statt. +++**

(Initiative gegen Abschiebehaft, Berlin)

III Wohnen

SSS SIEDLE
S. Rezgui
HERRN LARBI REZGUI
Rini
Nentim Moustafa
R RUSHITI
YILDIRIM
fam.DURMAZ

Lüge Nr. 13

»Ausländische Familien werden bei der Wohnungsvergabe bevorzugt. Weil sich überall Ausländer festgesetzt haben, finden deutsche Familien kaum noch eine Wohnung.«

Diese Behauptung zeigt Parallelen zur „Arbeitsplatzlüge" (s. S. 56 ff.): Die Ausländer machen sich in Deutschland breit und setzen sich hier gemütlich fest, während die Deutschen keine Chance mehr auf Arbeit, Wohnen und ein anständiges Auskommen haben.
Was an dieser Lüge zumindest teilweise stimmt, ist die Erkenntnis, dass es für Familien der mittleren und unteren Einkommensgruppen nicht leicht ist, eine bezahlbare Wohnung zu finden. Aber das gilt für deutsche wie für ausländische Familien gleichermaßen. Insbesondere Familien mit vielen Kindern haben es auf dem Wohnungsmarkt sehr schwer. Und auch wenn einige Stadtteile in den Augen mancher Deutscher von Ausländern nur so wimmeln, sind Zuwanderer gerade in dem Punkt mehr Opfer als Täter. Denn die entscheidenden Kriterien für die Wohnungsvergabe sind immer noch das Einkommen und die Familiengröße – und in beiden Punkten haben ausländische Familien in der Regel schlechtere Chancen als ihre deutschen Mitbewerber.

In den Neunzigerjahren wurden im Bundesgebiet West jährlich zwischen 350.000 und 505.000 Wohnungen neu gebaut, 130.000 bis 263.500 davon in Mehrfamilienhäusern, wobei die Zahlen seit 1994 stetig zurückgehen.
In den neuen Bundesländern waren es im selben Zeitraum zwischen 11.500 und 178.000 Wohnungen pro Jahr, davon zwischen 7.000 und 100.000 in Mehrfamilienhäusern. Im Osten erreichte der Wohnungsbau 1997 seinen Höhepunkt. Seither geht die Zahl der Neubauten dort wegen enormer Leerstände sehr stark zurück. Rund eine Million Mietwohnungen stehen Anfang 2002 in den neuen Bundesländern leer. Nachdem der Staat dort in den Neunzigern Milliarden in den Wohnungsbau investiert hat – vor allem in Steuererleichterungen für Eigentümer – investiert er heute in den Abriss, „Stadtumbau" genannt.
Damit soll der durch den Bauboom aus den Fugen geratene Wohnungsmarkt normalisiert werden *(Quelle: Deutscher Mieterbund)*.

Die Behauptung ist in beiden Teilen falsch. Nach etlichen Jahren extremer Wohnungsknappheit hat sich die Lage auf dem Wohnungsmarkt weitestgehend entspannt. Das gilt jedoch nicht für alle Teile Deutschlands und auch nicht für alle Einkommensschichten. In den großen Ballungszentren der alten Bundesländer ist bezahlbarer Wohnraum nach wie vor knapp. Insbesondere Familien der mittleren und unteren Einkommensgruppen haben es dort nach wie vor schwer, geeignete Bleiben zu finden. Dass diese Bevölkerungsschichten von der Wohnungsknappheit besonders betroffen sind, hat mehrere Gründe:

Erstens wurden die Investitionen von Bund und Ländern in den sozialen Wohnungsbau dramatisch zurückgefahren – von ca. 12 Mrd. Euro im Jahr 1993 auf etwa 3 Mrd. Euro im Jahr 2001 *(Quelle: Mieterbund).* Außerdem wurde umstrukturiert, sodass Anfang des 21. Jahrhunderts nur noch wenige Sozialwohnungen neu gebaut werden. 1993 wurde in den westlichen Bundesländern der Bau von knapp 112.000 Sozialwohnungen bewilligt. Im Jahr 2001 waren es nur noch knapp 35.000 – ein Rückgang um 70 % *(Quelle: Mieterbund).*

Zweitens laufen inzwischen bei sehr vielen älteren Sozialwohnungen die Preis- und Belegungsbindungen aus. Das bedeutet, dass sie nunmehr zu marktüblichen Preisen frei vermietet werden dürfen und damit als Wohnraum für sozial Schwache nicht mehr zur Verfügung stehen.

Dazu kommt drittens, dass viele Städte heute aufgrund ihrer leeren Kassen dazu übergehen, ihre städtischen Wohnungsbestände an private Wohnungsunternehmen oder Kapitalgesellschaften zu veräußern. So gab es 1987 im damaligen Bundesgebiet noch 3,9 Millionen Sozialwohnungen. 2001 waren es in den alten und neuen Bundesländern zusammen nur noch 1,8 Millionen *(Quelle: Mieterbund).*

Eine interessante Entwicklung gab es in den letzten Jahren auch bei der Mietbelastung. In Westdeutschland sank sie für die Bruttokaltmiete von durchschnittlich 26,4 % des Nettoeinkommens im Jahr 1999 auf 24,5 % im Jahr 2000. Aber ausgerechnet für Haushalte mit niedrigem Einkommen liegt sie bei über 30 % des Nettoeinkommens – mit steigender Tendenz *(Quelle: Mieterbund).*

„Es gibt heute schon Quartiere, die so sind, dass man sagen kann: Dort befindet man sich nicht in Deutschland."

(Jörg Schönbohm (CDU) – seinerzeit Berliner Innensenator, heute stellvertretender Ministerpräsident und Innenminister des Landes Brandenburg; taz, 3.6.98, zitiert nach: ARiC Berlin e.V.: Ein deutsches Alphabet)

Natürlich wohnen Ausländer nicht nur in Sozialwohnungen, doch die Anzahl der zur Verfügung stehenden Sozialwohnungen hat einen enormen Einfluss auf die Verfügbarkeit von Wohnraum allgemein. Wenn Personen oder Familien mit niedrigem Einkommen nicht mehr mit genügend Sozialwohnungen versorgt sind, wächst automatisch die Nachfrage nach günstigen Wohnungen auf dem freien Wohnungsmarkt. Das hat zur Folge, dass dort die Preise allgemein ansteigen.

Ausländer profitieren nicht gerade von dieser Situation. Das Gegenteil ist der Fall, sie sind eher benachteiligt. Zu diesem Ergebnis kommt auch ein Gutachten für die vom Bundesinnenministerium eingesetzte unabhängige Kommission „Zuwanderung" („Süssmuth-Kommission"): „Bis heute leben Ausländer beengter als Deutsche: 1997 standen ihnen pro Person durchschnittlich 25 qm Wohnfläche zur Verfügung, Deutschen hingegen 38 qm. Obwohl Ausländer oftmals in schlechter ausgestatteten Wohnungen leben als Deutsche, zahlen sie im Durchschnitt höhere Mieten." *(Quelle: BMI.)* Da das Durchschnittseinkommen ausländischer Familien unter dem der deutschen Familien liegt *(Quelle: DIW Wochenbericht 50/96)*, gehen sie beim Rennen um begehrten Wohnraum häufiger leer aus. Dazu kommt noch die wachsende Fremdenfeindlichkeit, die ja durchaus auch von zahlreichen Vermietern geteilt wird.

Fakt ist also, dass insbesondere einkommensschwache und kinderreiche Familien – und innerhalb dieser Gruppe sind ausländische Familien überrepräsentiert – nach wie vor um bezahlbaren Wohnraum konkurrieren.

Falsch ist aber, dass ausländische Wohnungssuchende in dieser Konkurrenzsituation besser abschneiden. Sie werden bei der Wohnungsvergabe keineswegs bevorzugt, sondern haben im Gegenteil schlechtere Chancen.

Den vollständigen Bericht der unabhängigen Kommission „Zuwanderung" gibt's im Internet unter der Adresse:

- **www.bmi.bund.de/dokumente/artikel/ix_46876.htm**

21. Oktober 01 +++ **Brandanschlag auf das Flüchtlingsheim in Reichenbach, im sächsischen Vogtland. Eine Gruppe von sieben Deutschen schleudert gegen 21.30 Uhr mit Benzin gefüllte Bierflaschen gegen das Wohnheim. Wachleute können den Brand jedoch löschen, sodass von den 50 Bewohnern niemand verletzt wird. Die Täter, ein 30-jähriger Mann und sechs Jugendliche zwischen 15 und 18 Jahren, werden bei ihrem darauf folgenden Überfall auf einen China-Imbiss von der Polizei festgenommen. Gegen alle werden Haftbefehle wegen schwerer Brandstiftung erlassen.** +++ (taz 23.10.01, netzzeitung.de 21.10.01)

»In Anatolien wohnen sie in Erdlöchern, aber hier kann ihnen die Wohnung gar nicht komfortabel genug sein.«

Lüge Nr. 14

Da, wo sie herkommen, sitzen sie im Dreck und bei uns wollen sie nur das Beste. Aus dieser Aussage spricht die ganze Verachtung gegenüber anderen Kulturen. Sie beruht auf einer rassistischen Hierarchisierung – „Ich: hoch zivilisierter Mitteleuropäer, du: primitiver Höhlenbewohner" – und geht (wie fast immer) einher mit einer absoluten Unkenntnis der Tatsachen.
Die Zeit der Erdhöhlen ist in Anatolien schon deutlich länger vorbei als in Mitteleuropa. Archäologen fanden auf der einst fruchtbaren Hochebene des heutigen Anatolien Reste einer weit fortgeschrittenen Hochkultur aus der Zeit um 6.000 vor unserer Zeitrechnung. Hierzulande wurden im Mesolithikum gerade einmal die ersten Jäger und Sammler sesshaft, die noch immer mit eher primitiven Stein- und Knochenwerkzeugen Tierzeichnungen in die Höhlenwände ritzten. In Anatolien gab es zur gleichen Zeit bereits Städte wie Catal Höyük, deren Bewohner sich des Luxus von Obsidianspiegeln, Zeremonialdolchen und Metallschmuckstücken erfreuten. 4.000 Jahre bevor in Mitteleuropa die Bronzezeit begann, wurden in Anatolien bereits Kupfer und Blei geschmolzen und zu Schmuckperlen, Zylindern und kleinen Gefäßen verarbeitet. Schon damals bauten dort die Menschen aus luftgetrockneten Lehmziegeln feste Häuser.

Auch in der Antike und später im Mittelalter war Kleinasien und damit auch die anatolische Hochebene den Kulturen Mitteleuropas um Jahrhunderte voraus. Mehr noch: Die Region bildete neben China das kulturelle und geistige Zentrum der damaligen Welt. Die hochstehende Kultur des Osmanischen Reichs der Sultane und Kalifen im späten Mittelalter und der Neuzeit, seine Wissenschaft, Kunst, Religion, Musik, aber auch seine wirtschaftliche Kraft, sind uns durch zahlreiche Quellen überliefert. Und nicht nur das: Sie hat unsere Zivilisation mitbegründet und ist Teil unserer Kultur geworden. Von ihren Errungenschaften hat das Abendland erheblich profitiert: Schon zur Zeit der christlichen Kreuzzüge brachten die europäischen Kämpfer einige kulturelle Errungenschaften der Muslime mit nach Hause (Kleidung, Architektur, Gartenkunst, Papier, Gewürze, Medizin etc.).

Die architektonische Wirkungsgeschichte der islamischen Länder strahlte über den gesamten Mittelmeerraum aus. Berühmte Errungenschaften aus dieser Zeit sind nicht nur prachtvolle Paläste und Moscheen, sondern auch Kaffeehäuser, Gärten und öffentliche Badehäuser (und das zu Zeiten, als man in Mitteleuropa Wasser auf dem Körper noch für gesundheitsschädlich hielt). Damit brauchen sich die Türken vor den Mitteleuropäern wahrlich nicht zu verstecken.

Anatolien war im Laufe der Geschichte der Entstehungsort für viele Zivilisationen. Zahlreiche Kunst- und Gebrauchsgegenstände aus der Zeit bis 3000 v. Chr. belegen den Fortschritt und die Kunstfertigkeit anatolischer Völker. Während der letzten beiden Jahrhunderte v. Chr. stellte das Reich der Hethier, ein in Anatolien ansässiges Volk, sogar neben Ägypten eine der beiden Supermächte dar. Die Hethier erkannten als eine der ersten Gesellschaften die Gleichheit von Mann und Frau an. Und sie verfügten zu einer Zeit als anderswo willkürliche Strafen wie das Auspeitschen und Aufspießen noch an der Tagesordnung standen, über ein fortschrittliches Rechtsystem.

„Ich wäre glücklich, wenn heute eine Million Türken wieder zurückginge in ihre Heimat."

(Heinz Kühn, † 1992, von 1966 bis 1978 Ministerpräsident von NRW; Quelle: „Prominente ohne Maske", FZ-Verlag, 1988)

Es ist fast überflüssig zu erwähnen, dass man in Anatolien auch heute keineswegs in Erdhöhlen lebt. Zweifellos ist Anatolien heute arm und viele Türken haben sich von deutschen Firmen als Arbeiter anwerben lassen, weil sie hofften, mit dem hier verdienten Geld in ihrer Heimat eine neue Existenz aufzubauen. Zum Teil haben sie das auch getan, aber für viele von ihnen ist es anders gekommen: Sie haben sich hier eingelebt, eine neue Heimat gefunden und sich entschieden, hier zu bleiben. Was die Ansprüche von Zuwanderern bei der Suche nach Wohnraum in den westdeutschen Großstädten angeht, so wurde bereits in Lüge Nr. 13 (s.S. 72 ff.) gezeigt, dass Ausländer alles andere als privilegiert sind. Im Bericht der Zuwanderungskommission heißt es: „Das ihnen [den Ausländern; d. Verf.] zur Verfügung stehende Wohnungsangebot ist oft beschränkt, und sie konzentrieren sich daher nach wie vor in innerstädtischen, nicht sanierten Altbaugebieten mit schlechter Wohnumfeldqualität, in Sozialbaugroßsiedlungen und alten Arbeiterquartieren" *(Quelle: BMI, 4.7.2001).*

Man muss auch sagen, dass man sich in Deutschland ganz frei fühlt.
Du hast keine Angst, du kannst hingehen, wo du möchtest;
du kannst machen, was du möchtest.
Du kannst nachts bis zwei, drei Uhr spazieren gehen,
aber in der Türkei gibt es alle zehn Meter eine Kontrolle.

Eine Untersuchung des Deutschen Instituts für Wirtschaftsforschung (DIW) von 2001 ergab, dass die Wohnsituation von Ausländern trotz einer Verbesserung nach wie vor deutlich hinter der der Deutschen zurückbleibt. Noch immer hat jeder sechste ausländische Haushalt keine Zentralheizung, während nur jeder zwanzigste deutsche Haushalt darauf verzichten muss. Ausländer verfügen pro Person über weniger Wohnfläche, weniger Räume und weniger Badezimmer als Deutsche. Und auch sämtliche Rahmenbedingungen sind bei Ausländern im Durchschnitt deutlich schlechter: Infrastruktur des Wohngebiets, Eigentumsquote oder Bedarfsindex. Diese Benachteiligung ist keineswegs nur mit dem niedrigeren Familieneinkommen von Ausländern zu erklären. Fazit: „Ausländer sind am Wohnungsmarkt schon deswegen benachteiligt, weil sie Ausländer sind" *(Quelle: DIW Wochenbericht 30/2001).*

In Wahrheit verhält es sich mit den Wohnungen ähnlich wie mit den Arbeitsplätzen: Es herrscht eine Konkurrenzsituation, innerhalb derer die Ausländer das Nachsehen haben. In diesem Zusammenhang ist eine weitere Feststellung der Untersuchung des DIW interessant. In einer Umfrage, ob sie mit der Größe ihrer Wohnung zufrieden seien, gab es keinen Unterschied zwischen den befragten Deutschen und Ausländern: Jeweils 19 % waren unzufrieden und 81 % waren zufrieden. Das lässt darauf schließen, dass die Ansprüche der Ausländer an ihre Wohnung zumindest unter dem Aspekt der Größe eher geringer sind als die der Deutschen.

Literatur zum Thema „Kultur der Türkei":

- Bingöl, O.: **Malerei und Mosaik der Antike in der Türkei.** Zabern. 1997.
- Scott, P.: **Türkische Inspirationen. Der Reiz des Anderen in Kunst und Kultur.** Stiebner. 2001.

25. Oktober 01 +++ **Guben in Brandenburg. Ein 28 Jahre alter Georgier ertrinkt bei dem Versuch über die Grenze zu gelangen in dem polnisch-deutschen Grenzfluss Neiße. Kurz vor dem Erreichen des deutschen Ufers war er in den Fluten verschwunden. Nach einer zweistündigen Suche wird sein Körper in der Nähe eines Wehres aus dem Wasser geborgen.** +++ (ND 27.10.01)

»Sie machen Dreck, Lärm und Gestank. Es ist deshalb niemandem zuzumuten, mit einer ausländischen Familie unter einem Dach zu leben.«

Lüge Nr. 15

Bei diesem rassistischen Vorurteil werden „Ausländern" die Eigenschaften „dreckig", „laut" und „stinkend" als naturgegeben zugeschrieben. Wobei auch hier wieder vorausgesetzt werden kann, dass mit „Ausländern" nicht Norweger, Niederländer oder Engländer gemeint sind, sondern „irgendwie südländisch" aussehende Menschen mit ausländischem oder auch deutschem Pass. Rassistisch ist das Vorurteil deshalb, weil sich hier im gleichen Atemzug die „sauberen", „leisen" und „wohlriechenden" Deutschen positiv abheben können.

Die Behauptung hilft die Probleme der eigenen Gesellschaft auf den Sündenbock „Ausländer" abzuschieben. Dreck, Lärm und Gestank sind Probleme, die in jeder Gesellschaft vorkommen, insbesondere in Wohnsituationen, in denen viele Menschen auf mehr oder weniger engem Raum zusammenleben – völlig unabhängig von ihrer Nationalität. Die unterschwellige Aussage dieser Behauptung ist, dass ein Deutschland ohne Ausländer angenehm sauber, leise und frei von schlechten Gerüchen wäre. Das Gegenteil ist jedoch der Fall.

Ist der nachbarschaftliche Schwatz von draußen sitzenden Türken im Sommer eine größere Lärmbelästigung als das, was aus einem deutschen Biergarten oder Straßencafé in die umliegenden Wohnungen dringt? Das muss wohl im Einzelfall jeder für sich beurteilen.
Und was ist mit dem „Dreck"? Es gibt sicherlich Unterschiede in den Reizschwellen und Empfindlichkeiten, was Schmutz und Dreck angeht. Das ist ein ständiges Thema in Familien, zwischen Eltern und Kindern, in Wohngemeinschaften etc. Ob es aber eine feste nationale oder „rassische" Reizschwelle gibt, darf getrost bezweifelt werden. Hier gibt es unter Deutschen die gleiche Bandbreite wie unter Ausländern. Je nach Kultur und Familienbackground gibt es jedoch Unterschiede in den persönlichen Gewohnheiten und damit auch in dem, was man selbst bei anderen als unangenehm empfindet.

Was für den einen noch durchaus tolerierbar ist, kann für den anderen bereits eine unzumutbare Belästigung sein. Das gilt für „Lärm", „Schmutz" und „Gestank" gleichermaßen. Je nach Wohnumfeld können solche kulturellen oder sozialen Gewohnheiten unterschiedlich bewertet werden. Wenn Küchengerüche, spielende Kinder, Plaudereien vor dem Haus u.Ä. jedoch als Belästigung empfunden werden, lässt sich das durch ein nachbarschaftliches Gespräch klären.

Wollte man alles, was tatsächlich „Dreck", „Lärm" und „Gestank" macht, des Landes verweisen, wären andere Dinge zu nennen. Bundesligaspiele, Karnevalsumzüge oder Loveparades zum Beispiel verursachen weitaus mehr Müll. Gerade Ausländer sind aber an der Beseitigung dieser Müllberge maßgeblich beteiligt.

Wenn irgendwo besonders viele Ausländer arbeiten, dann bei den Reinigungsdiensten. Die Ausländerbeauftragte des Landes Bremen hat in ihrem Zuständigkeitsbereich für das Jahr 1993 eine Studie über die Beschäftigung von ausländischen Arbeitnehmern im öffentlichen Dienst anfertigen lassen. Ihr Fazit: 70 % der im öffentlichen Dienst beschäftigten ausländischen Arbeiterinnen und Arbeiter verteilten sich auf Berufe, die mit Gebäude-, Wäsche-, Küchen- und Straßenreinigung und Müllentsorgung zu tun hatten. Allein 31 % aller im öffentlichen Dienst beschäftigten Putzfrauen waren Ausländerinnen. *(Quelle: Ausländerbeauftragte des Landes Bremen: Vor allem zuständig für deutsche Sauberkeit. Ausländische Beschäftigte im Öffentlichen Dienst, Bremen, Dezember 1995.)* Wenn diese Ergebnisse auch nur annähernd verallgemeinerbar sind – laut Quelle „stützen [sie] sich sicher auf die größten und detailreichsten Datenmengen, die es zum Thema bislang gibt" –, dann lässt das nur einen einzigen Schluss zu: Ausländer machen nicht mehr Dreck als Deutsche, viele von ihnen machen jedoch den Dreck der Deutschen weg.

26. Oktober 01 +++ **Neukirchen-Wald in Bayern. In den Morgenstunden wird auf die Flüchtlingsunterkunft ein Brandanschlag verübt. Zwei Frauen werden durch den beißenden Rauchgeruch wach und können Alarm schlagen. Die 52 Bewohner aus dem Irak und dem ehemaligen Jugoslawien kommen mit dem Schrecken davon.** +++ (Jungle World 7.11.01)

Bei uns ist man frei, wir kommen
und gehen, wie wir wollen, wir unterhalten uns.
Hier kann man nicht mal reden, wie man will, man ruft sofort die Polizei.
Man kann nicht mal tanzen, wie man möchte, wenn man eine Party hat.
Wenn du Musik machen willst, ruft jemand die Polizei.
Du wohnst irgendwo und redest nicht mit den Nachbarn.
Du machst die Tür zu und sie sagen:
„Warum machst du die Tür zu, das ist zu laut."

Wenn du irgendwo wohnst und kochst,
klopfen die Leute bei dir an und sagen:
„Warum kochst du? Dein Essen riecht komisch."

Lüge Nr. 16

»Ausländer rotten sich zusammen und haben ganze Stadtteile in ihrer Gewalt. Deutsche können da nicht mehr sicher über die Straße gehen.«

Die Behauptung geht zunächst einmal von einer richtigen Beobachtung aus – denn in Großstädten leben Ausländer in der Regel nicht gleichmäßig auf alle Stadtteile verteilt, sondern konzentrieren sich meist auf bestimmte Wohngegenden.

Im Bericht der Zuwanderungskommission findet man dazu die Feststellung: „Das ihnen [den Ausländern; d. Verf.] zur Verfügung stehende Wohnungsangebot ist oft beschränkt, und sie konzentrieren sich daher nach wie vor in innerstädtischen, nicht sanierten Altbaugebieten mit schlechter Wohnumfeldqualität, in Sozialbaugroßsiedlungen und alten Arbeiterquartieren."
Da viele deutsche Mittelschichtsfamilien solche Gebiete meiden und ausländische Familien diese Nische nutzen, entstehen die öffentlich häufig als „Ausländerviertel" wahrgenommenen Gebiete mit hoher Ausländerkonzentration. Wahr ist also, dass es Wohngegenden gibt, in denen überdurchschnittlich viele Ausländer leben. Falsch ist jedoch, dass sie sich das selbst so ausgesucht haben, etwa, um sich besser „zusammenrotten" zu können.

Der Grund für die Entstehung von so genannten „Ausländerghettos" ist vielmehr, dass viele Ausländer gezwungen sind, die Lücken zu nutzen, die entstehen, wenn deutsche Mittelschichtler in „bessere" Gegenden ziehen. Sie tun das deshalb, weil ihnen in der Regel keine bessere Alternative zur Verfügung steht, weil sie die oft sehr hohen Mieten nicht bezahlen können, oder ganz einfach weil bestimmte Wohnungen gar nicht erst an sie vermietet werden.

Eine ausreichende Wohnung wird jedoch vom Gesetzgeber zur Bedingung für eine unbefristete Verlängerung der Aufenthaltserlaubnis gemacht:
„Die Aufenthaltserlaubnis ist unbefristet zu verlängern, wenn der Ausländer [...] über ausreichenden Wohnraum für sich und seine mit ihm in häuslicher Gemeinschaft lebenden Familienangehörigen verfügt. [...]"
(ZuwG § 9 Abs. 9)

Als ausreichender Wohnraum nach den Vorschriften dieses Gesetzes darf nicht mehr gefordert werden, als für die Unterbringung eines Wohnungsuchenden in einer öffentlich geförderten Sozialmietwohnung genügt. Der Wohnraum ist nicht ausreichend, wenn er den auch für Deutsche geltenden Rechtsvorschriften hinsichtlich Beschaffenheit und Belegung nicht genügt. Kinder bis zur Vollendung des zweiten Lebensjahres werden bei der Berechnung des für die Familienunterbringung ausreichenden Wohnraums nicht mitgezählt. *(ZuwG § 2 Abs. 4)*

Die als Ausländerviertel bezeichneten Wohngegenden entstanden mit dem Zuzug der Gastarbeiter in den späten Sechzigerjahren. Vor allem mit dem Familiennachzug der Gastarbeiter in den Siebzigerjahren haben sich diese „Ghettos" dann nach und nach erweitert und etabliert – nicht zuletzt auch deshalb, weil Familien in aller Regel nicht so oft umziehen und pro Kopf weniger Geld zur Verfügung haben als Einzelpersonen. Eine andere (positive) Seite dieser Ghettoisierung sind jedoch feste Nachbarschaftsbeziehungen, die den Bewohnern ein Gefühl von Heimat und Zusammengehörigkeit vermitteln können. Gerade wegen dieser verlässlichen Nachbarschaftsbeziehungen bleiben viele über Jahre hinweg in ihrem angestammten Wohnumfeld, auch wenn die Wohnqualität dort unter dem Mindeststandard liegt. Denn leider sind diese so genannten Ausländerghettos fast immer Gegenden mit schlechten Sozialstandards, d.h. nicht sanierte Altbaugebiete oder Sozialbaugroßsiedlungen (Satellitenstädte).

Fußball-WM 2002: Autokorso nach dem Sieg des türkischen Teams im Halbfinalspiel.

In der Regel ist in diesen Siedlungen auch die Kriminalitätsrate sehr hoch. In Gegenden, in denen viele Menschen auf engem Raum zusammenleben und soziale Probleme wie Arbeitslosigkeit und Armut groß sind, gedeiht Kriminalität eher als in einer schmucken Gartenvorstadt. Die Kriminalitätsrate steht in diesen Wohngegenden in Wechselwirkung mit dem Ausländeranteil, hängt jedoch nicht ursächlich mit ihm zusammen. Die gleichen Probleme bestehen also auch in „rein deutschen Wohnvierteln" mit einem ähnlichen sozialen Zuschnitt.

Ungeachtet dieser Gründe ziehen viele jedoch für sich den einfachen Schluss:
Jede überwiegend von Ausländern bewohnte Gegend ist eine unsichere Gegend, in der sich anständige deutsche Bürger besser nicht blicken lassen sollten.

Die Sorge um Sicherheit auf deutschen Straßen reicht für viele aber anscheinend nur so weit, wie das persönliche Wohlergehen berührt wird. Umgekehrt können sich nämlich in etlichen deutschen Kleinstädten ausländisch aussehende Menschen nicht mehr sicher auf der Straße bewegen, weil sie stets befürchten müssen, Rechtsradikalen in die Hände zu fallen.

Allein im Jahr 2003 wurden vom Verfassungsschutz im Bundesgebiet 430 fremdenfeindliche Gewalttaten von Rechtsextremisten registriert – jeden Tag eine –, darunter 377 Körperverletzungen und 5 versuchte Tötungen *(Quelle: Verfassungsschutzbericht 2003).* Farbigen Touristen wird mittlerweile sogar in Reiseführern empfohlen, bestimmte Städte und Wohngegenden zu meiden (insbesondere in den neuen Bundesländern), da sie dort Gefahr laufen, von Rechtsgesinnten angegriffen zu werden.

Hier gibt's weitere Informationen zum Thema „Wohnen":

- **www.bmvbw.de**
  (Bundesministerium für Verkehr, Bau- und Wohnungswesen)
- **www.mieterbund.de**
  (Deutscher Mieterbund)

30. Oktober 01 **+++ Im brandenburgischen Rathenow werden zwei sudanesische Flüchtlinge am Märkischen Markt von drei deutschen Rechtsradikalen angegriffen und beleidigt. Einer der beiden Angegriffenen wird am Oberkörper, an den Beinen und an der Hand verletzt. Die Täter werden wegen des Verdachts auf Volksverhetzung und gefährlicher Körperverletzung kurzfristig festgenommen, kommen aber wieder auf freien Fuß. +++** (taz 3.11.01, ND 3.11.01)

Die Atmosphäre in der Gesellschaft hat sich sehr geändert,
es ist nicht mehr so wie vor 10 oder 15 Jahren.
Die Aktivitäten nehmen immer mehr ab.
Ich nehme mich selbst als Beispiel, früher habe ich viel gemacht,
Veranstaltungen organisiert usw., heute tue ich es nicht.
Ich gehe zur Arbeit usw.
Ich möchte schon etwas machen,
aber es ist einfach keine Zeit mehr da.
Es ist hier so organisiert, dass du überhaupt keine Zeit mehr
für etwas anderes hast, wenn du arbeitest.

IV

Bildung

Lüge Nr. 17

»Ausländische Kinder wollen sich nicht anstrengen. Sie sind nicht so fleißig wie ihre deutschen Mitschüler. Dafür bekommen sie von den Multikulti-Lehrern bessere Noten.«

Die im Jahr 2000 durchgeführte PISA-Studie versetzte der deutschen Bildungspolitik einen merklichen Schlag: In einem internationalen Vergleich zwischen 31 Ländern belegten die deutschen Jugendlichen in grundlegenden Kompetenzen (Lesekompetenz, mathematische/naturwissenschaftliche Grundbildung und fächerübergreifende Kompetenz) nur magere hintere Plätze. Besonders der im Bereich Lesekompetenz erlangte 21. Platz war ein sehr schwaches Ergebnis für die Nachkommen der „Dichter und Denker".

Bereits die im Jahr 1997 in Mathematik und Naturwissenschaften durchgeführte TIMSS-Studie erbrachte für die 8. Jahrgangsstufe ähnlich schlechte Ergebnisse. Einigen war dabei sofort klar: Am allgemein absinkenden Bildungsniveau sind auch die gemischten Klassen mit hohem Ausländeranteil (insbesondere an den Grund- und Hauptschulen) schuld. Die Ausländerkinder, so die Argumentation, hinderten die deutschen Kinder am Vorankommen, da sich der Unterricht jeweils an den Schwächsten ausrichte. (Das ist jedoch nicht die Argumentation der Autoren der PISA-Studie.)

Die Behauptung ist falsch. Deutsche Schüler werden bei der Zensurenvergabe nicht per se benachteiligt. Im Gegenteil – Sie profitieren in puncto Noten von den gemischten Klassen in zweifacher Weise: Als Muttersprachler befinden sie sich gegenüber ihren ausländischen Mitschülern im Vorteil. Sie verstehen die Inhalte und können dem Unterricht ohne Mühe folgen. Sollte sich also der Unterricht tatsächlich an den Schwächsten ausrichten (vorausgesetzt natürlich, dass die „Schwächsten" die ausländischen Schüler in der Klasse sind), können sie aufgrund dieses „Heimvorteils" sogar mit besseren Zensuren rechnen.

Weiterhin wird bei der Zensurenvergabe die objektive Leistung einzelner Schüler auch immer in Bezug zu den Leistungen der Mitschüler gesetzt. Aus diesem Vergleich ergibt sich dann die relative Platzierung innerhalb der Klasse. Das heißt also, dass ein eher mittelmäßiger Schüler durch den Vergleich mit seinen noch schwächeren Mitschülern trotzdem relativ gute Zensuren erzielen kann.

Nun ist eine Zensur aber allein schon aus diesem Grund kein eindeutiges Indiz für gute Leistung. Außerdem garantiert die reine Sprachfertigkeit noch keinen Schulerfolg. Und an diesen beiden Punkten setzt die Diskussion um Bildungsdefizite bei deutschen wie bei ausländischen Kindern wieder an. Denn offensichtlich haben viele ausländische Kinder und Jugendliche tatsächlich große Bildungsdefizite. In den Statistiken über den Schulerfolg, soweit er sich in der Benotung ausdrückt, hinken sie ihren deutschen Mitschülern hinterher. Infolgedessen sind sie auch in allen weiterführenden Schulen deutlich unterrepräsentiert. Die Situation verbessert sich zwar langsam ein wenig, aber im Jahr 2000 verließen immer noch 19,5 % der ausländischen Schüler die Schule ohne Hauptschulabschluss, gegenüber 8,3 % der deutschen Schüler. Während über 26,4 % der deutschen Schüler die Hoch- oder Fachhochschulreife erreichen, schafften das nur 11,1 % der ausländischen Schüler *(Quelle: Statistisches Bundesamt).*

In diesen Statistiken machen sich Versäumnisse bemerkbar, die leider erst im Zuge der PISA-Studie in die allgemeine Bildungsdiskussion eingegangen sind.

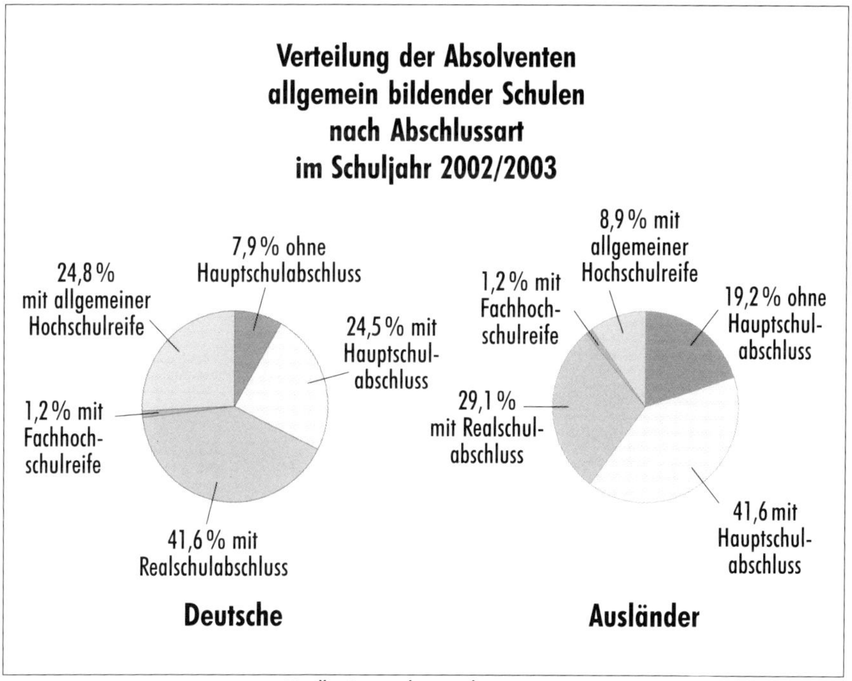

(Quelle: Statistisches Bundesamt 2004)

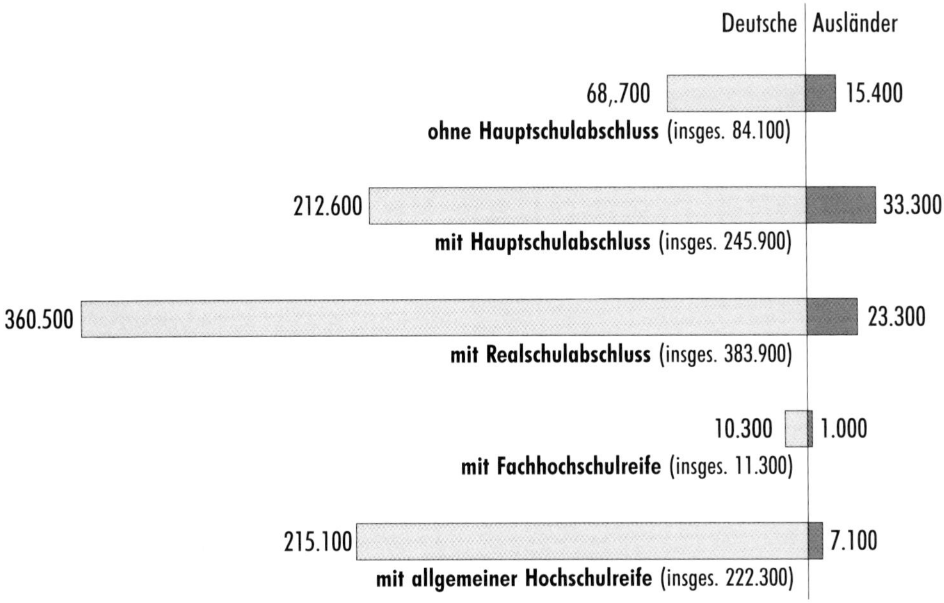

Absolventen allgemein bildender Schulen nach Abschlussart im Schuljahr 2002/2003

(Quelle: Statistisches Bundesamt 2004)

Die Ausländerbeauftragte der Bundesregierung sieht die Gründe für den mangelnden Schulerfolg der ausländischen Kinder und Jugendlichen eindeutig in fehlender Chancengleichheit: „Neben Faktoren wie Schichtzugehörigkeit, Sprachkenntnisse und Einreisealter spielen auch strukturelle Benachteiligungen im Bildungssystem eine wichtige Rolle. Niedriges Einreisealter oder lange Aufenthaltsdauer führen nicht automatisch zu Chancengleichheit." *(Quelle: Bundesausländerbeauftragte: 4. Bericht zur Lage der Ausländer in der Bundesrepublik Deutschland, Berlin 02/2000.)*
Kinder nichtdeutscher Herkunft hinken oft schon im Kindergarten ihren deutschen Spielkameraden in der Entwicklung hinterher, weil sie aufgrund von Verständigungsproblemen wichtige Lernschritte nicht nachvollziehen können. Auch bestimmte kulturelle Eigenheiten, tradierte Werte und Einstellungen innerhalb der Familie können für ausländische Kinder und Jugendliche zu Integrations- und damit zu Bildungshindernissen werden.

Statt von Anfang an die Zweisprachigkeit zu fördern, wird aber mit dem Erwerb der deutschen Sprache oft viel zu lange gewartet. Hierbei ist natürlich auch die Initiative ausländischer Eltern gefragt. Diese müssten dazu angeleitet, gegebenenfalls auch gedrängt werden, die Zweisprachigkeit ihrer Kinder schon vor deren Schuleintritt zu fördern.

Gerade das aber wurde und wird nach wie vor vernachlässigt. Selbst Ausländerverbände kritisieren die Einstellung vieler ausländischer Eltern, die sich zum einen selbst nicht aktiv darum bemühen, Deutsch zu lernen, und zum anderen leider auch ihre Kinder nicht genügend dabei unterstützen.

Integrationsprojekte wie z.B. „Mama lernt Deutsch", bei denen ausländische Frauen in VHS-Kursen mit Kinderbetreuung Deutsch erlernen, gehen in die richtige Richtung, werden aber leider noch viel zu wenig genutzt. Ziele dieser Kurse sind die Verbesserung der Deutschkenntnisse, aber auch der Abbau von Schwellenängsten gegenüber pädagogischen Einrichtungen.

Offensichtlich bestehen bei vielen Eltern ausländischer Schüler Berührungsängste gegenüber der Institution Schule. Doch das ist ein grundsätzliches Problem, das auch deutsche Eltern haben. Eltern orientieren sich bei der Schulwahl für ihre Kinder vielfach an den eigenen Erfahrungen und streben häufig für ihren Nachwuchs dieselbe Schulform an, die sie selbst besucht haben. Da die Eltern ausländischer Schüler in den unteren Einkommensschichten stärker vertreten sind, setzen sich auf diese Weise die Bildungsansprüche der Eltern bei den Kindern fort.

Das trifft im Übrigen auch auf Schüler deutscher Herkunft zu. So sind auch deutsche Arbeiterkinder an Gymnasien unterrepräsentiert. Während im Schuljahr 2003 11,1 % der deutschen Schüler die Hauptschule besuchten, war der Anteil ausländischer Schüler im selben Jahr mit 21,1 % fast doppelt so hoch. Beim Gymnasium als weiterführender Schule klaffen die Zahlen noch weiter auseinander: Im Schuljahr 2000/01 besuchten 22,2 % der deutschen Schüler diese Schulform.

Der Anteil der ausländischen Schüler dagegen betrug nur 9,4 % *(Quelle: Statistisches Bundesamt Deutschland, 2002)*. Bei diesen Statistiken ist jedoch zu beachten, dass in den letzten Jahren durch die zunehmende Zahl von Einbürgerungen eine gewisse Verzerrung eintritt: Eingebürgerte Schüler ausländischer Herkunft werden in der Statistik natürlich auch als Deutsche geführt.

Ungeachtet der Defizite und Versäumnisse, die zum einen zu Lasten der Bildungspolitik gehen, zum anderen auch an der fehlenden Initiative der Migranten selbst liegen, sollte man aber die persönliche Anstrengung ausländischer Kinder nicht unterbewerten. Sie ist in der Regel sehr hoch, da die meisten von ihnen erhebliche Sprachbarrieren zu überwinden haben und damit beim Lernen ungleich größere Schwierigkeiten bewältigen müssen als ihre deutschen Mitschüler. Wenn sie mit ihren Klassenkameraden trotzdem mithalten wollen, erfordert das – ganz entgegen der Behauptung – sehr viel Motivation und Fleiß.

Ausländische Schüler nach Schulart

Schulart	01/02	02/03	03/04
Hauptschulen	196.900	202.500	203.100
Realschulen	84.400	87.500	91.100
Gesamtsch.	66.800	68.300	69.900
Gymnasien	88.600	90.200	92.800

(Quelle: Statistisches Bundesamt)

Ein positives Zeichen: Die Zahl der ausländischen Schüler an Gymnasien, Gesamtschulen und Realschulen steigt seit einigen Jahren leicht an.

Weitere Informationen zum Thema „Bildung" gibt's im Internet unter den Adressen:

- **www.bmbf.de**
  (Bundesministerium für Bildung und Forschung)
- **www.bildungsserver.de**
  (Deutscher Bildungsserver)
- **www.raa.de**
  (Koordinationsstelle zur Förderung von Kindern und Jugendlichen aus Zuwandererfamilien in NRW)

30. Oktober 01 **+++ Braunschweig. Ein Asylbewerber aus der Demokratischen Republik Kongo bringt morgens seinen Sohn zur Schule, als er von zwei Neonazis mit den Worten „Ich mag deine Hautfarbe nicht" angepöbelt wird. Im gleichen Moment bekommt der Afrikaner Faustschläge ins Gesicht, einer der Angreifer hetzt schließlich seinen Hund auf ihn. In dem Moment greifen Passanten ein und verhindern Schlimmeres. +++** (Jungle World 7.11.01)

»In vielen Klassen stellen die Ausländer längst die Mehrheit. Wer kein Türkisch spricht, wird bald zum Außenseiter.«

Lüge Nr. 18

Bei dieser Behauptung macht man sich noch nicht einmal die Mühe zwischen den verschiedenen Herkunftsländern bzw. Sprachen zu unterscheiden. Da Türken in Deutschland die größte Gruppe der Migranten darstellen, setzt man „Ausländer" mit Türken gleich. Die Behauptung entlarvt sich in dieser Hinsicht jedoch selbst. Denn einerseits befinden sich gerade unter den Immigranten türkischer Herkunft die meisten Eingebürgerten – also Deutsche. Zum anderen sprechen keineswegs alle Ausländer Türkisch. Ja, nicht einmal alle Türken sprechen türkisch, da viele von ihnen Kurden sind. Weiterhin weisen Untersuchungen zufolge unter allen Immigranten insbesondere diejenigen türkischer Herkunft im Durchschnitt die beste deutsche Sprachkompetenz auf.

So kommt eine Untersuchung über die Sprachkompetenz von deutsch-türkischen Jugendlichen (ab 14 Jahre) und Erwachsenen im Auftrag der Bundesregierung u.a. zu dem Ergebnis: „Wir haben es somit entgegen der landläufigen Meinung entsprechend dem jeweiligen Bildungsniveau mit hohen Sprachkompetenzen zu tun, wobei deutlich wird, dass es sich bei vielen türkischen Befragten um eine hoch ausgebildete Zweisprachigkeit handelt. Die hohe verbale Kompetenz in der deutschen Sprache wurde auch durch die Interviewer festgestellt. Ca. zwei Drittel der Interviews wurden in der deutschen Sprache durchgeführt. Nur bei der ältesten Befragtengruppe und bei denjenigen ohne Schulabschluss war der Wert mit 44 % bzw. 53 % etwas geringer. Ähnlich wie bei der Selbsteinschätzung schätzen die Interviewer mit 63 % die Verstehensfähigkeit sehr gut ein ..." *(Quelle: Dr. Dagmar Beer-Kern, Arbeitsstab der Beauftragten der Bundesregierung für Ausländerfragen, Sprachvermögen von Deutsch-Türken, Mai 2001.)*

Was bei dieser Behauptung völlig unter den Tisch fällt, ist die Tatsache, dass in den Schulunterricht viele verschiedene soziale Komponenten einfließen, wie z.B. Umgangsformen oder Wertorientierungen. Das Beherrschen bzw. Nichtbeherrschen einer Sprache allein macht noch niemanden zum Außenseiter.

Die Behauptung beruht auf einer unzulässigen Verallgemeinerung. Die Gesamtheit aller ausländischen Schüler an allgemeinbildenden und beruflichen Schulen macht lediglich 9,4 % aus *(Quelle: Bundesausländerbeauftragte: 4. Bericht zur Lage der Ausländer in der Bundesrepublik Deutschland, Berlin 02/2000, Zahlen von 1997).* An Hauptschulen, wo Schüler nichtdeutscher Herkunft am stärksten überrepräsentiert sind, beträgt ihr Anteil durchschnittlich 21,1 %. Diese verteilen sich im Wesentlichen auf zehn verschiedene Herkunftsländer und die dazugehörigen Sprachen, wobei Schüler türkischer bzw. kurdischer Herkunft mit einem Anteil von 43,5 % zwar die größte Gruppe, aber keineswegs die Mehrheit bilden. Der Anteil der Schüler mit türkischer Staatsangehörigkeit beträgt – gemessen an der Gesamtzahl der Hauptschüler – also im Durchschnitt weniger als zehn Prozent. Hinzu kommt, dass diese Schüler so gut wie alle in Deutschland geboren und aufgewachsen sind und viele von ihnen bereits in der zweiten oder dritten Generation hier leben. Die Ständige Konferenz der Kultusminister hat Vereinbarungen über den „Unterricht für Kinder ausländischer Arbeitnehmer" getroffen. Ein wichtiger Grundsatz lautet, dass der Anteil der ausländischen Schüler in deutschen Regelklassen ein Fünftel nicht übersteigen soll. Doch zugegebenermaßen sieht es in der Praxis oft anders aus: In Wohngegenden mit besonders hohem Ausländeranteil (siehe Lüge Nr. 13: „Ausländische Familien werden bei der Wohnungsvergabe bevorzugt ...", S. 76 ff., und Lüge Nr. 14: „In Anatolien wohnen sie in Erdlöchern ...", S. 79 ff.) – etwa in Berlin-Kreuzberg oder Duisburg-Bruckhausen – gibt es Grund- und Hauptschulen, in denen der Anteil ausländischer Schüler deutlich überwiegt. Dass dieser Zustand zu Problemen führen kann, ist nicht zu leugnen. Daher plädierte z.B. auch die Türkische Gemeinde Berlin im Jahr 1998 in einer Anhörung der CDU für eine Begrenzung

30. Oktober 01 +++ **Im brandenburgischen Rathenow werden zwei sudanesische Flüchtlinge am Märkischen Markt von drei deutschen Rechtsradikalen angegriffen und beleidigt. Einer der beiden Angegriffenen wird am Oberkörper, an den Beinen und an der Hand verletzt. Die Täter werden wegen des Verdachts auf Volksverhetzung und gefährlicher Körperverletzung kurzfristig festgenommen, kommen aber wieder auf freien Fuß.** +++
(taz 3.11.01, ND 3.11.01)

des Ausländeranteils in der Klasse auf maximal 50 %. Doch natürlich findet der Unterricht auch an Schulen mit hohem Ausländeranteil in deutscher Sprache statt. Daher befinden sich Schüler deutscher Herkunft gegenüber ihren ausländischen Mitschülern in dieser Hinsicht nicht im Nachteil.

Doch es gibt auch nichtsprachliche Barrieren: Schüler unterschiedlicher Herkunft haben unterschiedliche Gewohnheiten und Umgangsformen, die das Miteinander erschweren. So dürfen viele muslimische Mädchen nicht am Sport- oder Schwimmunterricht teilnehmen und Japaner sind es gewohnt ihre Schuhe im Haus – also auch im Klassenraum – auszuziehen. Doch das Ganze ist eher ein allgemeines Problem: Auch deutsche Schüler verhalten sich nicht alle gleich. Diese Unterschiede können zu Ausgrenzungen führen, da Heranwachsende derartige Angewohnheiten und Verhaltensweisen nicht verstehen. Hier gilt es, Erklärungen zu liefern, damit jemand, der sich irgendwie „anders" verhält, nicht ins Abseits gerät, sondern in die Klassengemeinschaft integriert wird. Und hier wären wir wieder beim Sichwort „Integration". Natürlich ist die Beherrschung der deutschen Sprache ein wesentlicher Faktor, wenn man miteinander klarkommen will. Das ist in der Schule nicht anders als im Berufsleben oder in der Freizeit.

Auch wenn die Behauptung nicht stimmt, dass in vielen Klassenräumen überwiegend türkisch gesprochen wird, kann und darf es nicht toleriert werden, dass die Deutschkenntnisse vieler ausländischer Schüler zu wünschen übrig lassen. Doch Schuld an dieser Misere sind nicht allein die Ausländer. Natürlich gibt es an einer Vielzahl von Schulen das Angebot von Förderkursen in deutscher Sprache, aber es sind immer noch zu wenig. In der Gestaltung der Lehr- und Lernprozesse weist das deutsche Bildungssystem größere Versäumnisse auf: „Die Schulen vermögen es offenbar nicht, durch ihr Unterrichts- oder sonstiges Angebot negative Konsequenzen der staatlichen, sprachlichen oder kulturellen und sozialen Herkunft eines Kindes auszugleichen. Das deutsche Schulwesen verfehlt damit seinen verbrieften Auftrag, für Bildungschancen unabhängig von Herkunft, Stand und sozialer Lage zu sorgen." *(Quelle: Gogolin, Ingrid: „Die Verantwortung der Grundschule für Bildungserfolge und -misserfolge", unter www.forum-bildung.de.)*

Natürlich gibt es auch außerschulische Gründe für das schlechte Abschneiden ausländischer Schüler. Viele junge Ausländer nehmen das bestehende Angebot nicht wahr – sei es aus Desinteresse oder weil ihnen die Eltern im Wege stehen, die ihre Maßstäbe nach den Verhältnissen im Heimatland setzen. Dort kann es durchaus legitim sein, die Einschulung zu verzögern oder den Schulbesuch abzubrechen, damit die Kinder bei der Arbeit helfen.

Es muss also verstärkt daran gearbeitet werden Bildungsbenachteiligungen ausländischer Schüler aus dem Weg zu räumen, damit weder sie noch ihre deutschen Mitschüler zu Außenseitern werden. Das Bildungsniveau trägt einen wesentlichen Teil zu gegenseitiger Akzeptanz dar. So kam die „14. Shell-Jugendstudie 2002" durch Befragungen deutscher Jugendlicher zu dem Ergebnis: je höher die Bildung, desto geringer die Vorbehalte gegenüber bestimmten Gruppen.

3. November 01 +++ **In der Flüchtlingsunterkunft des südhessischen Seeheim-Jugenheim greifen vier Jugendliche eine 58 Jahre alte Iranerin und ihren 13-jährigen Sohn an und traktieren sie mit Faustschlägen und Fußtritten. Mutter und Sohn werden verletzt.** +++ (Berliner Zeitung 5.11.01)

»Ausländische Schüler sind viel aggressiver als deutsche. Deshalb verwandeln sie jeden Schulhof in ein Schlachtfeld.«

Lüge Nr. 19

Auch bei dieser Behauptung sind mit den „ausländischen Schülern" sicherlich nicht Dänen, Schweden, Amerikaner oder Belgier gemeint, sondern solche, deren Äußeres auf eine als „geringwertig" erachtete Herkunft schließen lässt. In diesem Fall wird diesen ausländischen Schülern das Wesensmerkmal „aggressiv" angehängt. Der rassistische Unterton dieser Behauptung suggeriert, dass es an deutschen Schulen ohne ausländische Schüler weit friedfertiger und ruhiger zugehen würde.

Die Behauptung spielt mit der gegenwärtigen Sorge um zunehmende Gewalt unter Jugendlichen, insbesondere an Schulen. Es gibt wohl kaum jemanden, den die vermehrten Berichte über Gewalttaten im Schulumfeld nicht beunruhigen würden. Trotz zahlreicher Untersuchungen melden Wissenschaftler aber auch Zweifel an, dass die tätliche Gewalt auf den Schulhöfen in den letzten Jahren tatsächlich merklich zugenommen hat *(vgl. Fuchs, Marek et. al.: Tatort Schule: Gewalt an Schulen 1994–1999, Opladen 2001)*. Möglicherweise stellt sich dieser Eindruck durch die verstärkte Aufmerksamkeit der Medien gegenüber diesem Thema ein. Gerade nach den Amokläufen in den vergangenen Jahren richtet sich das Hauptaugenmerk auf die Sicherheit an deutschen Schulen. Der Amoklauf eines Schülers im April 2002 in Erfurt, der 17 Menschen das Leben kostete, ist uns allen noch in schrecklicher Erinnerung.

Eine Statistik des Landesschulamts Berlin ergab für drei aufeinander folgende Schuljahre (1996/97 – 1998/99) an insgesamt 1.000 Berliner Schulen mit 470.000 Schülern eine gleich bleibende Zahl von etwa 200 Meldungen pro Schuljahr. Etwa 60–65 % der angezeigten Taten fanden auf dem Schulgelände statt. 1999/2000 haben die Gewaltvorfälle um knapp 40 % auf 251 Fälle zugenommen. Diese Zunahme bezieht sich nahezu ausschließlich auf Gewalt von Schülern gegen Lehrer *(Quelle: Landesschulamt Berlin: Gewaltvorfälle in der Berliner Schule im Spiegel der Statistik)*.

Deutsche Tatverdächtige bis 18 Jahre			
Altersgruppe und Geschlecht	**insgesamt**	**Veränderung zum Vorjahr**	**Anteil an allen Tatverdächtigen**
Kinder (bis unter 14)	**126.358**	**6,1 %**	**5,4 %**
männlich	90.632	+0,4 %	3,8 %
weiblich	35.726	−3,9 %	1,5 %
Jugendliche (14 bis unter 18)	**293.907**	**−0,3 %**	**12,5 %**
männlich	218.181	+3,5 %	9,3 %
weiblich	75.726	+1,0 %	3,2 %

(Quelle: Polizeiliche Kriminalstatistik, 2003)

Vermutet wird, dass die Schule als eine Art Mikrokosmos eine allgemeine Gewaltzunahme in der Gesellschaft widerspiegelt. Grundsätzlich ist die Schule jedoch für Kinder und Jugendliche im Allgemeinen nach wie vor ein sicherer Ort, auch wenn jüngste Zwischenfälle zeitweilig zu verstärkter Besorgnis bei Eltern und Pädagogen geführt haben. Immer wieder berichten die Medien über kriminelle Jugendbanden, die ihren Mitschülern auf dem Schulweg auflauern und sie bedrohen und erpressen. Natürlich gehören diesen Gruppen sowohl junge Ausländer als auch Deutsche an. Schulhöfe sind auch abends zu beliebten Treffpunkt von Jugendcliquen geworden, die dort nicht selten randalieren und für Angst unter den nicht dazugehörigen Schülern sorgen. Generell ist die Öffentlichkeit gegenüber „Raufereien", „Abzockereien" und anderen Delikten sensibler geworden – und das ist gut so. Da Schulen eine besondere Verantwortung für die physische und psychische Unversehrtheit aller Schüler tragen, muss gerade hier auf Toleranz und Akzeptanz großer Wert gelegt werden.

Die Frage, ob ausländische Schüler häufiger an gewalttätigen Auseinandersetzungen auf dem Schulgelände beteiligt sind als ihre deutschen Mitschüler, lässt sich nicht eindeutig beantworten. In der Polizeilichen Kriminalstatistik werden derartige Delikte nicht gesondert aufgeführt. Doch es gibt Untersuchungen, die zu dem Ergebnis kommen, dass diese Annahme falsch ist *(s. z. B. Fuchs, Marek: „Ausländische Schüler und Gewalt an Schulen", in: Holtappels et. al. Weinheim 1999)*. Was bei dieser Diskussion gerne übersehen wird, ist die Tatsache, dass ausländisch aussehende Jugendliche im Gegenzug nicht selten zu Opfern fremdenfeindlicher Gewalt werden – auch auf dem Schulhof. Der überwiegende Teil fremdenfeindlicher Straftaten wird von Jugendlichen

*Nicht*deutsche Tatverdächtige bis 18 Jahre			
Altersgruppe und Geschlecht	**insgesamt**	**Veränderung zum Vorjahr**	**Anteil an allen Tatverdächtigen**
Kinder (bis unter 14)	**24.769**	**–6,5 %**	**4,4 %**
männlich	18.212	–6,0 %	3,2 %
weiblich	6.557	–7,9 %	1,2 %
Jugendliche (14 bis unter 18)	**53.237**	**–4,0 %**	**9,4 %**
männlich	42.375	–3,2 %	7,5 %
weiblich	10.862	–7,3 %	1,9 %

(Quelle: Polizeiliche Kriminalstatistik, 2001)

zwischen 15 und 24 Jahren begangen *(Quelle: www.bmi.bund.de)*. Viele von ihnen gehen noch zur Schule und übertragen ihre Abneigung gegenüber allem „Nichtdeutschen" auch in den Schulbereich.

Feststeht, dass es hauptsächlich Jungen sind, die ihre Konflikte mithilfe körperlicher Gewalt austragen. Und dabei spielt es keine Rolle, welcher Nationalität sie sind. Der Sicherheitsbericht nennt, gestützt auf die Zahlen der polizeilichen Kriminalstatistik, einen im Vergleich mit deutschen höheren Anstieg von männlichen ausländischen Tatverdächtigen. Relativiert wird diese Zahl jedoch durch verschiedene Tatsachen, die in der Statistik begründet liegen: Erstens wird nichts darüber ausgesagt, wie viele dieser Tatverdächtigen auch tatsächlich Täter waren und als solche rechtskräftig verurteilt wurden. Im Zuge von Opferbefragungen hat sich außerdem herausgestellt, dass junge Nichtdeutsche „ein höheres Risiko haben, wegen einer Gewalttat angezeigt zu werden, als junge Deutsche" *(Quelle: bmi, Periodischer Sicherheitsbericht 2001)*. Zweitens hat sich die Bevölkerungszahl junger Nichtdeutscher seit Mitte der Achtzigerjahre um 22,7 % erhöht, während die der gleichaltrigen Deutschen um 34,8 % zurückgegangen ist. Insofern erklärt sich auch ein stärkerer Anstieg bei nichtdeutschen Tatverdächtigen mit ihrem gestiegenen Bevölkerungsanteil. Inwieweit die hier genannten Gewalttaten auf dem Schulhof stattgefunden haben, ist jedoch nicht bekannt.

Gewaltbereitschaft hat – bei Deutschen wie bei Nichtdeutschen – verschiedene Ursachen. Zu den wichtigsten gehören „... gravierende soziale Benachteiligungen der Familie und schlechte Zukunftschancen der Jugendlichen aufgrund ihres niedrigen Bildungsniveaus" *(Quelle: www.bnr.de)*.

Daraus erklärt sich gegebenenfalls schon, aus welchen Gründen jugendliche Immigranten tatsächlich als Gewalttäter auf dem Schulhof signifikant überrepräsentiert sein könnten. Im „Ersten Periodischen Sicherheitsbericht des Bundesinnenministeriums (2001)" wird eigens darauf hingewiesen, dass die Lebenssituation junger Asylbewerber zu Beginn der Neunzigerjahre „von sozialer Ausgrenzung, Arbeitslosigkeit und Armut gekennzeichnet" war *(Quelle: www.bmi.bund.de)*. Gewalt in der Familie, ein niedriges Bildungsniveau und fehlende Perspektiven für eine sinnvolle Freizeit- und Lebensgestaltung können für eine gewalttätige Entwicklung von großer Bedeutung sein. Da ausländische Kinder und Jugendliche in aller Regel unter schlechteren sozialen Bedingungen aufwachsen als deutsche, rutschen sie eher in Risikogruppen. Nicht das „Fremdsein" ist in erster Linie der Auslöser für Gewalttaten, sondern fehlende Bildung, mangelnde Zukunftsperspektiven und ein sozial schwaches Elternhaus – genau wie bei den deutschen Tätern.

Das Problem „Gewalt in der Schule" betrifft alle Schülergruppen und sollte demnach an der Wurzel gepackt werden. Im Schulunterricht sollte verstärkt auf die Herausbildung sozialer Kompetenzen Wert gelegt werden. Große Erfolge weisen beispielsweise die Projekte „Schlichten statt Streiten" auf, die schon an vielen Schulen erprobt wurden. Hier werden Schüler und Schülerinnen zu Streitschlichtern ausgebildet, die zwischen den einzelnen Konfliktparteien vermitteln sollen. Bei schwerwiegenderen Problemen schaltet sich ein pädagogischer Streitschlichter ein. Doch natürlich können nicht alle Probleme durch die Schule gelöst werden, weil nicht alle Probleme durch die Schule gemacht sind.

Weitere Informationen, Tipps und Berichte für Jugendliche gibt's im Internet unter den Adressen:

- **www.basta-net.de**
- **www.schueler-notruf.de**

9. November 01

+++ Der 41 Jahre alte Vietnamese Ngoz-Dung Hoang stürzt sich in Selbstmordabsicht vom Parkdeck eines Einkaufszentrums am Berliner Kurt-Schumacher-Platz. Ihm wurde die Abschiebung angedroht. Der Vietnamese erleidet tödliche Verletzungen. +++

(Antirassistische Initiative Berlin)

»Deutsche Abiturienten müssen oft jahrelang auf einen Studienplatz warten. Junge Ausländer aber können sich aussuchen, was sie studieren wollen.«

Lüge Nr. 20

Das Vorurteil von der angeblichen Bevorzugung der Ausländer ist kaum auszurotten. Arbeitsplatz, Wohnung, Sozialleistungen, Schulnoten, Studienplätze – immer und überall haben Ausländer die Nase vorn und die Deutschen das Nachsehen. Auch die deutschen Studenten müssen sich angeblich auf der Jagd nach begehrten Studienplätzen hinter den dreisten Ausländern anstellen.

Grundsätzlich hat jeder mit einem in Deutschland erworbenen Abiturzeugnis (oder einer vergleichbaren Hochschulzugangsberechtigung) Anspruch auf einen Studienplatz an einer staatlichen deutschen Hochschule. Für 80 % aller Studienplätze gibt es keinerlei Zulassungsbeschränkungen, sodass in den allermeisten Fächern jeder ohne Wartezeit sein gewünschtes Studium aufnehmen kann. Lediglich für 7 Studiengänge gibt es im Wintersemester 2002/03 noch Zulassungsbeschränkungen: Medizin, Zahnmedizin, Tiermedizin, Biologie, Psychologie, Pharmazie und Betriebswirtschaft. 51 % der in diesen Fächern verfügbaren Studienplätze vergibt die Zentrale Vergabestelle für Studienplätze (ZVS) nach der Abiturdurchschnittsnote und den Landesquoten (im Wintersemester 2002/03 zwischen 1,5 für Psychologie in Hamburg und 3,5 für Betriebswirtschaft im Saarland). Bei der Vergabe werden alle Studienbewerber aus der Europäischen Union (inkl. Deutsche) sowie aus Island, Liechtenstein und Norwegen und außerdem alle Ausländer, die ihre Hochschulzugangsberechtigung an einer deutschen Schule erworben haben (so genannte Bildungsinländer), gleich behandelt. Die Nationalität der Bewerber spielt dabei keine Rolle. Nach der Dauer der Wartezeiten werden weitere 25 % der Plätze vergeben. Die Wartezeiten betragen im Wintersemester 2002/03 zwischen einem (Pharmazie) und acht Jahren (Psychologie). Auch bei der Anrechnung der Wartezeiten spielt die Nationalität der Bewerber – soweit sie die oben genannten Bedingungen erfüllen – keine Rolle. Allerdings müssen alle Nichtdeutschen nachweisen, dass sie die deutsche Sprache ausreichend beherrschen, um ein Hochschulstudium auch sinnvoll durchführen zu können – meist durch einen Sprachtest.

Auswahlverfahren der ZVS

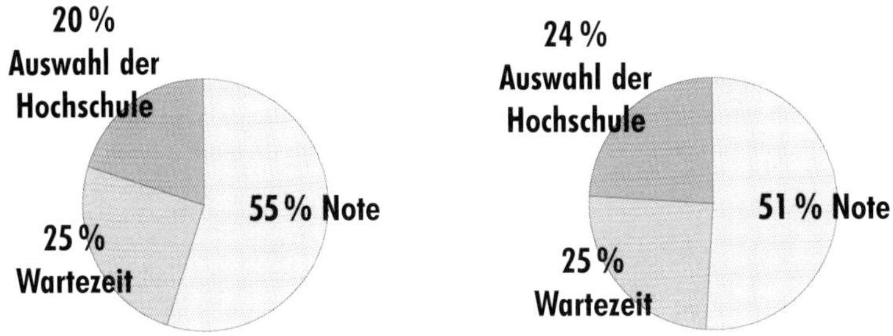

Regelung bis Sommersemester 2002

Regelung ab Wintersemester 2002/03

Die restlichen 24 % der Studienplätze in den zulassungsbeschränkten Fächern werden von den Hochschulen direkt vergeben. Nur um diese Studienplätze können Ausländer, die weder ihre Hochschulzugangsberechtigung in Deutschland erworben haben noch aus den genannten Ländern stammen, mit denjenigen, die zuvor von der ZVS abgelehnt wurden, konkurrieren. Aber keine Hochschule macht die Vergabe eines Studienplatzes von der Nationalität abhängig. Nahezu alle Universitäten vergeben ihre Plätze in zulassungsbeschränkten Fächern nach dem Grad der Qualifikation (Durchschnittsnote). Einige führen zusätzlich Eignungsgespräche durch oder berücksichtigen berufliche Qualifikationen *(Quelle: ZVS)*. Es gibt also an deutschen Hochschulen keinen „Ausländerbonus".

Allerdings bemühen sich mittlerweile etliche, vor allem kleinere Universitäten aktiv um ausländische Studenten – und das nicht zuletzt deswegen, weil sie aufgrund der zurückgehenden Studentenzahlen sonst bald um ihre Existenz fürchten müssen.
Im Zeitalter der Globalisierung werden ausländische Studierende zunehmend auch aus ganz anderen Gründen wichtig.

21. November 01 **+++ Aystetten in Bayern. In der Nacht wird die gläserne Eingangstür eines Flüchtlingsheimes eingeschlagen. Im Flur wird eine brennende Flüssigkeit ausgegossen und angezündet. Ein Nachbar entdeckt das Feuer und es gelingt ihm zusammen mit einigen Bewohnern die Flammen zu löschen. Alle 46 Bewohner kommen mit dem Schrecken davon. Gegen die drei Tatverdächtigen im Alter von 15, 17 und 18 Jahren wird Haftbefehl erlassen. +++** (Berliner Zeitung 22.11.01)

Von den Sprachenfähigkeiten und internationalen Kontakten ausländischer Studenten profitieren zum einen die Hochschulen selbst, zum anderen aber auch die späteren Arbeitgeber, die auf dem internationalen Markt tätig sind – also auch deutsche Unternehmen und damit die deutsche Wirtschaft. Denn viele der Studenten knüpfen bereits im Studium Kontakte zu ausländischen Unternehmen, absolvieren Praktika und sammeln so Erfahrungen, die sie in ihr Studium und später im Beruf einbringen können.

Umgekehrt entscheiden sich aber auch genau aus diesen Gründen viele deutsche Studenten für ein Auslandstudium oder zumindest ein Auslandssemester.

Die Erfahrungen und Kenntnisse, die sie im Ausland erwerben, sind für die persönliche Entwicklung interessant; nicht zuletzt erhöhen sie aber auch ihre Chancen auf dem (deutschen) Arbeitsmarkt.

Ausländerfeindlichkeit in diesem Bereich ist deshalb ein zweischneidiges Schwert und boykottiert zudem die zukünftige Entwicklung der Wirtschaft im internationalen Wettbewerb und den kulturellen Austausch allgemein.

ausländische Studierende nach Staatsangehörigkeit im Wintersemester 2000/2001

Kontinente	Europa	117.372
	Afrika	18.852
	Amerika	9.356
	Asien	39.683
	Australien und Ozeanien	313
	staatenlos, ohne Angaben, ungeklärt	1.451
	insgesamt	*187.027*
	Anteil an allen Studierenden (1.799.338)	*10,4 %*
	davon Bildungsinländer	*61.313*
	Anteil an allen Studierenden (1.799.338)	*3,4 %*
ausgewählte europäische Staaten	Frankreich	6.246
	Griechenland	7.516
	Großbritannien und Nordirland	2.281
	Italien	6.771
	(ehemaliges) Jugoslawien	11.106
	Luxemburg	1.605
	Niederlande	1.770
	Österreich	6.127
	Polen	9.328
	(ehemalige) Sowjetunion	13.721
	Schweiz	1.763
	Spanien	5.588
	(ehemalige) Tschechoslowakei	2.632
	Türkei	23.640
	Ungarn	2.779
sonstige ausgewählte Staaten	Brasilien	1.432
	China	9.109
	Indien	1.412
	Indonesien	2.128
	Iran	6.359
	Israel	876
	Japan	2.182
	Kamerun	4.141
	Korea, Republik	4.853
	Marokko	6.204
	Taiwan	1.265
	USA	3.467
	Vietnam	1.410

(Quelle: Statistisches Bundesamt – Hochschulstatistik)

V

Kriminalität

Lüge Nr. 21

»Ausländer sind krimineller veranlagt als Deutsche. Das beweist jede Statistik.«

Ausländer sind „geborene Verbrecher". Entsprechend der „Rassenlehre" wird hier allen Nichtdeutschen die Charaktereigenschaft „kriminell" zugeordnet. Im Umkehrschluss wären Deutsche demnach weniger kriminell veranlagt als alle anderen. Angesichts zum Teil durchaus niedrigerer Verbrechensraten in anderen Ländern würde sich die These, so herum formuliert, sehr schnell ad absurdum führen. Also nimmt man sich die Kriminalstatistik in Deutschland vor und sucht nach der Ausländerkriminalität. Aber auch hier verhält sich die Sache weitaus komplexer, als es auf den ersten Blick erscheint.

Die Statistik beweist zunächst einmal vor allem eines: Ausländer werden häufiger verdächtigt und angezeigt als Deutsche. Von der polizeilichen Kriminalstatistik werden nämlich nicht verurteilte Täter erfasst, sondern lediglich *Tatverdächtige.* Damit beruhen sämtliche Zahlen dieser Statistik nicht auf juristisch-rechtsstaatlich nachgewiesenen Delikten (die dann auch strafrechtlich geahndet werden), sondern auf Polizeikontrollen und Anzeigen aus der Bevölkerung. Ausländer werden – schon wegen der Ausländergesetze und der Fahndung nach „Illegalen" – erheblich häufiger kontrolliert. Die Polizei kann nur Verdächtigungen aussprechen. Gerichte und Staatsanwaltschaften kommen im Einzelnen oft zu völlig anderen Ergebnissen. Die Statistik zeigt, dass nur rund die Hälfte aller polizeilich registrierten Straftaten letztendlich aufgeklärt werden (2001: 53,1 %). Nicht enthalten sind überdies Verkehrsdelikte. Außerdem muss bei den polizeilichen Erfassungen eine Fehlerquote von durchschnittlich 14,5 % eingerechnet werden. *(Quelle: Heribert Ostendorf, Lagebild der Kriminalität, in: Bundeszentrale für politische Bildung (Hg.), Informationen zur politischen Bildung 248/1999, Kriminalität und Strafrecht.)* Die Statistik ist daher nur mit Vorsicht zu genießen.

2001 besaßen 24,9 % der von der Polizei ermittelten Tatverdächtigen nicht die deutsche Staatsangehörigkeit. Interessant ist, dass hier gegenüber dem Vorjahr immerhin ein Rückgang um 3,5 % zu verzeichnen ist. Der Anteil der deutschen Tatverdächtigen ist im Gegensatz dazu um 0,9 % gestiegen. Dennoch ist der Anteil Nichtdeutscher an den Tatverdächtigen im Vergleich zu ihrem Bevölkerungsanteil von nur 8,9 % recht hoch. Warum?

Dafür gibt es eine ganze Reihe von Gründen, die vor allem in der Statistik selbst liegen und vom Bundesinnenminister in den dazugehörigen Erläuterungen auch ausdrücklich genannt werden:

Erstens wurden 28,6 % der nichtdeutschen Tatverdächtigen aufgrund einer Straftat nach dem Ausländergesetz oder Asylverfahrensgesetz ermittelt – das sind Vergehen, die von Deutschen gar nicht begangen werden können. Im Prinzip reicht es schon, wenn der Verlängerungsantrag für die Aufenthaltsgenehmigung einige Tage nach Fristablauf eingereicht wird. Zu diesem Personenkreis gehören übrigens auch Opfer von (deutschen wie ausländischen) Kriminellen, beispielsweise Frauen, die von Menschenhändlern mit falschen Versprechungen nach Deutschland gelockt und hier zur Prostitution gezwungen werden *(Quelle: Bundesausländerbeauftragte: 4. Bericht zur Lage der Ausländer in der Bundesrepublik Deutschland, Berlin 02/2000).*

Verteilung nichtdeutscher Tatverdächtiger nach Aufenthaltsgrund

(Quelle: BKA – Polizeiliche Kriminalstatistik, 2003)

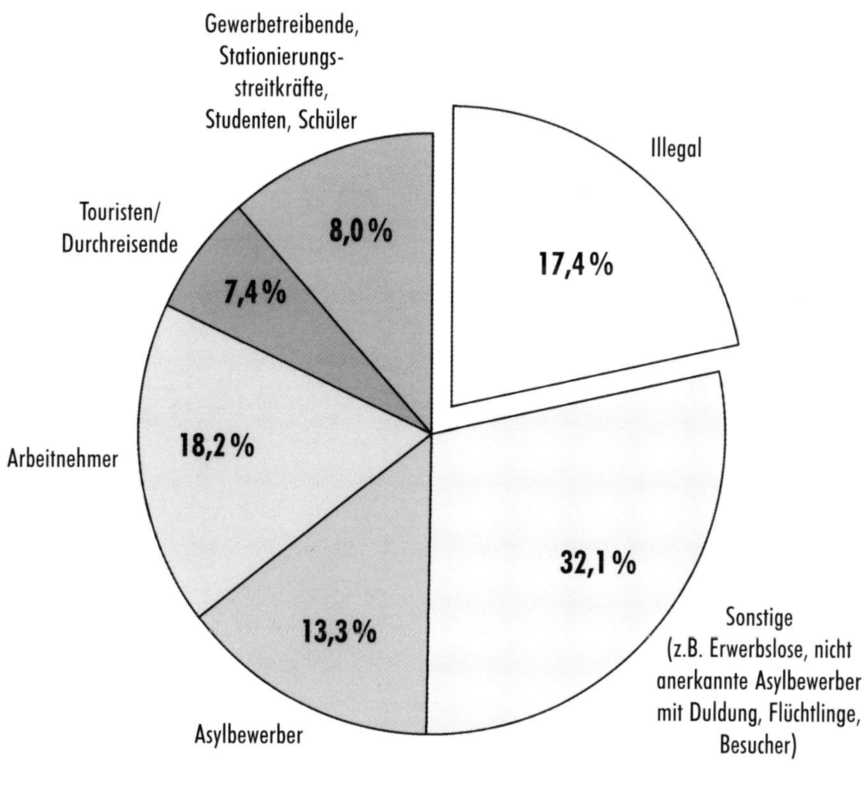

Aufgrund ihres meist illegalen Status, ihrer Sprachschwierigkeiten und mangelnden Gesetzeskenntnisse sind sie zwar den Tätern oft völlig ausgeliefert, machen sich aber trotzdem juristisch gesehen selbst strafbar.

> ***„Deutschland ist mit knapp zehn Millionen hier lebender Ausländer nicht mehr konsensfähig. Die Utopie von der ‚multikulturellen Gesellschaft' erzeugt eine multikriminelle Realität! Gerade Ausländer verstoßen überproportional gegen das Gesetz und dominieren in der Kriminalitätsstatistik!"***
>
> *(aus einem Flugblatt der NPD)*

Zweitens sind Ausländer, die sich illegal oder nur kurzfristig in Deutschland aufhalten, nicht in der Bevölkerungsstatistik erfasst. Dazu gehören Touristen, Besucher und Durchreisende, Grenzpendler, Stationierungsstreitkräfte, Ausländer ohne Aufenthaltsstatus sowie Personen, die nur zur Begehung von Straftaten einreisen (s. Lüge Nr. 25: „Organisierte Kriminalität und Drogenhandel sind fest in ausländischer Hand", S. 129 ff.). Diese Personen werden jedoch in der Kriminalstatistik als Tatverdächtige gezählt, sodass sich allein schon daraus ein merkliches Missverhältnis ergibt.

Drittens ist die Kriminalitätsbelastung der Deutschen und Nichtdeutschen schon aufgrund der unterschiedlichen Zusammensetzung der jeweiligen Bevölkerungsanteile (Alters-, Geschlechts- und Sozialstruktur) grundsätzlich nicht vergleichbar. Allgemeine Regel ist, dass die gewaltige Mehrheit der Straftaten von Männern begangen wird (rund 75 %), egal ob Deutsche oder Ausländer. Wer zudem in einer Großstadt lebt und unter 30 Jahre alt ist, trägt ein zusätzliches Risiko für eine kriminelle Entwicklung. Da diese Faktoren häufiger auf zuwandernde Ausländer zutreffen (sie sind im Vergleich zu den Deutschen häufiger männlichen Geschlechts, unter 30 Jahre alt und Großstadtbewohner), sind sie einem erhöhten Kriminalitätsrisiko ausgesetzt. „Experten verweisen darauf, dass Kriminalstatistiken nur aussagefähig sind, wenn das Sozialprofil der Täter bzw. Tatverdächtigen in die Betrachtung einbezogen wird. Als Ergebnis einer differenzierenden Auswertung der Kriminalstatistik ergibt sich, dass die Kriminalität der ausländischen Wohnbevölkerung (Arbeitsmigranten) gegenüber vergleichbaren deutschen sozialen Gruppen geringer ist. Ausländer, die ständig in Deutschland leben, sind also gesetzestreuer als Deutsche in gleicher sozialer Position." ***(Quelle: Wolfgang Benz, Argumente gegen rechtsextreme Vorurteile, in: Bundeszentrale für politische Bildung (Hg.), Informationen zur politischen Bildung aktuell, 2001.)***

Und in einer Studie für die Bundesregierung heißt es: „Die Kerngruppe der zur Wohnbevölkerung gehörenden nichtdeutschen Tatverdächtigen – Arbeitnehmer, Studenten/Schüler, Gewerbetreibende – machten mit 163.671 Personen nur etwa 28 % der ausländischen Tatverdächtigen und nur knapp 7 % aller Tatverdächtigen aus." ***(Quelle: „Ausländische Mitbürger in Deutschland", Bonn 2001.)***

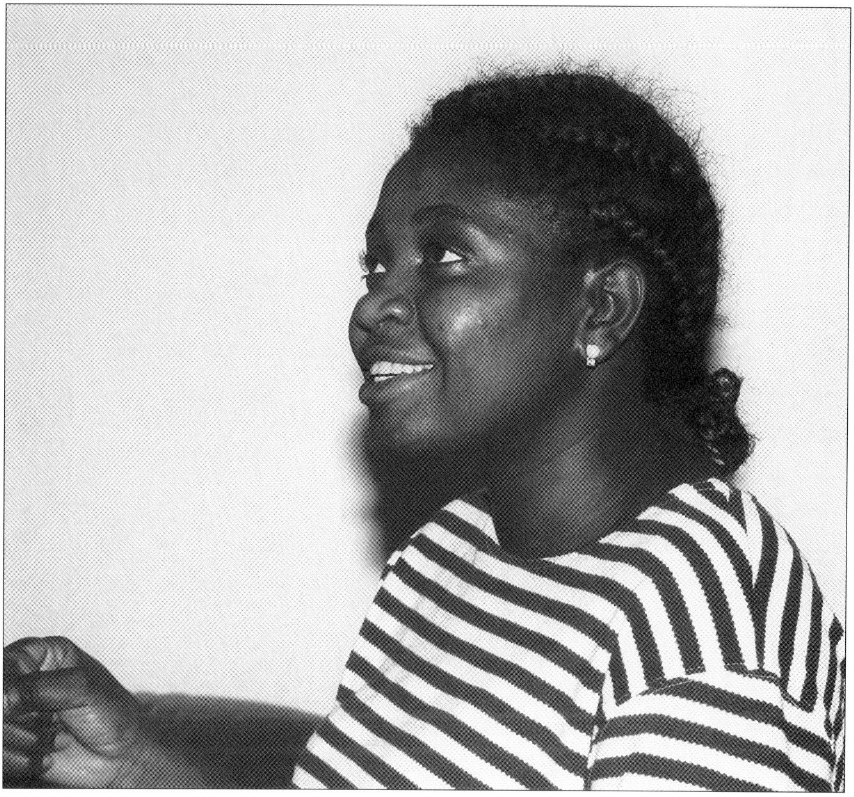

**Jeder ist hier ein Polizist, bei den Deutschen.
Du kannst nicht einfach spontan etwas machen,
es gibt immer jemanden, der sich einmischt,
auch wenn es ihn gar nichts angeht.**

Kriminalität soll hier nicht entschuldigt oder gar gerechtfertigt werden, doch generell haben es Ausländer aus vielerlei Gründen schwerer in der Gesellschaft Fuß zu fassen und sich gesetzestreu zu verhalten. Dazu gehören ihre schlechteren Sozialdaten (geringeres Einkommen, schlechtere Wohnsituation, schlechtere Bildungschancen, schlechtere Arbeitsplätze, Sprachschwierigkeiten), ihr schwieriger rechtlicher Status (kein Wahlrecht und damit keine politische Lobby, teilweise illegaler oder nicht registrierter Aufenthalt), ihre demographische Datenlage (andere Altersstruktur) und nicht zuletzt die Ausgrenzung durch breite Teile der deutschen Bevölkerung. Das alles macht es statistisch wahrscheinlicher, dass jemand aus einer solchen Gruppe der Versuchung unterliegt, sich illegal zu beschaffen, was er legal nicht schafft. Doch diese mathematische Erklärung erklärt keinen Einzelfall und noch viel weniger rechtfertigt und entschuldigt sie irgendein Verbrechen.

Literatur zum Thema „Kriminalität":

- Lüdemann, C./Ohlemacher, T.: **Soziologie der Kriminalität.** Juventa. 2002.
- Schubert, V. (Hrsg.): **Gewalt. Kriminalität und Verbrechen in der Gesellschaft.** Eos Verlag. 2001.
- Schwerhoff, G./Blauert, A.: **Kriminalitätsgeschichte. Bd. 1.** UVK Medien. 2000.

24. November 01 +++ **Bei einem Brand in der Flüchtlingsunterkunft im baden-württembergischen Benningen wird das gesamte Untergeschoss des Gebäudes zerstört. Vier der 59 Bewohner aus Afrika, China, dem ehemaligen Jugoslawien und der Türkei müssen mit Verdacht auf Rauchvergiftung ins Krankenhaus. Erste Hinweise deuten auf Brandstiftung.** +++ (Jungle World 5.12.01)

»Blutrache, Familienfehden, Lynchjustiz: Die Ausländer wollen unsere Rechtsordnung einfach nicht akzeptieren.«

Lüge Nr. 22

Nicht wenige Menschen scheinen die Ansicht zu teilen, dass Ausländer nicht in der Lage seien, sich an Gesetze zu halten. Vor allem deshalb, weil sie dazu neigten, sich unliebsamer Gegner gewaltsam zu entledigen. Aber was versteht man eigentlich unter „Blutrache", „Lynchjustiz" und „Familienfehden"?

Unter Blutrache versteht man die Rache für einen Mord mit einem weiteren Mord, um die Ehre eines Mannes, einer Frau oder einer Familie wiederherzustellen. Sie hat in vielen traditionellen und streng patriarchalischen Gesellschaften – keineswegs nur in Ländern des Südens, sondern auch z.B. im nordischen Island – eine lange Tradition und machte Sinn als legales Prinzip in einer Zeit ohne allgemeine Gerichte. Im germanischen und mittelalterlichen Recht sowie in anderen Frühformen der Rechtsentwicklung war die Blutrache fest verankert. Fehlende staatlich organisierte Strafrechtspflege gab dem einzelnen Sippenverband das Recht (und die Pflicht) Unrecht zu vergelten, das einem Mitglied der eigenen Gruppe zugefügt wurde. Entsprechend der Verantwortlichkeit jedes Einzelnen (nach dem Prinzip: „Einer für alle, alle für einen") konnte die Blutrache außer den Täter auch seine Angehörigen treffen.

Die Blutrache folgt sehr strengen Regeln, denen sich die Betroffenen nur selten entziehen können: „Vergossenes Blut muss mit Blut gesühnt werden." Die Androhung der Blutrache dient der Prävention und zugleich der Vergeltung und damit auch der Wiederherstellung der Sippenehre. Damit folgt die Blutrache zwei wesentlichen Prinzipien, die auch unser Strafrecht verfolgt:

1. Dem Vergeltungsprinzip: *quia peccatur*
   („Weil gesündigt wird, muss bestraft werden.")
2. Dem Prinzip der Strafe als Prävention gegen zukünftige Straftaten und zur Abschreckung für Folgetäter: *sed ne peccetur*
   („Damit nicht gesündigt werde.")

Das heutige Strafrecht ist ein Gemisch aus Vergeltungsstrafrecht und Präventionsstrafrecht. Es verfolgt die Ziele Abschreckung, Vergeltung und Resozialisierung und ist damit ein so genanntes Zweckstrafrecht. In seinen Prinzipien ist unser Strafrecht demnach gar nicht so weit von denen der Blutrache entfernt. Die Regularien der Strafverhängung sind verfeinert worden und somit gerechter: Dem Täter wird noch eine Chance eingeräumt, sich in die Gesellschaft einzugliedern, wenn seine Straftat abgegolten ist.

Den grundlegenden Prinzipien der Vergeltung und Abschreckung folgen jedoch sowohl unser Strafrecht als auch die Blutrache. Zumindest in dieser Hinsicht sollte man nicht allzu arrogant auf das System „Blutrache" herunterschauen.

Blutrache ist heute in den allermeisten Ländern verboten, wird als Mord betrachtet und geahndet. Doch die Delegierung von Gewalt an den Staat hat nicht überall das Beharren einer Gesellschaft auf uralten direkten Formen der Rechtsprechung und Verbrechensahndung ersetzen können. Der Umbau einer archaischen Ordnung in eine Demokratie mit Gewaltenteilung ist nicht überall gelungen. So kommt es vor allem in politischen Umbruchsituationen, in denen oft große Rechtsunsicherheit herrscht, immer wieder zum Rückgriff auf längst überwunden geglaubte Rechtstraditionen.

Während die Blutrache strengen, über Jahrhunderte überlieferten, kulturell und manchmal auch schriftlich festgelegten Regeln folgt, ist Lynch-„Justiz" etwas ganz anderes. Man versteht darunter die außergesetzliche Hinrichtung eines oder mehrerer Menschen ohne Gerichtsverfahren – meist spontan durch einen aufgehetzten Mob, manchmal auch durch Einzelpersonen.

Die Lynchjustiz hatte ihre „große Zeit" vor allem in den USA seit dem Ende des 19. Jahrhunderts. Noch bis in die Sechzigerjahre des 20. Jahrhunderts wurden in manchen Gegenden Schwarze, Juden, Asiaten und Indianer von Weißen zu Tode gefoltert – sie wurden auf Scheiterhaufen verbrannt, gehängt, in Stücke geschnitten, erschlagen oder erstochen. Oft genügte schon ein vager Verdacht, um den gärenden „Volkszorn" zu entfachen. Denn diese Art von Lynchjustiz kann nur unter Rückgriff auf bereits existierenden Rassismus funktionieren. Die Morde wurden in der Zeitung angekündigt, damit der Pöbel sich rechtzeitig versammeln konnte. Und sie wurden nicht selten wie ein Volksfest gefeiert. Fotografen kamen, um die Leichen zu fotografieren, und verkauften ihre Fotos als Souvenirs an das ausgelassene Volk. *(Quelle: James Allen, Without Sanctuary: Lynching Photography in America, Santa Fe 2000.)*

Lynchjustiz erlebt immer wieder Renaissancen vor allem im rechtsextremen Spektrum. Verübt wird sie mit Vorliebe von weißen Rassisten an Opfern vermeintlich anderer „Rassen“. Der amerikanische Ku-Klux-Klan und die deutschen Nationalsozialisten sind nur zwei besonders extreme Beispiele. Dargestellt wird Lynchen immer als ein plötzlich auftretendes Aufbegehren, in dem sich die Gerechtigkeit des Volkes durchsetzt gegen die Laschheit einer ordentlichen Rechtsprechung, wo selbst ein Angeklagter gewisse unveräußerliche Rechte hat.

Mitglieder des Ku-Klux-Klan halten eine Zeremonie ab

Blutrache und Lynchjustiz sind als eigenständige Delikte weder in der Polizeilichen Kriminalstatistik noch in der Verurteiltenstatistik aufgeführt. Derartige Verbrechen werden dort zu „Gewaltkriminalität“ gezählt.
Unter einer Familienfehde versteht man dagegen „Privatkriege“ innerhalb einer oder zwischen verschiedenen Familien. Sie wird jedoch nicht geahndet, soweit sie nicht zu Mord, Totschlag oder anderen kriminellen Handlungen führt.

Wahrscheinlich gibt es auch in Deutschland Straftaten, die unter die Kategorie „Lynchmorde“ fallen und die von ausländischen Tätern begangen werden. Aber die Zahl dieser Straftaten ist so gering, dass sie von keiner amtlichen Stelle gesondert aufgeführt würde. Abgesehen davon gibt es auch Berichte über Lynchjustiz unter Deutschen, von Familienfehden ganz zu schweigen. Ob Ausländer in diesen Fällen als Täter überrepräsentiert sind, lässt sich anhand von gesicherten Zahlen jedenfalls nicht belegen. Belegen lässt sich jedoch die Zahl der Ausländer, die Lynchjustiz zum Opfer fallen. Die Täter sind Deutsche – und zwar solche, die sich ein Freizeitvergnügen daraus machen, auf „Ausländerjagd“ zu gehen. Das Vergehen, für das die Opfer zusammengeschlagen werden oder gar sterben sollen, ist die Tatsache, dass sie die „falsche“ Hautfarbe oder Nationalität haben.

Im Jahr 2003 registrierte der Verfassungsschutz 377 Körperverletzungen und 5 versuchte Tötungen mit fremdenfeindlichem Hintergrund. Anders verhält es sich mit der Blutrache. So griffen beispielsweise die Menschen in einigen Teilen Albaniens nach dem Ende des Kommunismus – also in einer Umbruchsituation mit großer Rechtsunsicherheit – teilweise auf ihre aus dem Mittelalter stammende Rechtsordnung zurück. In diesem „Kanun" hat die Blutrache einen festen Platz. *(Quelle: Geo Magazin 9/2000.)* Wenn man sich in einem praktisch gesetzlosen Raum befindet, kommt derartigen „Regelungen" eine besondere Bedeutung zu. Zum einen schweißen sie die Mitglieder einer Familie oder Sippe eng zusammen, da jeder für jeden einsteht – was das Überleben sichern kann. Und zum anderen dienen sie

28. November 01 +++
Eine 27 Jahre alte Kurdin wird von ihrem Arbeitsplatz, einer Bäckerei im baden-württembergischen Schönaich, von der Polizei weggeholt und in die Türkei abgeschoben. Sie meldet sich zwei Wochen später bei ihrer ehemaligen Arbeitgeberin und berichtet, dass sie nach ihrer Ankunft in Istanbul fünf Tage lang in Untersuchungshaft kam. Nach der Entlassung floh sie aus Angst vor weiteren Repressalien nach Anatolien. +++ (Jungle World 19./26.12.01)

auch als Abschreckungsmittel frei nach dem Motto: „Was du nicht willst, das man dir tut, das füg' auch keinem andern zu." Die Blutrache hat schreckliche Konsequenzen: Viele Menschen können sich nicht mehr überall frei bewegen, weil sie berechtigte Angst haben müssen, getötet zu werden. Manche potentielle Opfer versuchen dieser Bedrohung durch Flucht zu entkommen, doch es gibt Fälle, in denen der Täter seinem Opfer nachreiste, um es im vermeintlich sicheren Zufluchtsland zu töten. Opfer von Blutrache sind jedenfalls fast ausschließlich eigene Landsleute.

Dieses Vorgehen ist mit den Prinzipien eines demokratischen Rechtsstaats und dem Menschenrecht auf Leben nicht zu vereinbaren. Wer in Deutschland derartige Verbrechen begeht, wird mit der ganzen Härte des Gesetzes verfolgt. Der oder die Täter werden des Mordes angeklagt und verurteilt.

Offizielle Statistik der fremdenfeindlichen Straftaten von 1994–2003

Straftaten	**1994**	**1995**	**1996**	**1997**	**1998**	**1999**	**2000**	**2001**	**2002**	**2003**
vollendete Tötungsdelikte	–	–	–	–	–	1	1	0	0	0
versuchte Tötungsdelikte	8	8	11	8	10	11	9	7	6	5
Körperverletzungen	494	372	307	406	384	386	569	343	388	377
Sprengstoffdelikte	1	–					3	0	0	0
Brandanschläge/ Brandstiftungen	80	37	27*	26*	23*	29*	31	12	20	19
weitere fremdenfeindl. Straftaten	2.908	2.051	1.887	2.513	2.228	1.856	**	12	–	–
insgesamt	**3.491**	**2.468**	**2.232**	**2.953**	**2.645**	**2.283**	**3.594**	**374**	**440**	**430**

**) Sprengstoffdelikte, Brandanschläge und Brandstiftungen zusammen erfasst.*

***) Im Verfassungsschutzbricht 2000 nicht ausgewiesen.*

(Quelle: Bundesministerium des Innern; Verfassungsschutzbericht 2001, 3003)

Diese Statistik gibt wohl noch nicht alle bekannt gewordenen Fälle wieder.
Nach Veröffentlichung der Statistik durch die Bundesregierung wurde Kritik an Innenminister Otto Schily laut. Ihm wurde die Manipulation der Statistik und damit die Bagatellisierung rechter Gewalt vorgeworfen. Die Kritik beriefen sich auf eine in mehreren Zeitungen veröffentlichte Übersicht, die Todesopfer rechter Gewalt seit 1990 aufführte. Diese wies weit mehr rechtsextreme Morde nach, als in der offiziellen Statistik geführt wurden. Fast zwei Drittel der in der Zeitungsdokumentation beschriebenen Morde gegen Flüchtlinge und Migranten wurden im Verfassungsschutzbericht nicht erwähnt.

Lüge Nr. 23

»Statt sich anzustrengen, machen junge Ausländer lieber als Kriminelle Karriere.«

Dies ist eine weitere Variante des rassistischen Vorurteils „Ausländer sind faul, dumm, kriminell, dreckig etc.". Menschen, denen man ihre nichtdeutsche Herkunft anzusehen glaubt, werden „natürliche" Eigenschaften angedichtet, die sie zu minderwertigen Elementen machen, über die man sich dann als Deutscher bzw. Weißer erheben kann. Aus Hautfarbe, Augenform, Haarfarbe usw. wird auf Faulheit und kriminelle Veranlagung geschlossen. In letzter Konsequenz würde das eigentlich heißen, dass man unter den zur höher stehenden „Rasse" gehörenden Deutschen keine Verbrecher finden dürfte. Dass dem nicht so ist, weiß jeder von uns. Kriminalität findet sich überall – in jeder Nation und in allen Bevölkerungsschichten.

Die relativ hohe Ausländerkriminalität erweist sich als statistisches Phantom, das bei näherer Betrachtung wie eine Seifenblase zerplatzt. Genau dieselben Gesichtspunkte, die zu den hohen Prozentzahlen in der Statistik führen (Ausländer werden häufiger angezeigt, begehen zum großen Teil Delikte gegen das Ausländerrecht, die Deutsche gar nicht begehen können, werden kriminalstatistisch anders erfasst als in der demographischen Statistik, usw; s. S. 112ff.), gelten natürlich auch für die Gruppe der ausländischen Jugendlichen. Interessant ist immerhin eine für manchen vielleicht überraschende relative Entwicklung: Während die (von der polizeilichen Kriminalstatistik erfasste) Ausländerkriminalität im Jahr 2003 insgesamt um 1,3 % zurückgegangen ist, betrug der Rückgang bei den jugendlichen nichtdeutschen Tatverdächtigen sogar 0,3 %. Der Anteil der deutschen jugendlichen Tatverdächtigen stieg demgegenüber im Vergleich zum Vorjahr um 0,3 %. *(Quelle: Polizeiliche Kriminalstatistik 2003.)* Diese Entwicklung verhält sich zudem genau entgegengesetzt zu den jeweiligen Bevölkerungsanteilen: Die Zahl der deutschen Jugendlichen geht zurück, während die der nichtdeutschen Jugendlichen ansteigt. Außerdem darf man die ökonomischen und sozialen Verhältnisse, in denen zumindest einige Ausländergruppen leben müssen, nicht außer Acht lassen. Kriminalität soll hier keineswegs entschuldigt werden, denn jeder Einzelne, ob Deutscher oder Zuwanderer, hat sich an bestehende Gesetze zu halten, damit eine Gesellschaft funktionieren kann. Aber wenn z. B. Asylbewerber mit einem monatlichen Betrag von 225 € auskommen müssen und nicht arbeiten dürfen, dann ist auf jeden Fall die statistische Wahrscheinlichkeit größer, dass einige von ihnen auf den Gedanken kommen, ihre Lebensgrundlagen auf nicht legale Weise etwas zu verbessern.

Auszubildende mit ausländischem Pass nach Staatsangehörigkeit *(Bundesgebiet West)*							
In den Jahren 1998–2003							
	Insgesamt	**davon nach Land der Staatsangehörigkeit**					
Jahr	**Anzahl**	**Griechenland**	**Italien**	**Spanien**	**Türkei**	**ehemaliges Jugoslawien**	**Sonstige**[1]
1998	104.058	4.847	10.490	2.053	42.747	12.205	26.862
1999	100.675	4.811	10.806	1.889	41.997	10.015	26.596
2000	96.666	4.777	10.795	1.750	39.850	8.073	27.075
2001	92.300	4.700	10.538	1.514	37.165	14.156	17.456
2002	85.218	4.343	9.851	1.257	33.171	12.722	17.334
2003	79.205	3.913	9.094	1.070	30.033	10.671	18.161
In den verschiedenen Ausbildungsbereichen (2000)							
Ausbildungsbereich							
Industrie und Handel	44.977	2.238	5.001	1.017	19.338	3.229	22.410
Handwerk	37.802	2.028	4.659	557	15.325	3.730	18.747
Landwirtschaft	339	10	27	7	83	12	244
Öffentlicher Dienst	958	41	107	19	392	65	501
Freie Berufe	12.038	439	943	145	4.511	999	6.528
Hauswirtschaft[2]	547	21	58	5	199	37	311
Seeschifffahrt	5	–	–	–	2	1	2

1) einschließlich: ohne Angabe

2) Hauswirtschaft im städtischen Bereich

(Quelle: Statistisches Bundesamt)

Auf der anderen Seite bestehen weitere Risikofaktoren für eine kriminelle Entwicklung (neben dem Geschlecht) in einem niedrigen Bildungsniveau und schlechten beruflichen Zukunftschancen. Es wurde schon in Lüge Nr. 17 (s. S. 92 ff.) darauf hingewiesen, dass ausländische Kinder und Jugendliche im deutschen Bildungssystem von Anfang an stark benachteiligt sind. Sie kommen häufiger aus Familien mit geringem Einkommen, sind in den kostenpflichtigen Kindergärten auch aus diesem Grund deutlich unterrepräsentiert und erfahren daher schon vor der Schule nur mangelnde Sprachförderung. Bei einer Untersuchung an Bielefelder Grundschulen wurde festgestellt, dass ihre daraus entstehenden sprachlichen Defizite ihnen – im Widerspruch zu offiziellen Richtlinien – bei Beurteilungen häufig als Leistungsschwäche und generelle Lernschwierigkeiten ausgelegt werden. Daher werden sie sehr viel seltener für weiterführende Schulen empfohlen und landen stattdessen überproportional häufig an Sonderschulen *(Quelle: Bundesausländerbeauftragte: 4. Bericht zur Lage der Ausländer in der Bundesrepublik Deutschland, Berlin 02/2000).*

Vorurteile, denen nichtdeutsche Kinder und Jugendliche im Alltag aufgrund ihrer Herkunft begegnen, begleiten sie auch nach der Schule. Sie finden seltener einen Ausbildungsplatz und müssen oft mit dem vorlieb nehmen, wofür sich sonst keiner findet. Im Jahr 2000 waren in den alten Bundesländern nur 7,1 % aller Auszubildenden ausländische Staatsbürger – gegenüber einem Bevölkerungsanteil von 12 %. 42 % aller ausländischen Auszubildenden konzentrierten sich zudem in nur zehn (zumeist handwerklichen) Berufen, wobei die Anteile gegenüber dem Vorjahr trotz steigenden Bevölkerungsanteils überall zurückgingen. Demgegenüber war im so genannten Berufsvorbereitungsjahr und im Berufsgrundbildungsjahr 2000 jeder sechste Schüler (17,2 %) Ausländer. „Diese Schulen werden häufig bei fehlenden Ausbildungsplätzen als Ausweichmöglichkeit und auch zur Erhöhung der Chancen für einen Ausbildungsplatz besucht." *(Quelle: Werner, Rudolf, Ausländische Jugendliche in Deutschland – Zahlen, Statistiken. Bonn 2002, in Vorbereitung.)*

Die Tatsache, dass ausländische Jugendliche in diesen „Warteschleifen" so stark überrepräsentiert sind, ist ein deutlicher Hinweis darauf, dass sie in Zeiten mangelnder Ausbildungsplätze die Ersten sind, die leer ausgehen und sich nach Alternativen umsehen müssen. Ausbildungsbetriebe ziehen ganz offenbar deutsche Jugendliche vor und nichtdeutsche müssen mehr leisten, um dieselben Chancen zu bekommen.

Die Behauptung ist also in beiden Teilen falsch: Weder mangelt es jungen Ausländern an der Bereitschaft, sich anzustrengen, noch ist ihre Kriminalitätsrate höher als bei deutschen Jugendlichen. Das wird deutlich, wenn man die Statistik richtig liest, auch wenn sie auf den ersten Blick etwas anderes auszusagen scheint. Ausländer und Deutsche teilen den Wunsch nach Wohlstand, Anerkennung, Erfolg und sozialer Sicherheit. Es kommt darauf an, inwieweit Ausländer in die Gesellschaft integriert werden: Ausgrenzung und Diskriminierung können jeden entmutigen, ob deutsch oder nichtdeutsch, wohingegen eine Gesellschaft, die die individuellen Fähigkeiten ihrer Mitglieder unabhängig von deren Herkunft anerkennt, nutzt und honoriert, damit nicht nur viel Negatives verhindern, sondern sogar viel Positives gewinnen kann.

Sind diese Jugendlichen Ausländer?
Sind sie kriminell?
Waren sie schon mal im Gefängnis oder
engagieren sie sich für gemeinnützige Projekte?
Und: Woran sieht man das?

Lüge Nr. 24

»Viele Ausländer legen es doch nur darauf an, eingelocht zu werden. Denn in unseren Gefängnissen haben sie es immer noch besser als in ihren Heimatländern.«

Rassistische Überheblichkeit kennt offenbar keine Grenzen. Deutschland scheint für manche eine Art Paradies darzustellen, wo selbst die Knäste noch besser sind als die Freiheit im Ausland. Da drängt sich doch die Frage auf, woher der Ausdruck „einlochen" bzw. „im Loch sitzen" kommt, der in dieser Behauptung auftaucht. Wer allerdings der Ansicht ist, in Anatolien wohne man in Erdlöchern, der mag deutsche „Löcher" als luxuriöse Paläste bezeichnen. So was kann nur jemand behaupten, der erstens noch nie ein deutsches Gefängnis von innen gesehen hat und zweitens noch nie im Ausland war. Und drittens: das deutsche Ausländerrecht nicht kennt.

Die Behauptung ist von einer weit reichenden Unkenntnis der Rechtslage geprägt. Straffällig gewordene und verurteilte Ausländer haben nur selten die „Wahl" zwischen deutschem Knast und der Rückkehr in ihr Herkunftsland. Nur straffällig gewordene Ausländer mit dauerhaftem Aufenthaltsstatus und einer Freiheitsstrafe von unter drei Jahren sind vor Abschiebung geschützt. Für alle anderen erfolgt nach Verurteilung und Gefängnisaufenthalt der unfreiwillige Rücktransport ins Herkunftsland. Paragraf 54, ZuwG legt fest, aus welchen Gründen ein Ausländer aus Deutschland ausgewiesen wird:

1. Wenn er wegen einer oder mehrerer Straftaten zu einer Freiheits- oder Jugendstrafe von mindestens drei Jahren verurteilt wurde *oder*
2. wenn er innerhalb von fünf Jahren zu mehreren Freiheitsstrafen von zusammen mindestens drei Jahren verurteilt wurde *oder*
3. wenn bei der letzten Verurteilung Sicherungsverwahrung angeordnet wurde *oder*
4. wenn er wegen einer Straftat nach dem Betäubungsmittelgesetz oder Landfriedensbruch zu einer Jugendstrafe von mindestens zwei Jahren oder einer Freiheitsstrafe ohne Bewährung verurteilt wurde.

Justizvollzugsanstalt Gelsenkirchen

Möchten Sie hier „zu Hause" sein?

Justizvollzugsanstalt Gelsenkirchen

Gegen diese Ausweisungsgründe hilft kein Ausweisungsschutz. Das bedeutet im Klartext: Wer als Ausländer für längere Zeit in einem deutschen Gefängnis landet, wird in den allermeisten Fällen ausgewiesen. Und wer schon einmal einen Blick in eine typische Gefängniszelle geworfen hat, der kann sich kaum vorstellen, dass sich jemand freiwillig dorthin begibt. Die Größe einer Zelle berechnet sich nach ihrem „Luftraum". So umfasst eine Standardeinzelzelle in Deutschland circa 20 m^3, was etwa 8 m^2 Grundfläche entspricht. Das ist nicht viel Platz, zumal es durchaus vorkommt, dass eine Zelle dieser Größenordnung aus Platzmangel auch von zwei Häftlingen „bewohnt" wird *(Quelle: Landesjustizvollzugsamt NRW)*.

Toilette und Waschgelegenheit, die sich mit in der Zelle befinden, nehmen zusätzlichen Platz weg. Mehr als eine Schlafgelegenheit, ein kleiner Tisch und ein Regal passt nicht mehr hinein. Angesichts dieses „Wohn-Schlafzimmers" kann also nicht von „Luxus" gesprochen werden und freiwillig wird sich dort wohl kaum jemand einsperren lassen.

1. Dezember 01 +++ **Rendsburg in Schleswig-Holstein. In einem Mehrfamilienhaus, in dem größtenteils Flüchtlingsfamilien untergebracht sind, bricht Feuer aus. Alle 30 Bewohner werden evakuiert. Ein Kind kommt mit Verdacht auf Rauchvergiftung ins Krankenhaus. Die Kriminalpolizei nimmt vier Hausbewohner unter dem Verdacht der Brandstiftung fest.** +++ (Jungle World 12.12.01)

»Organisierte Kriminalität und Drogenhandel sind fest in ausländischer Hand.«

Lüge Nr. 25

Ausländer reißen sich nicht nur die legalen Arbeitsplätze der Deutschen unter den Nagel, sondern dominieren auch noch den kriminellen Sektor. Immer wieder hört man Stimmen, die behaupten, vor allem die organisierte Kriminalität (OK) sei eine „ausländische Spezialität".
Unter der Hand wird die OK im Allgemeinen mit Drogenhandel gleichgesetzt. Fazit: Ausländische Drogenhändler vergiften deutsche Jugendliche und somit unsere Zukunft.

Natürlich gibt es in Deutschland ausländische Kriminelle, die sich in Verbrecherbanden organisiert haben. Und natürlich gibt es Deutsche, die den gleichen Weg eingeschlagen haben. Um die „Arbeitsweise" der OK zu verstehen, muss man zunächst wissen, was genau die OK eigentlich ist. Man versteht darunter die planmäßige Begehung von Straftaten, bei denen mehr als zwei Beteiligte auf längere Zeit zusammenwirken. Sie bilden dabei gewerbliche oder geschäftsmäßige Strukturen, wenden Gewalt oder andere Mittel zur Einschüchterung an und nehmen Einfluss auf Politik, Medien, öffentliche Verwaltung, Justiz oder Wirtschaft. *(Vgl.: Bundeskriminalamt, Lagebericht Organisierte Kriminalität 2000.)*

Doch neben Rauschgifthandel und -schmuggel „arbeitet" die OK auf weitaus größerem Terrain: Dazu gehören Waffenhandel und Waffenschmuggel, Wirtschaftskriminalität (z.B. Betrug, Veruntreuung, betrügerischer Konkurs u.Ä.), Fälschungskriminalität (z.B. Geld-, Kreditkarten- und Urkundenfälschung, Produktpiraterie), Eigentumskriminalität (z.B. KFZ-, Ausweis- oder Kunstdiebstähle und Hehlerei), Zuhälterei, Menschenhandel, Schleusungen, illegales Glücksspiel, Gewaltkriminalität, Umweltkriminalität, Geldwäsche, Steuerbetrug (z.B. Zigarettenschmuggel u.Ä.).

Organisierte Kriminalität bedient illegale Märkte, die im Prinzip nach ähnlichen Gesetzen funktionieren wie legale Märkte: Ein bestehender Bedarf wird gedeckt. So werden etwa gestohlene Autos, Drogen, Diamanten, Waffen, Prostituierte, Sklaven usw. von kriminellen Banden an einen Empfänger geliefert. Es gibt in Deutschland verschiedene Netze unterschiedlicher Verbrecherorganisationen.

Doch organisierte Kriminalität gibt es nicht nur hier, sondern überall. Auf dem Balkan beispielsweise geht es mittlerweile soweit, dass Politik und Kriminalität eng miteinander verquickt sind.

Vor allem der Zigarettenschmuggel wird von ganz oben gedeckt. „Politik ist Mittel zur persönlichen Bereicherung, verschafft Schmugglern, Betrügern und Erpressern Immunität und internationale Reputation" (*Quelle: Mappes-Niediek, Norbert: „Der Geschmack von Freiheit und Anarchie", in: Die Zeit vom 7.11.2002, S.13)*. Aufgrund dieses relativ hohen Organisationsgrads gestaltet sich die Bekämpfung dieser kriminellen Banden als äußerst schwierig. Obwohl Bundesinnenminister Schily im Juli 2002 von „deutlichen Erfolgen" bei der Bekämpfung der OK sprach, musste er zugeben, dass man sie in Deutschland noch lange nicht im Griff habe. Allerdings wurde die Existenz organisierter Kriminalitätsformen bis Ende der Siebzigerjahre heruntergespielt oder sogar ganz geleugnet. So konnte sie sich in Deutschland wie auch auf internationaler Ebene relativ ungestört entwickeln. Die OK kennt weder Gesetze noch Grenzen. Laut OK-Lagebericht 2001 des BKA verfügt die Mehrzahl der Gruppierungen über „ausgeprägte internationale Verflechtungen". Drei Viertel aller Verfahren wiesen internationale Bezüge auf. Der finanzielle Schaden, der durch die OK entsteht (Verlust von Steuereinnahmen, ökonomische Schäden, Verfahrenskosten etc.) ist enorm: Im Jahr 2003 betrug er 522 Millionen Euro.

Da die OK überwiegend international agiert, ist die Frage nach der Nationalität der Täter eigentlich vollkommen irrelevant. Im Jahre 2003 ermittelten die deutschen Behörden gegen 13.098 Verdächtige aus 87 Ländern *(Quelle: OK-Lagebericht BKA 2003)*. In den organisierten Banden scheint man also nichts gegen Ausländer zu haben. In ca. 80 % aller Fälle wurden gemischtnationale Tätergruppen ermittelt. Natürlich ist z.B. die Wut einer besorgten Mutter verständlich, wenn ihrem Kind auf dem Schulhof Drogen angeboten werden. Sollte es sich bei dem Dealer auch noch um einen Ausländer handeln, ist man mit rassistischen Vorurteilen schnell zur Hand. Aber was wäre der Unterschied, wenn ein deutscher Dealer auf dem Schulhof stünde – von denen es im Übrigen auch mehr als genug gibt? Es ist richtig, dass es im organisierten Verbrechen viele ausländische Täter gibt. Aber kann man daraus schließen, dass sich alle Ausländer in Verbrecherbanden organisieren? Wenn beispielsweise fünf Taxifahrer im letzten Jahr eine Frau ermordet haben, sind dann gleich alle Taxifahrer Frauenmörder? Das Problem sind nicht die Ausländer, sondern die Kriminalität und die dahinter stehende Macht, die nicht nur von organisierten Verbrechersyndikaten ausgeht. So hat z.B. die EU Klage gegen den US-Tabakriesen Reynolds (bekannt durch

6. Dezember 01 +++
Gegen 17.30 Uhr schlagen Unbekannte die Eingangstür des Flüchtlingsheimes Ellerau in Schleswig-Holstein ein. Dann zerbrechen sie ein Glasgefäß mit einer brennbaren Flüssigkeit und flüchten. +++
(Jungle World 19./26.12.01)

In Deutschland wird man immer egoistischer.
Das ist eine Sache. Man ändert sich automatisch.
Das Glücklichsein, die Zufriedenheit ändert sich auch.
Ich wollte immer zufrieden sein, aber irgendwie gelingt das hier nicht.

Das liegt irgendwie auch an der Gesellschaft.
Man hat ein Leben, das aus Arbeit und Nachhausekommen
und Arbeit und Nachhausekommen besteht.
Man hat kaum Kontakte, man hat auch keine Zeit,
mit Leuten und Freunden etwas zu unternehmen.
Und wenn man öfters allein ist,
dann geht die Moral immer nach unten.

die Marke „Camel") erhoben. Die EU-Kommission wirft Reynolds Geldwäsche mit Hilfe des organisierten Verbrechens sowie verdeckte Zusammenarbeit mit dem irakischen Regime von Saddam Hussein vor.
(Quelle: www.netzzeitung.de, 30.10.2002)

Was die OK auf deutschem Territorium betrifft, kann im Übrigen keine Rede davon sein, dass sich die deutschen Täter in der Minderheit befinden. Laut Lagebericht „Organisierte Kriminalität" des BKA für das Jahr 2003 bildeten bei den ermittelten Straftaten Deutsche mit 38,8 % der Tatverdächtigen die weitaus größte Gruppe. In deutlichem Abstand folgten türkische (6,9 %), italienische (4,5 %), Serbischen und Montenegro (3,7 %), polnische (5,6 %), litauische (3,8 %), russische (2,4 %) und andere Tatverdächtige. Zu den Spitzenreitern gehörten die deutschen Tatverdächtigen in den Bereichen Wirtschaftskriminalität, Fälschungskriminalität, Eigentumskriminalität, Kriminalität im Zusammenhang mit dem Nachtleben (Menschenhandel/Zuhälterei/illegales Glücksspiel), Gewaltkriminalität, Umweltkriminalität, Waffenhandel und in bestimmten Teilbereichen des Drogenhandels.

Es stimmt also nicht, dass das organisierte Verbrechen, soweit es in Deutschland ermittelt wird, von Ausländern dominiert wird. Dennoch ist nicht von der Hand zu weisen, dass weit mehr Nichtdeutsche als Tatverdächtige ermittelt werden, als es ihrem Anteil an der Bevölkerung entspricht. Das hat natürlich auch damit zu tun, dass ein erheblicher Teil der Täter nicht permanent in Deutschland lebt, sondern aus dem Ausland heraus agiert und ausschließlich für geplante Straftaten nach Deutschland einreist.

In Anbetracht international agierender Verbrechersyndikate und organisierter Kriminalität im großen Stil kann man sich nicht darauf beschränken, Ausländer als Buhmänner anzuprangern. Ein Krimineller wird nicht dadurch besser oder schlechter, dass er eine bestimmte Hautfarbe hat oder deutsch spricht. Es muss darum gehen, weltweit Mittel und Wege zu finden, um das organisierte Verbrechen zu bekämpfen, das global operiert und keine Grenzen und somit auch keine Nationalität hat.

Weitere Infos zur organisierten Kriminalität gibt's unter:

- **www.bka.de**
- **www.auswaertiges-amt.de**

27. Januar 02 +++ **In Jena wurde ein ausländischer Wissenschaftler vermutlich von drei Rechtsextremisten angegriffen. Der 32-jährige russische Gastdozent der Friedrich-Schiller-Universität wurde niedergeschlagen und im Gesicht schwer verletzt. Der Russe hielt sich mit seiner Begleiterin in einer Jenaer Bar auf. Als der Gastdozent später das Lokal verlassen wollte, wurde er von den drei Männern verfolgt, beleidigt und angegriffen. Einer der mutmaßlichen Täter soll nach Polizeiangaben gesagt haben: „Mein Großvater hat nicht genug Russen erschossen."** +++ (dpa)

Drogendealer ins Arbeitslager!

Mit jedem Monat steigt die Zahl der Drogenopfer weiter an. Schon Mitte des Jahres 1990 hatten wir in Deutschland mehr Tote durch Drogenmißbrauch zu verzeichnen, als während des ganzen Vorjahres. Für dieses Jahr steht ein trauriger „Rekord“ zu erwarten.

Tausende und nochmals Tausende werden ihn sterben – den Drogentod!

Ob auf schmutzigen Bahnhofsklos oder in einsamen Hotelzimmern, die Endstation der Drogenreise steht schon fest. Es ist der schmerzvolle, grausame Tod.

Dieses Ende ist zum einträglichen Geschäft für einen beträchtlichen Wirtschaftszweig geworden. Die Drogenmafia ist mitten im „Aufschwung“, auch und gerade in der Ex-DDR. Schulen und Betriebe, Universitäten und Stadien werden von Kleindealern genutzt, um die Ware „Tod“ an den Mann zu bringen. Nur noch Radikalkuren können jetzt helfen:

- **Kleindealer („Ameisenhändler“) gehören ins Arbeitslager!**
- **Hintermänner, Großdealer und Geldwäscher gehören an den Galgen!**

Wir von der NATIONALEN OFFENSIVE wenden uns energisch gegen die „weiche Welle“ im Umgang mit Mördern auf Raten. Wer mit Drogen handelt, nimmt den Tod seiner Kundschafft zumindest billigend in Kauf. Wer sich daran beteiligt und davon profitiert, darf keine Gnade erwarten.

Orientalisch ist aber nicht nur die Droge, sondern oft auch der Drogenhändler. Manche Asylanten nutzen die laschen deutschen Gesetze für Taten, für die sie in ihrer Heimat mit dem Leben bezahlen müßten. Auch für diese „Gäste“ gilt:

Drogenhändler sind potentielle Mörder. Für sie kann keine Strafe hart genug sein!

Falls sie mehr über unsere Arbeit wissen wollen, schreiben sie uns einfach mal an:

NATIONALE OFFENSIVE

Flugblatt der „Nationalen Offensive“

VI

Soziales

Lüge Nr. 26

»Es ist doch längst bekannt, wie schnell sich Ausländer vermehren. So viele Kinder können wir doch niemals bezahlen.«

Hinter dieser Behauptung versteckt sich erneut ein rassistisches Vorurteil: „Ausländer vermehren sich schnell.". Dieser Satz wäre zu ergänzen mit „wie die Karnickel". Ausländern wird gerne nachgesagt, dass sie eine Vielzahl an Kindern in die Welt setzten. Darin glichen sie eher den Tieren als dem Menschen. Zum anderen scheinen viele davon auszugehen, dass der Staat für Kinder aufkommt. Doch auch das ist zum größten Teil ein Irrtum.

Die Behauptung ist in beiden Teilen falsch. Die Geburtenrate in Deutschland liegt insgesamt nur noch bei etwa 1,3 Kindern pro Frau – darin sind die hier lebenden Ausländer bereits eingerechnet. Welche dramatischen Folgen diese niedrigen Geburtenraten im nächsten halben Jahrhundert für die Entwicklung der Bevölkerung, der Wirtschaft, der Renten, des Gesundheitssystems usw. haben werden, wurde bereits erläutert (s. „Wenn das mit den Ausländern so weitergeht, sind wir bald in der Minderheit ...", S. 18 ff.). Man könnte sich also eigentlich freuen, wenn die Geburtenrate wenigstens bei Ausländern wirklich signifikant höher wäre. Aber das ist bereits Vergangenheit: Während Ausländerinnen in Deutschland in den Siebziger- und Achtzigerjahren tatsächlich deutlich mehr Kinder zur Welt brachten als deutsche Frauen, passen sie sich seit den Neunzigerjahren der niedrigen Geburtenrate in Deutschland immer mehr an. Zum Teil liegt die Zahl der Kinder ausländischer Frauen sogar darunter. So bekommen die in Deutschland lebenden Italienerinnen und Spanierinnen inzwischen noch weniger Kinder als die Deutschen. Auch die Geburtenrate der in Deutschland lebenden Türkinnen nähert sich in schnellem Sinkflug von derzeit noch 1,7 Kindern pro Frau dem statistischen Durchschnittsniveau der Deutschen an. *(Quelle: Isoplan, AID-Informationsdienst Ausländer in Deutschland, 2/2002.)*

Kinder sind teuer. Berechnungen nennen monatliche Ausgaben von 420 bis 1200 Euro oder noch höher pro Monat und Kind, je nach Lebensstandard der Eltern. In 18 Jahren sind das in etwa die Kosten für eine Eigentumswohnung bzw. ein kleineres Einfamilienhaus. Darin sind Verdienstausfälle aufgrund von Kindererziehungszeiten und die dadurch geschmälerten Rentenansprüche der Eltern noch gar nicht eingerechnet. Den Löwenanteil für Unterhalt und Ausbildung der Kinder bezahlen die Eltern. Der Staat gibt für das erste, zweite und dritte Kind monatlich je 154 Euro Kindergeld dazu. Für jedes weitere Kind sind es 179 Euro (Stand: 01.01.2002). Das ist kaum mehr als ein Tropfen auf den heißen Stein. Aber natürlich muss der Staat auch die allgemeine Infrastruktur und die Ausbildungsmöglichkeiten finanzieren: Schulen, Berufsschulen, Universitäten. Dafür zahlen alle Erwerbstätigen Steuern. Aber auch Ausländer zahlen Steuern und finanzieren so den Bildungssektor mit. Dabei ist jeder Cent, der in Heranwachsende und in das Bildungssystem investiert wird, eine Investition in die Zukunft der Gesellschaft. „Bildung wird zum wichtigsten Wirtschaftsindikator", so die OECD-Studie vom Oktober 2002. Laut dieser Studie bringen Investitionen in die Bildung eine höhere Rendite als herkömmliche Anlageformen. Die OECD hat Kosten und Nutzen von Bildungsangeboten miteinander verrechnet und kommt zu dem Ergebnis: Wer studiert, darf langfristig auf eine hohe Verzinsung seiner Bildungsausgaben zählen. Als Investition gelten die Ausgaben für das Studium und das entgangene Einkommen. Der Gewinn: das höhere Einkommen nach Abschluss des Studiums. So beträgt die „Bildungsrendite" in Deutschland 8 bis 9 Prozent; im Durchschnitt der OECD-Staaten sogar 12 Prozent *(Quelle: „Der deutsche Hohlweg", in: Die Zeit vom 31.10.2002).*

Jährliche Bevölkerungszunahme bzw. -abnahme in Deutschland

(Quelle: Statistisches Bundesamt 2002)

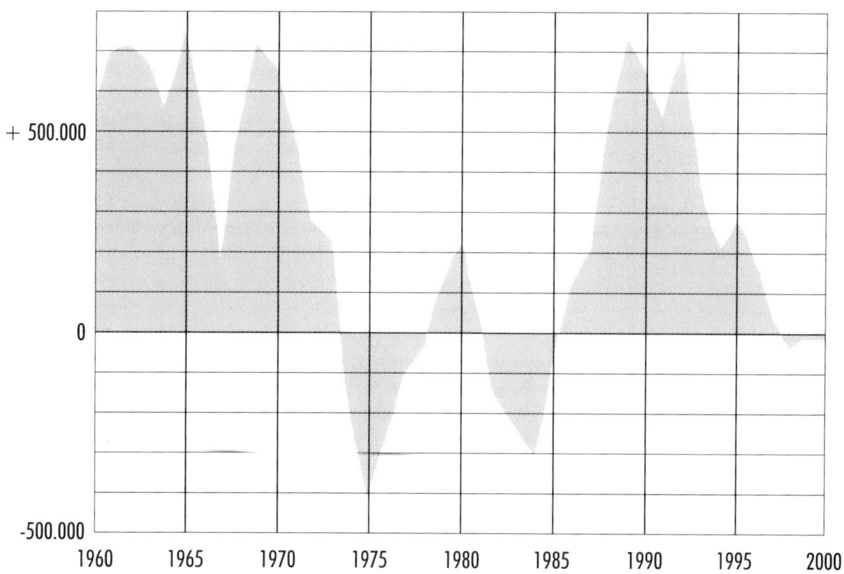

Geburten in Deutschland

nur Lebendgeborene; 2001 vorläufiges Ergebnis;
seit 1.1.2000 neues Staatsangehörigkeitsrecht

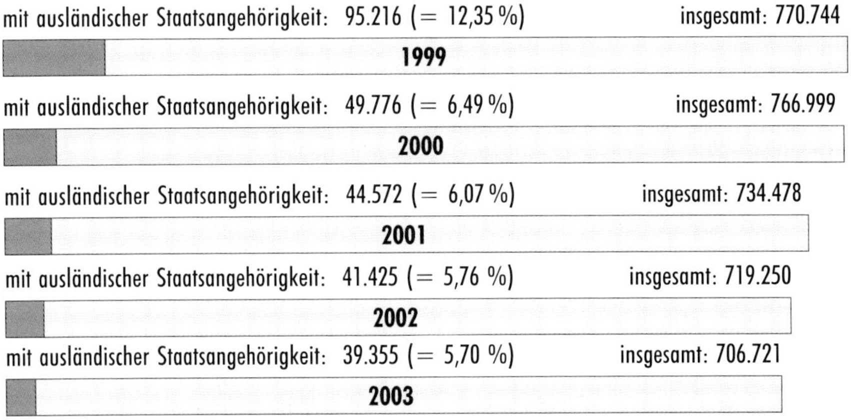

(Quelle: Statistisches Bundesamt 2002)

Die in Deutschland ausgebildeten Kinder werden also irgendwann einmal hier arbeiten und mit ihren Steuern und Sozialbeiträgen wiederum eine Gesellschaft mitfinanzieren, die schon 2030 zu mehr als einem Drittel aus über Sechzigjährigen bestehen wird. Das nennen wir den Vertrag zwischen den Generationen (oder kurz: Generationenvertrag).

Die Auswirkungen der niedrigen Geburtenrate und der Überalterung führen bereits heute zur Schließung von Kindergärten. Außerdem wurden in Deutschland im Schuljahr 2000/2001 erstmals weniger Kinder eingeschult als zehn Jahre zuvor. Im Osten ist die Entwicklung noch dramatischer. Dort war die Zahl der Erstklässler um zwei Drittel niedriger als im Jahr 1991. *(Quelle: Roland und Andrea Tichy, Die Pyramide steht Kopf. Die Wirtschaft in der Altersfalle und wie sie ihr entkommt, München 2001.)*

In naher Zukunft werden also auch zahlreiche Grund- und weiterführende Schulen schließen müssen, weil es zu wenig Kinder geben wird, die sie besuchen können. Es wird also bei der Finanzierung von Kindern vorläufig keine Engpässe geben. Ganz im Gegenteil: Kinder – egal welcher Herkunft – werden in Zukunft ein immer kostbareres Gut unserer Gesellschaft sein.

11. März 02 +++ **Templin / Wöbbeln. Bei einem Übergriff in Brandenburg wurde ein Inder in seiner eigenen Wohnung von einem Angetrunkenen zusammengeschlagen. Der 21-Jährige Deutsche klingelte an der Wohnung des Inders Sturm. Als das Opfer die Tür öffnete, schlug der Angreifer ihm mehrmals mit der Faust ins Gesicht. Ein Besucher des Inders konnte den Eindringling jedoch aus der Wohnung drängen. Der Täter wurde festgenommen.** +++ (ap/epd)

Was ist denn hier in Deutschland anders als in der Elfenbeinküste?

In der Elfenbeinküste sind die Leute schwarz und hier sind sie weiß.

Lüge Nr. 27

»Ausländer plündern unsere Rentenkasse. Das kann doch so nicht weitergehen.«

Auch in dieser Aussage ist der Grundtenor nicht zu überhören: Ausländer leben auf Kosten der Deutschen und machen dabei auch vor der ohnehin schon recht leeren Rentenkasse nicht Halt.

Das deutsche Rentensystem finanziert sich seit 1957 nach dem so genannten „Umlageverfahren". Das bedeutet, dass die Beschäftigten und Arbeitgeber von heute im Rahmen des „Generationenvertrags" mit ihren Rentenversicherungsbeiträgen die Renten für die ArbeitnehmerInnen von gestern bezahlen.
Die Rentenauszahlungen setzen sich aus verschiedenen Einnahmen zusammen. Das sind: Beiträge der Versicherten (Hauptfinanzierungsquelle der Rentenversicherung), Zuschüsse des Bundes, Vermögenserträge und sonstige Einnahmen.

Die Höhe der Rente für jeden Einzelnen ist von den im Lauf seiner persönlichen Erwerbstätigkeit bezahlten Versicherungsbeiträgen abhängig. Wer keine Beiträge in die Rentenversicherung einzahlt, bekommt auch keine Rente. Wer Beiträge bezahlt, dem steht dagegen Rente in der auf der Grundlage dieser Beiträge berechneten Höhe zu. Dabei spielen also sowohl das Einkommen als auch der Zeitraum, über den die Beiträge bezahlt werden, eine maßgebende Rolle. Damit das System funktioniert und um einer massenhaften Altersarmut vorzubeugen, sind daher – bis auf relativ wenige Ausnahmen – alle Erwerbstätigen gesetzlich rentenversicherungspflichtig.
Die Hälfte des Beitrags wird vom Lohn einbehalten, die andere Hälfte bezahlt der Arbeitgeber. Dieses umlagefinanzierte Rentensystem kann allerdings nur von Dauer sein, wenn der jeweilige Anteil von Jungen und Alten ausgewogen ist. Wird die Gruppe der Alten aber viel größer als die der Jungen – was momentan der Fall ist – ist dieses Rentensystem nur über Beitragssteigerungen zu finanzieren.
So wurde im November 2002 eine Erhöhung des Beitragssatzes beschlossen. Viele Kritiker meinten jedoch, dass auch diese Erhöhung nur ein Tropfen auf den heißen Stein sei. Letztendlich droht der Zusammenbruch des gesamten Systems, wenn zu viele alte Menschen von zu wenigen jungen finanziert werden müssen.

Ausländische Bevölkerung in Deutschland nach Altersgruppen*

Jahr	insgesamt	0–14 Jahre	14–18 Jahre	18–60 Jahre	über 60 Jahre
1998	7.308.500	1.379.700	367.700	5.035.400	525.700
1999	7.336.300	1.372.000	353.900	5.037.300	573.100
2000	7.267.600	1.266.200	345.100	5.033.100	623.200
2001	7.318.300	1.189.300	354.200	4.823.900	666.900
2002	7.348.000	1.122.200	363.300	5.147.700	714.900
2003	7.341.800	1.053.100	368.900	5.169.600	759.200

**) Ergebnis der Bevölkerungsfortschreibung. Stand: jeweils Jahresende.*
(Quelle: Statistisches Bundesamt)

Die Behauptung ist falsch: Eine Vermögensbildung in Form einer „Rentenkasse", die jemand „plündern" könnte, findet nicht statt. Niemand bekommt mehr ausgezahlt, als er eingezahlt hat – es sei denn, er würde an die 100 Jahre alt. Zudem sind Arbeitnehmer und Arbeitgeber keineswegs nur Deutsche, sondern auch Ausländer, die einen erheblichen Beitrag zum Bruttosozialprodukt und damit auch zur Finanzierung der Renten leisten. Allerdings sind viele ausländische Beitragszahler in zweierlei Hinsicht benachteiligt: 1. Wer erst im Erwerbstätigen-Alter nach Deutschland einreist, dessen zuvor im Heimatland eingezahlte Beiträge gehen nicht in die Berechnung ihrer Rente ein. 2. Wer als Rentner ins Ausland geht – also z.B. in sein Herkunftsland zurückkehrt –, der erhält nur 70 % der Rente, die ihm eigentlich nach den eingezahlten Beiträgen zustehen würde. Die Begründung des Gesetzgebers: Das Leben im Ausland sei schließlich in der Regel billiger als in Deutschland. Also brauche der Rentner auch nicht den vollen Betrag, um sein Auskommen zu sichern. Nur Angehörige der EU- und einiger weiterer Staaten, mit denen ein entsprechendes gegenseitiges Abkommen besteht (z.B. Tschechien), sind den deutschen Rentnern gleichgestellt.

Rentner auf je 100 Beitragszahler

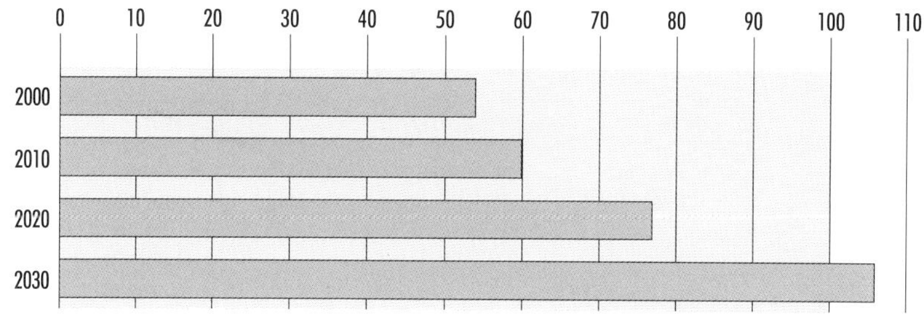

(Quelle: Statistisches Bundesamt)

Die Wohnbevölkerung nichtdeutscher Staatsangehörigkeit ist im Schnitt wesentlich jünger als die deutsche. Entsprechend ist bei ihnen das Verhältnis zwischen Beitragszahlern und Rentenempfängern günstiger als bei der deutschen Bevölkerung. So zahlen Ausländer per saldo beim deutschen Rentensystem drauf und finanzieren damit deutsche Rentner: „Zuwanderung bedeutet in der Regel einen Einkommenszuwachs für die einheimische Bevölkerung, weil die Zuwandernden einen größeren Beitrag zur Wertschöpfung und damit zum Sozialprodukt des Empfängerlandes leisten, als sie an Lohn erhalten. In Deutschland leben derzeit etwa 7,3 Millionen Personen mit einem ausländischen Pass. Dies entspricht etwa 9 % der Gesamtbevölkerung [...]. Die Zuwanderer tragen durch bedeutende Steuer- und Beitragszahlungen spürbar zur Finanzierung der öffentlichen Güter und Leistungen bei, die sich auf rd. 100 Milliarden DM belaufen. Dazu zählen Beiträge in die Renten-, Kranken- und Pflegeversicherung sowie Arbeitslosenversicherung und zum Solidarpakt. Leistungen – wie z.B. die der Rentenversicherung – werden indes von den Zuwanderern eher unterproportional in Anspruch genommen. Mit dem verbleibenden Überschuss aus dem Steuer- und Beitragsaufkommen, der auf rd. 20–35 Milliarden DM geschätzt wird, können aktuelle Belastungen für die deutsche Bevölkerung – wie im Bereich der Rentenversicherung und der Finanzierung der deutschen Einheit – für die deutsche Bevölkerung abgemildert werden." *(Quelle: Bundesregierung, Ausländische Mitbürger in Deutschland. Stand: 4.7.2001.)*

Altersaufbau der Bevölkerung in Deutschland (in Prozent)

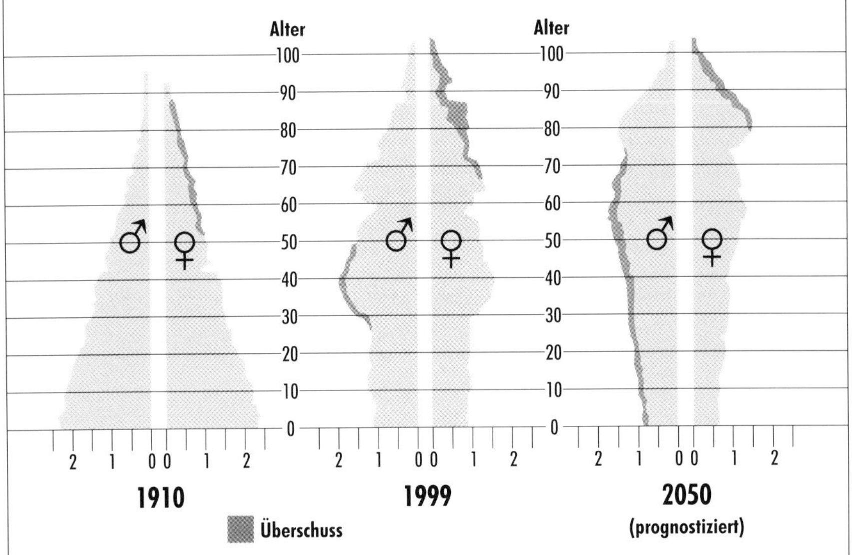

(Quelle: Statistisches Bundesamt)

Ich werde mich immer als Schwarze fühlen.
Egal wie lange ich hier lebe,
egal ob ich einen deutschen Pass habe oder nicht.
Meine Hautfarbe spielt eine große Rolle hier,
deshalb denke ich, ich werde hier nicht alt werden.

Das heißt im Klartext: Von den Beiträgen ausländischer Arbeitnehmer für die öffentliche Hand profitiert bislang jeder. Gäbe es keine Ausländer in Deutschland, wäre die finanzielle Belastung jedes Einzelnen durch Steuern und Sozialabgaben spürbar höher.

Was die Renten betrifft, so wird das allerdings tatsächlich nicht mehr lange so weitergehen. Erstens ziehen immer weniger ausländische Rentner in ihr Herkunftsland zurück, da sie hier ihren Lebensmittelpunkt haben und ihre Kinder und Enkel hier leben. Zweitens kommt die Generation, die in den Sechzigerjahren als junge Arbeitnehmer angeworben wurde und geblieben ist, jetzt verstärkt ins Rentenalter. 1995 betrug der Anteil der über Sechzigjährigen an der Gesamtbevölkerung bei Ausländern nur 5,8 % gegenüber 22,5 % bei den Deutschen. Doch ausländische Senioren über sechzig sind die prozentual am stärksten wachsende Bevölkerungsgruppe *(Quelle: Bundesausländerbeauftragte: 4. Bericht zur Lage der Ausländer in der Bundesrepublik Deutschland, Berlin 02/2000)*. Und drittens gleichen sich die Geburtenraten bei ausländischen Frauen denen der deutschen an. Es ist absehbar, dass – falls nicht massive Zuwanderung jüngerer Ausländer stattfindet – binnen drei bis vier Jahrzehnten die ausländische Bevölkerung eine ähnlich ungünstige Altersstruktur aufweisen wird wie die deutsche. Unsere Gesellschaft als Ganzes (und nicht nur der Gesetzgeber) wird sich also einiges einfallen lassen müssen, um Deutschland als Einwanderungsland für junge Erwerbstätige aus dem Ausland attraktiver zu machen und unser Rentensystem vor dem Zusammenbruch zu bewahren.

22. April 02 +++ **Eberswalde.**
An Hitlers 113. Geburtstag haben mehrere junge Rechtsextremisten einen 17-Jährigen zusammengeschlagen und ihm durch Tritte mit Springerstiefeln das Nasenbein gebrochen. Laut Polizeibericht waren die fünf jungen Rechtextremisten in Eberswalde mit „Heil Hitler"-Rufen von einer „Geburtstagsfeier" gekommen. Der von ihnen angegriffene 17-Jährige soll einem der Fünf die Freundin ausgespannt haben. Gegen zwei der Täter wurde Haftbefehl erlassen. +++ (ap)

»Alle Aussiedler sind Trittbrettfahrer.« Lüge Nr. 28

Trotz ihrer Sonderstellung als Zuwanderer mit Anspruch auf einen deutschen Pass wird den so genannten Spätaussiedlern – anders als den Aussiedlern zwischen 1949 und 1989 – unterstellt, „Wirtschaftsflüchtlinge" zu sein. Ohne eine entsprechende Eigenleistung erbracht zu haben, würden sie sich in die deutsche soziale Hängematte legen und „Stütze" abkassieren.
Bis Ende der Achzigerjahre des letzten Jahrhunderts verlief die Integration der Angehörigen deutscher Minderheiten recht erfolgreich. Doch im Laufe der Neunziger verschlechterte sich diese Bilanz. Die Gründe: Ansteigende Zuwanderungszahlen, hohe Arbeitslosigkeit und auch die Verschlechterung der mitgebrachten Voraussetzungen auf Seiten der Aussiedler.

Dabei geriet auch die rechtliche Grundlage der Aussiedleraufnahme, das so genannte „Kriegsfolgenschicksal", in die öffentliche Diskussion. Man diskutierte, ob noch von einem „kollektiven" Kriegsfolgenschicksal der deutschen Minderheiten auszugehen sei. Der Begriff „Kriegsfolgenschicksal" bezieht sich auf das Unrecht, das viele Angehörige deutscher Minderheiten nach Kriegsende in den jeweiligen Ländern erlitten haben. Viele von ihnen – vor allem in der Sowjetunion, aber auch in Rumänien, Polen, der ehemaligen Tschechoslowakei und anderen Staaten des ehemaligen Warschauer Pakts – waren dem Hass der einheimischen Bevölkerung und staatlicher Funktionäre ausgesetzt. Man sah in ihnen die Stellvertreter des Naziregimes, welches das jeweilige Land mit einem Vernichtungskrieg überzogen und grauenvolle Verbrechen an der dortigen Bevölkerung verübt hatte.

Besonders in den ersten Jahren nach Kriegsende waren die deutschen Minderheiten Repressalien und Sanktionen ausgesetzt. Davon zeugen eine Vielzahl an Dekreten, Erlassen und Sonderbefehlen in den einzelnen Ländern, so z.B. das Dekret vom 13.09.1946 über den Ausschluss von Personen deutscher Nationalität aus der polnischen Volksgemeinschaft.
Auch Enteignungen und Zwangsumsiedelungen waren in den Fünfziger- und teils noch in den Sechzigerjahren keine Seltenheit.
Andererseits war der Anpassungsdruck an die jeweilige Gesellschaft enorm. Erst im Zuge der Entspannungspolitik konnten in einigen Staaten – vor allem in Polen und Rumänien, jedoch nicht in der Sowjetunion – Minderheitenrechte institutionalisiert werden.

Aber vieles ließ sich nicht mehr rückgängig machen: Auseinander gerissene Familien, der Verlust von Eigentum, zerstörte Strukturen in den Gemeinden (z.B. im Bildungsbereich oder den Kirchen). So ist es wenig verwunderlich, dass viele Angehörige deutscher Minderheiten den Wunsch hegten, nach Deutschland zu gehen. Ein Übriges tat dann die Wirtschafts- und Finanzkrise der Ostblockstaaten seit Beginn der Achtzigerjahre, wodurch viele in zusätzliche materielle Not getrieben wurden. Als der Auswanderungsprozess einmal angefangen hatte, gewann er auch aus sich heraus eine Eigendynamik: Durch die zunehmende Abwanderung zerfielen die Gemeinden. Sinkende Schüler- und Lehrerzahlen an den deutschsprachigen Schulen führten zu einem verschlechterten Bildungsangebot, wodurch sich noch mehr Deutschstämmige – auch im Interesse ihrer Kinder – zur Aussiedlung entschlossen. Die Öffnung Osteuropas schließlich führte zu einem sprunghaften Anstieg der Zuwanderungszahlen von Aussiedlern: In nur zwei Jahren gab es nahezu eine Verfünffachung von 78.498 (1987) auf 377.042 (1989).

> ***„Das Bekenntnis zum Deutschtum gehört ebenso dazu*** *[zur Anerkennungsvoraussetzung für Spätaussiedler, d. A.]* ***wie die Beherrschung der deutschen Sprache."***
>
> *(Michael Glos, CSU-Landesgruppenchef, taz, 2.1.1997, zitiert nach ARiC Berlin e.V.: Ein deutsches Alphabet)*

Dies und die schlagartig geringer werdende Akzeptanz in der übrigen deutschen Bevölkerung führten zu neuen gesetzlichen Regelungen, die den Zuzug von Aussiedlern beschränken sollten. Das so genannte Kriegsfolgenbereinigungsgesetz von 1993 stellt die Aufnahme von Aussiedlern auf eine neue Grundlage: Es wird kein „kollektives" Kriegsfolgenschicksal mehr vermutet, sondern jeder Antragsteller muss dieses „individuell" nachweisen (ausgenommen sind Russlanddeutsche). Zudem muss auch ein Sprachtest absolviert werden. *(Quelle: Bundeszentrale für politische Bildung, „Zuwanderung und Integration", Heft 267/2000.)* Im Jahr 2000 kamen nur noch 95.615 Spätaussiedler nach Deutschland – zu 99% aus den Gebieten der ehemaligen Sowjetunion. *(Quelle: Migrationsbericht der Ausländerbeauftragten im Auftrag der Bundesregierung, vorgelegt am 12.02.2003 kamen 72.885.)* Die Zuwanderung von Aussiedlern aus den übrigen osteuropäischen Ländern wird inzwischen als abgeschlossen betrachtet.

Dass die Akzeptanz von Aussiedlern gerade in der rechten Szene so stark gesunken ist, ist ein Indiz dafür, wie beliebig dort argumentiert wird.

Nach dem von eben diesen Kreisen so vehement verteidigten *ius sanguinis* – dem Abstammungsprinzip („Blutsrecht") – sind Aussiedler Deutsche und als solche zu behandeln. Wer das nicht akzeptieren will, muss konsequenterweise von diesem Prinzip abrücken und gemäß dem *ius solis* – dem Bodenprinzip – die Einbürgerung von jedem befürworten, der in Deutschland geboren ist. Oder er muss Farbe bekennen und ganz offen rassistisch werden: Die Aussiedler seien ja von den minderwertigen Ostvölkern schon so „durchrasst", dass sie gar keine Deutschen mehr seien. Gegenüber Ausländern wird also das *ius sanguinis* geltend gemacht, während es bei den Aussiedlern plötzlich nicht mehr gelten soll. Loswerden möchte man schließlich beide Gruppen, und so greift mancher Rechte nach jedem Strohhalm, auch wenn er sich mit diesem Argument selbst widerspricht.

Spätaussiedler, die seit der Öffnung Osteuropas häufig auch aus wirtschaftlicher Not nach Deutschland übersiedeln, erhalten vom Staat für sechs Monate eine Eingliederungshilfe, die sich am Sozialhilfesatz orientiert. Innerhalb dieser Zeit soll es ihnen gelingen, erstens eine bezahlbare Wohnung und zweitens einen Arbeitsplatz zu finden. Wenn sie das nicht schaffen, erhalten sie wie jeder Deutsche – aber anders als Ausländer – Sozialhilfe. Die Sozialhilfesätze lagen Anfang des Jahres 2002 für einen Haushaltsvorstand je nach Bundesland zwischen 270 und 280 € – für weitere Familienmitglieder deutlich darunter. Aussiedler aus dem Gebiet der ehemaligen Sowjetunion, die vor dem 1.4.1956 geboren wurden, erhalten zusätzlich einmalig 2000 € als so genannte „Ausgleichszahlung" für das in der Sowjetunion erlittene Unrecht (vor dem 1.1.1946 Geborene erhalten 3000 €). Dies ist ein Schmerzensgeld von höchstens symbolischem Wert, wenn man bedenkt, dass viele deutsche Minderheiten in den Ländern des Warschauer Pakts nach Kriegsende Opfer von Vertreibung, Deportation und Zwangsarbeit wurden.

So befanden sich bei Kriegsende etwa 150.000 Russlanddeutsche in den westlichen Besatzungszonen. Etwa die Hälfte von ihnen wurde von den Westalliierten an die sowjetischen Repatriierungskommandos ausgeliefert. Bei dieser „Repatriierung" kam es vielfach zur Trennung von Familien. Die „Menschenverluste" während der Festnahme und des Transports werden auf 15–30 % geschätzt. Die Überlebenden wurden in der Sowjetunion in Sondersiedlungen zusammengepfercht, wo sie bis Ende 1955 Zwangsarbeit zu verrichten hatten *(Quelle: Informationen zur politischen Bildung, Heft 267).*

Eine besondere Förderung gibt es außerdem für jugendliche Aussiedler, insbesondere für ihre schulische und berufliche Aus- und Fortbildung. Dieses Geld ist gut angelegt, damit diese Kinder und Jugendlichen aufgrund ihrer sprachlichen und wirtschaftlichen Benachteiligung nicht sozial ausgegrenzt werden. Die Eingliederungshilfen sowie Angebote für Sprachkurse und weitere Orientierungs- und Beratungsmöglichkeiten sollen Spätaussiedlern Chancengleichheit ermöglichen.

Ansonsten haben natürlich auch Aussiedler Anspruch auf alle üblichen Sozialleistungen, die sich etwa aus der Unfall- oder der Krankenversicherung ergeben – genau wie alle Erwerbstätigen, die Beiträge bezahlen. Die Rentenansprüche sind jedoch auf 60 % des üblichen Satzes für einen einheimischen Rentner mit vergleichbarer beruflicher Laufbahn begrenzt. Rentner, die seit Mitte 1996 in die Bundesrepublik übergesiedelt sind, erhalten Rentenzahlungen überhaupt nur in Höhe der Eingliederungshilfe. Die Bilanz für das deutsche Rentensystem ist positiv: Die 1989 bis 1994 zugezogenen Spätaussiedler zahlten allein im Jahr 1996 vier Milliarden DM mehr in die Rentenversicherung ein, als sie an Leistungen erhalten haben *(Info des Bayr. Staatsministeriums für Arbeit und Sozialordnung 01/2001, Quelle: Sozialdienst katholischer Frauen e. V. Bamberg).*

Altersstruktur zugezogener (Spät-)Aussiedler im Vergleich zur deutschen Gesamtbevölkerung

(Quelle: Bundesverwaltungsamt)

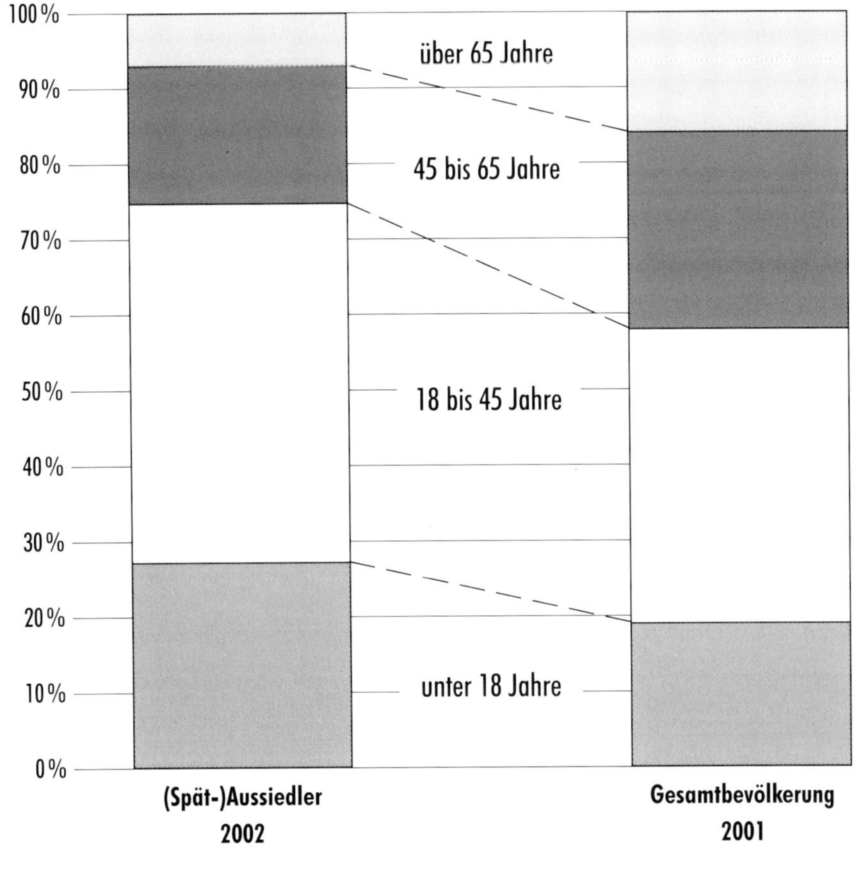

Aussiedler sind also Nettozahler in die Rentenkassen. Das haben sie mit den Ausländern gemeinsam. Nutznießer sind die einheimischen Rentner.

Gemessen an den Schwierigkeiten, die es mit sich bringt, wenn man sich – deutsche Staatsangehörigkeit hin oder her – in einer völlig neuen sozialen Umgebung einrichten muss, sind die Hilfen für Aussiedler also alles andere als üppig. „Trittbrettfahren" lässt sich damit im Allgemeinen ganz sicher nicht.

Literaturtipps:

- Franzen, K.E.: **Die Vertriebenen. Hitlers letzte Opfer.** Econ TB. 2002.
- Brandes, D., Ivanickova E., Pesek, J. (Hrsg.): **Erzwungene Trennung. Vertreibungen und Aussiedlungen in und aus der Tschechoslowakei 1938–1947 im Vergleich mit Polen Ungarn und Jugoslawien.** Klartext-Verlagsges. 1999.

Zahl der Asylbewerber und Aussiedler in Deutschland im Zeitraum 1993–2003

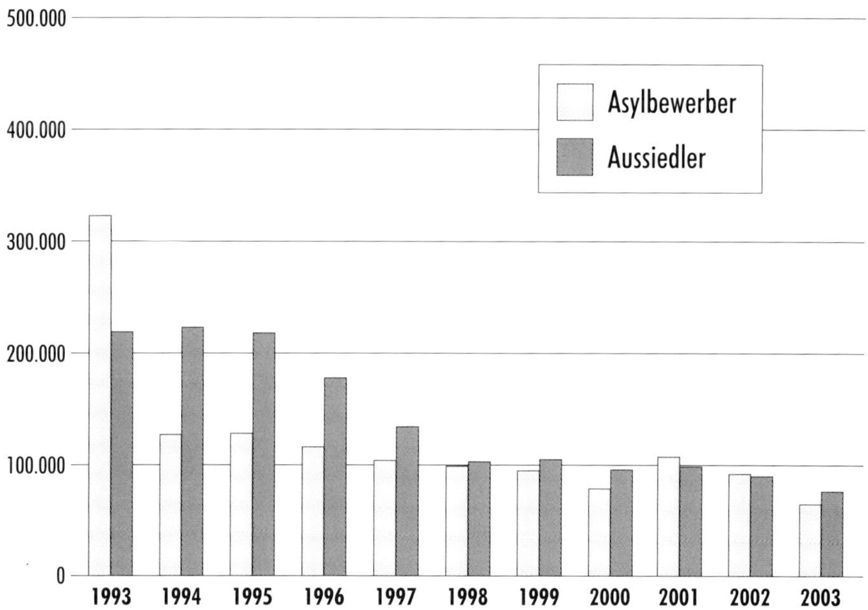

(Quelle: Statistisches Bundesamt)

VII

Integration

Lüge Nr. 29

»Die Ausländer spielen sich auf, als ob sie hier zu Hause wären. Sie haben gar kein Interesse, sich uns anzupassen.«

Das Zauberwort jeder Ausländerpolitik lautet: Integration.
Das Problem ist nur, dass jeder etwas anderes darunter versteht.
Den einen genügt es, wenn die Gesetze des Aufnahmelandes respektiert werden, die anderen fordern, dass zumindest die Sprache zu beherrschen sei. Dritte halten vor allem die Anerkennung einer deutschen „Leitkultur" für notwendig. Wieder andere wollen „Assimiliation" – die Anpassung an das, was sie selbst für deutsche Sitten und Gebräuche halten. Mit anderen Worten: Zuwanderer sollen ihre Sprache, ihre Kultur und ihre Gewohnheiten vollständig aufgeben. Nach dem, was Ausländer selbst wollen, wird selten gefragt.
Dabei gehen Integration und Assimilation von unterschiedlichen Seiten aus. „Bei der Assimilation ist das Subjekt der Fremde, der sich angleichen soll. Bei der Integration ist das Subjekt das Gastland, das sozusagen die Arme öffnet und den Fremden aufnimmt und eingliedert" *(Hans Saner, Schweizer Philosoph und Publizist, in einem taz-Interview vom 03.01.2001)*.
Doch egal, wie man Integration definiert, es gehören immer zwei Seiten dazu: eine, die sich integrieren will, und eine, die diese Integration zulässt bzw. fördert.

Integration heißt: Einbeziehung, Eingliederung in ein größeres Ganzes. Die ursprüngliche Bedeutung von „integratio" ist „Erneuerung". Ohne Erneuerung bzw. Veränderung kann also nichts integriert werden. Wenn also Ausländer integriert werden sollen, dann bedeutet das, sie als vollwertige Mitglieder in die bestehende Gesellschaft in Deutschland einzubeziehen, die sich durch diesen „Zugewinn" selbst wieder verändert. Vollwertig wiederum bedeutet: mit allen Rechten und Pflichten. Was die Gesetzeslage betrifft, so ist die ausländische Bevölkerung mit Pflichten gut eingedeckt: Wie die deutschen Staatsbürger auch müssen sie in vollem Umfang Steuern und Sozialbeiträge zahlen. Darüber hinaus müssen sie das Ausländerrecht beachten, das vielerlei Sondervorschriften für sie bereit hält. So müssen sie einen befristeten bzw. unbefristeten Aufenthaltstitel vorweisen können.

Um diesen zu erhalten, müssen sie entsprechend nachweisen, dass sie: ein gültiges Visum für ihre Einreise haben, noch nie aus der Bundesrepublik abgeschoben worden sind, ihren Lebensunterhalt und den ihrer Familie einschließlich Versicherungsschutz aus eigenen Mitteln bestreiten können (z.B. Erwerbstätigkeit oder Vermögen), über ausreichenden Wohnraum verfügen, sich in deutscher Sprache mündlich verständigen können, nicht zu einer längeren Freiheitsstrafe verurteilt worden sind (wobei nach Ausländergesetz § 46.2 auch Straftaten im Ausland nach deutschem Recht beurteilt werden) und auch kein anderer Abschiebungsgrund vorliegt. Was die Rechte angeht, werden sie nicht so großzügig bedacht. Anders als deutsche Staatsangehörige dürfen sie zum Beispiel außer bei Kommunalwahlen nicht wählen, was ihre politische Interessenvertretung beeinträchtigt. Eine rechtliche Gleichbehandlung mit Deutschen können Ausländer nach frühestens acht Jahren dauerhaften, legalen Aufenthalts durch eine Einbürgerung erlangen. Wer die deutsche Staatsbürgerschaft annimmt, muss dafür jedoch – anders als in verschiedenen anderen europäischen Ländern (wie etwa den Niederlanden, Frankreich, Griechenland, Großbritannien, Italien oder der Schweiz) – seine ausländische Staatsangehörigkeit ablegen.

In der Tat ist die persönliche Unsicherheit über den eigenen Aufenthaltsstatus – also die Frage, ob jemand hier bleiben kann oder nicht – immer noch eines der großen Integrationshindernisse. Bei einer Repräsentativumfrage im Jahr 1995 wurden Ausländer zu ihren persönlichen Problemen befragt. Fast ein Drittel von ihnen gab an, dass sie unsicher seien, ob sie in Deutschland bleiben können. Sie bezeichneten das deutsche Ausländerrecht als undurchschaubar und jeder Vierte hatte „Angst, etwas falsch zu machen". *(Quelle: Bundesausländerbeauftragte: 4. Bericht zur Lage der Ausländer in der Bundesrepublik Deutschland, Berlin 02/2000.)* Wer aber ständig Angst haben muss, ausgewiesen zu werden und anderswo wieder ganz von vorne anfangen zu müssen, der hat verständliche Probleme, seine Energien darauf auszurichten, sich in eine bestehende Gesellschaft einzugliedern.

„Die Kultur des Gastlandes ist die, wonach sich die anderen freundlicherweise ausrichten müssen!"

(Generalbundesanwalt Alexander von Stahl; Quelle: „Kontraste", 11.01.1996, ARD, 21.00 Uhr)

Eine Grundbedingung für erfolgreiche Integration ist Chancengleichheit – im Alltag, in Bildung und Ausbildung, im Beruf, im sozialen Leben. Von dieser Chancengleichheit sind die meisten Ausländer in Deutschland noch weit entfernt. Und das, obwohl die meisten der hier lebenden Ausländer seit vielen Jahren ihren Lebensmittelpunkt in Deutschland haben oder sogar hier geboren sind: 20,5 % aller am 31.12.2003 in Deutschland lebenden Ausländer wurden bereits hier geboren. Bei den Kindern bis sechs Jahre sind es 84,7 %, bei den Sechs- bis Achtzehnjährigen 63,9 % *(Quelle: Statistisches Bundesamt, zitiert in: Ausländerbeauftragte, Daten und Fakten).*

Grundgesetz für die Bundesrepublik Deutschland vom 23. Mai 1949 (BGBl. S. 1), zuletzt geändert durch Gesetz vom 26. Juli 2002 (BGBl. I S. 2863)

I. Die Grundrechte

Artikel 1

(1) Die Würde des Menschen ist unantastbar. Sie zu achten und zu schützen ist Verpflichtung aller staatlichen Gewalt.

(2) Das Deutsche Volk bekennt sich darum zu unverletzlichen und unveräußerlichen Menschenrechten als Grundlage jeder menschlichen Gemeinschaft, des Friedens und der Gerechtigkeit in der Welt.

(3) Die nachfolgenden Grundrechte binden Gesetzgebung, vollziehende Gewalt und Rechtsprechung als unmittelbar geltendes Recht.

Artikel 2

(1) Jeder hat das Recht auf die freie Entfaltung seiner Persönlichkeit, soweit er nicht die Rechte anderer verletzt und nicht gegen die verfassungsmäßige Ordnung oder das Sittengesetz verstößt.

(2) Jeder hat das Recht auf Leben und körperliche Unversehrtheit. Die Freiheit der Person ist unverletzlich. In diese Rechte darf nur auf Grund eines Gesetzes eingegriffen werden.

Artikel 3

(1) Alle Menschen sind vor dem Gesetz gleich.

(2) Männer und Frauen sind gleichberechtigt. Der Staat fördert die tatsächliche Durchsetzung der Gleichberechtigung von Frauen und Männern und wirkt auf die Beseitigung bestehender Nachteile hin.

(3) Niemand darf wegen seines Geschlechtes, seiner Abstammung, seiner Rasse, seiner Sprache, seiner Heimat und Herkunft, seines Glaubens, seiner religiösen oder politischen Anschauungen benachteiligt oder bevorzugt werden. Niemand darf wegen seiner Behinderung benachteiligt werden.

Artikel 4

(1) Die Freiheit des Glaubens, des Gewissens und die Freiheit des religiösen und weltanschaulichen Bekenntnisses sind unverletzlich.

(2) Die ungestörte Religionsausübung wird gewährleistet.

(3) Niemand darf gegen sein Gewissen zum Kriegsdienst mit der Waffe gezwungen werden. Das Nähere regelt ein Bundesgesetz.

50 % aller Ausländer leben seit mehr als zehn, 40 % seit mehr als 15 und 30 % sogar seit mehr als 20 Jahren in Deutschland. *(Quelle: Bundesausländerbeauftragte: 4. Bericht zur Lage der Ausländer in der Bundesrepublik Deutschland, Berlin 02/2000.)*
Damit ist der erste Teil der Behauptung widerlegt – natürlich sind die meisten Ausländer in Deutschland zu Hause. Insbesondere die Migrantenkinder, die hier geboren wurden, kennen das Herkunftsland ihrer Eltern oder Großeltern nur vom Hörensagen oder bestenfalls von Ferienaufenthalten. Sie haben hier ihren Lebensmittelpunkt, ihre Familien und ihr soziales Umfeld. Aber sie leben weiterhin mit zwei Kulturen, was im Einzelfall nicht immer ganz einfach ist. Es gibt natürlich kulturell bedingte Kleidungsvorschriften, Verhaltensnormen und Wertorientierungen, die sich von den deutschen Gepflogenheiten unterscheiden.

In diesem Zusammenhang muss aber eine andere Frage gestellt werden: Heißt Integration totale Anpassung? Müssen Ausländer, wenn sie hier Respekt und Chancengleichheit wollen, genauso werden wie die Deutschen? Die Antwort ist: Nein.

Erstens hat in einem demokratischen Rechtsstaat jeder das Recht auf freie Entfaltung seiner Persönlichkeit, also darauf, innerhalb der Grenzen, die durch das Gesetz festgelegt werden, so zu leben, wie er will. Er hat die Grundrechte auf Leben und körperliche Unversehrtheit, Gleichheit vor dem Gesetz, Meinungs-, Religions- und Informationsfreiheit, Freizügigkeit usw. Diese Grundrechte gelten für Minderheiten ebenso wie für die Mehrheit.

Zweitens: Da die Einbürgerungspraxis in Deutschland nicht gerade großzügig gehandhabt wird und die doppelte Staatsbürgerschaft nur in den wenigsten Fällen möglich ist, kann man von niemandem verlangen, seine bisherigen Lebensgewohnheiten vollständig aufzugeben. Die Aufgabe der ursprünglichen Staatsangehörigkeit bedeutet immer auch einen Verlust an Identität. So einfach verzichtet keiner auf seinen alten Pass, auch wenn man sich für ein Leben in einem anderen Land entschieden hat.

Wenn man also mehr oder weniger gezwungen wird, Ausländer zu bleiben, sollte man nicht auch noch seine mitgebrachten Gewohnheiten und Vorlieben und seine Sprache aufgeben müssen. Integration ist jedoch ein Annäherungsprozess von Deutschen und Menschen ausländischer Herkunft unter Wahrung ihrer jeweiligen Identität. Deshalb müssen Zugewanderte auch das Bewusstsein und die Bereitschaft haben, sich auf ein Leben in einer mitteleuropäischen Gesellschaft einzulassen, die gewachsenen Grundlagen der Gesellschaft in Deutschland zu respektieren und die hier geltenden zentralen Werte wie Menschenwürde, Freiheit, Solidarität und Gerechtigkeit sowie das Grundgesetz und die Rechtsordnung nicht nur zu akzeptieren, sondern aktiv zu unterstützen. Gleichzeitig bedeutet Integration auch Möglichkeit der gleichberechtigten Teilhabe am sozialen, kulturellen, gesellschaftlichen und wirtschaftlichen Leben in Deutschland. Dazu gehört ein Recht auf Bildung und Zugang zum Arbeitsmarkt auch für ausländische Frauen. Vor allem nicht zu Gunsten einer Nation, nach deren Recht man nicht richtig dazugehören darf, selbst wenn man das wollte. „Assimilierung ist so etwas Ähnliches wie eine Abschiebung: Man will zwar nicht den ganzen Türken aus Deutschland entfernen, aber doch seine Identität und seine Sprache." *(Quelle: Heribert Prantl: „Homogenisieren kann man die Milch ...", in: Süddeutsche Zeitung vom 01.07.2002.)* Der Minderheitenschutz ist im Übrigen ein integraler Bestandteil des europäischen Rechts. Von den Beitrittsländern wird er in den Kopenhagener Kriterien ausdrücklich zur Bedingung gemacht.

Drittens: Eine demokratische Gesellschaft kann, darf und will kein homogener Block sein, in dem alle gleich sind. Größtmögliche Homogenität wird von totalitären Regimes angestrebt, die alles, was „anders" ist, ausschalten wollen, damit sie das Volk leichter regieren, kontrollieren und manipulieren können. Dies widerspricht jeder Auffassung von Demokratie und den Menschenrechten, für die Leben und Freiheit der Person das höchste Gut sind. Daher ist auch die Gesellschaft der Deutschen alles andere als homogen. Der Reichtum einer Gesellschaft besteht im Gegenteil in der Vielfalt der Möglichkeiten, die sie dem Einzelnen bietet, und in der Vielfalt, in der diese Möglichkeiten verwirklicht und weiterentwickelt werden – also der Chance zur umfassenden Teilhabe am gesellschaftlichen Prozess. Das gilt nicht nur für die Bildungs- und Berufslaufbahn, sondern auch für persönliche Vorlieben und Interessen, den Freundeskreis, die Freizeitaktivitäten, denen man nachgeht, die Art, wie man sich kleidet und seine Haare trägt, den Ort oder das Bundesland, in dem man wohnt, die Bücher und Zeitungen, die man liest, die Geschäfte, in denen man einkauft, die Gerichte, die man kocht usw. Das alles obliegt der freien Entscheidung jedes Einzelnen, ohne Ansehen der Person. Eingeschränkt werden dürfen diese Rechte im Wesentlichen nur unter Freiheitsentzug, also im Gefängnis. Daher muss es die Gesellschaft auch jedem Ausländer ermöglichen, diese Wahl für sich selbst zu treffen. Und sie muss die Entscheidungen des Einzelnen akzeptieren. Dass die Gesellschaft sich dabei auch selbst verändert, sobald Kommunikation und Austausch stattfinden, sieht der eine als Gefahr, der andere aber als Chance, weil sich die Zahl der Möglichkeiten dadurch für alle immer weiter vergrößert. Wenn also jemand lieber griechische Volksmusik hört anstatt Beethoven – außer er macht es nachts um 23 Uhr bei voller Lautstärke – dann ist das ganz allein seine persönliche Angelegenheit und ebenso zu respektieren, wie wenn ein Münchner in Hamburg nicht auf seine Weißwurst verzichten will – außer er bereitet sie im Sommer bei offenem Feuer im Stadtpark zu.

22. Mai 02 +++ **Eberswalde.** **Mehrere Bewohner des örtlichen Asylbewerberheims werden von Angreifern bedroht und verfolgt. Die Täter fordern die Asylbewerber auf, ihre Beutel mit Flaschen zu zeigen. Als diese flüchten, nehmen die Angreifer die Verfolgung mit ihren Autos auf. Ein 19-jähriger Vietnamese wird schließlich gestellt, verprügelt, mit einem Messer bedroht, getreten und mit Bier übergossen.** +++ (ap)

»Ausländer wollen behandelt werden wie Deutsche. Aber dazu müssen sie erst mal richtig Deutsch lernen.«

Lüge Nr. 30

Hier geht es um eine konkrete Forderung:
Wer akzeptiert werden will, muss zuallerst deutsch sprechen können.
Das könnte allerdings auch viele Deutsche in Schwierigkeiten bringen, denn die PISA-Studie brachte an den Tag, was wir schon immer geahnt haben: Auch viele Deutsche sind der deutschen Sprache nicht wirklich mächtig – auf jeden Fall nicht in Wort und Schrift und in allen Feinheiten.

Festzuhalten ist, dass es bei Ausländern absolut jedes Niveau der Sprachbeherrschung gibt – von hervorragend bis sehr schlecht. Eine ganze Reihe ausländischer Schriftsteller schreibt in deutscher Sprache – von Akif Pirinçci, Eleni Torossi, Rafik Schami und Feridun Zaimoglu über Aras Ören, Zehra Çirak und Osman Engin bis hin zu Saliha Scheinhardt, Franco Biondi, Wladimir Kaminer und vielen anderen. Außerdem lehren hier viele ausländische Professoren und Lehrer natürlich in deutscher Sprache. Es gibt viele ausländische Journalisten und andere Intellektuelle, deren Sprachbeherrschung man nur als exzellent bezeichnen kann.
Das andere Extrem sind zahlreiche Gastarbeiter der ersten Generation. Insbesondere viele ältere Frauen können auch nach Jahrzehnten noch kaum einen grammatisch korrekten deutschen Satz sprechen.

Und natürlich gibt es auch Ausländer, die erst kurze Zeit in Deutschland sind und deren Sprachlernprozess noch in den Anfängen steckt.

Selbstverständlich sind ausreichende Sprachkenntnisse einer der wichtigsten Faktoren für eine erfolgreiche Integration. Das hat auch der Gesetzgeber erkannt, der bei einer Einbürgerung – und erst damit werden Ausländer zumindest rechtlich behandelt wie Deutsche – ausreichende Sprachkenntnisse verlangt. Dasselbe gilt auch für Aussiedler, denen zwar bei der Einwanderung die deutsche Staatsangehörigkeit zuerkannt wird, die vorher aber einen Sprachtest ablegen müssen. Dass Ausländer und auch Spätaussiedler aufgrund ihrer Sprachdefizite in vieler Hinsicht benachteiligt sind, ist bereits ausführlicher dargelegt worden (s. Kap. IV „Bildung", S. 91 ff.).

Mediennutzung der türkischstämmigen Bevölkerung in Deutschland

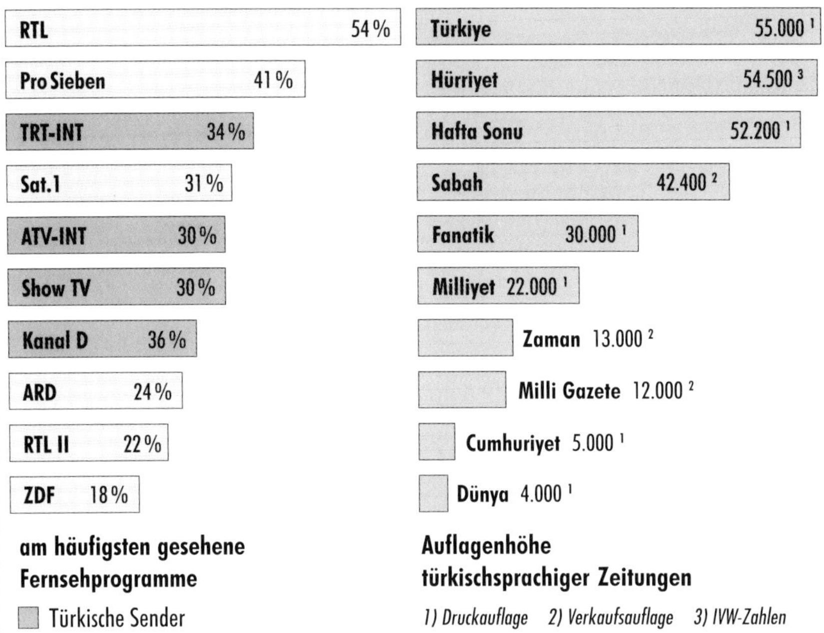

(Quellen: Erhebung der Bundesregierung in Zusammenarbeit mit der GFK und der GöfaK Medienforschung GmbH, 2001; BDZV)

Aber auch in nichtakademischen Bevölkerungsschichten gibt es Gruppen, die gut deutsch sprechen – etwa die meisten Türken der zweiten und dritten Generation, die hier geboren sind *(Quelle: Dr. Dagmar Beer-Kern/Arbeitsstab der Beauftragten der Bundesregierung für Ausländerfragen: Sprachvermögen von Deutsch-Türken, Mai 2001).*

Natürlich leben hier auch andere, die die deutsche Sprache weniger gut beherrschen, wie etwa ältere Zuwanderer oder Flüchtlinge, die erst als Erwachsene nach Deutschland gekommen sind. Es ist ein langwieriger und mühsamer Prozess, eine zweite Sprache zu lernen. Das weiß jeder, der es versucht hat. Die Fähigkeit des menschlichen Gehirns zum Erlernen einer Zweitsprache nimmt mit zunehmendem Alter rapide ab. Zudem hängt diese Fähigkeit ganz entscheidend vom Grad der Beherrschung der Muttersprache ab. Hier haben insbesondere Kinder der zweiten Generation oft Probleme, in deren Elternhaus die Herkunftssprache gesprochen wird, die aber außerhalb der Familie deutsch sprechen und es auch im Fernsehen hören. Sie beherrschen oft keine der beiden Sprachen richtig. Wenn der bilinguale Sprachlernprozess nicht koordiniert wird und die Kinder ihre Muttersprache bis zum Schuleintrittsalter nur mangelhaft sprechen, haben sie auch häufig dauerhaft sprachliche Defizite im Deutschen. *(Quelle: Bundesausländerbeauftragte: 4. Bericht zur Lage der Ausländer in der Bundesrepublik Deutschland, Berlin 02/2000.)*

Wenn ich einen deutschen Freund hätte,
könnte ich die Sprache und die Mentalität
der Deutschen besser verstehen lernen.
Aber so, wie die Gesellschaft hier organisiert ist,
ist es sehr schwierig für mich, einen deutschen Freund zu finden.
Es ist schwer zu verstehen, was die Deutschen wirklich denken.

Und natürlich haben Menschen unterschiedliche Fähigkeiten: Einige lernen eine Sprache schnell, weil sie sprachbegabt sind, für andere ist es eine Quälerei, weil ihre Begabungen auf anderen Gebieten liegen. In jedem Fall dauert es Jahre, bis man eine Zweitsprache beherrscht. Und so ist es kein Wunder, dass Ausländer unterschiedlich gut deutsch sprechen – je nach Alter, Aufenthaltsdauer, Sprachbegabung und natürlich auch dem Maß an Freizeit, das der Einzelne zum Lernen aufbringen kann. Wer jeden Tag acht Stunden oder länger arbeitet, hat abends vielleicht keine Energie mehr, um noch einen Deutschkurs zu besuchen. Vor allem dann nicht, wenn ihn zu Hause eine Familie erwartet, für die er auch da sein möchte.

Es gibt von verschiedenen Trägern bereits eine Vielzahl staatlich geförderter Sprachkurse für Ausländer, doch es sind immer noch zu wenig. Sie können die Nachfrage bei weitem nicht befriedigen und einige Ausländergruppen, etwa Asylbewerber und Bürgerkriegsflüchtlinge, werden von diesen Angeboten überhaupt nicht erfasst. *(Quelle: Bundesausländerbeauftragte: 4. Bericht zur Lage der Ausländer in der Bundesrepublik Deutschland, Berlin 02/2000.)*

In diesem Bereich liegt also noch ein großes Stück Arbeit vor den Anbietern und den staatlichen Förderstellen – vor den Lernenden sowieso. Aber es gilt eben auch, Ausländer dabei nach Kräften zu unterstützen und ggf. eine gesetzliche Regelung zu finden.

»Wer hier bleiben will, soll gefälligst Deutscher werden. Aber die meisten Ausländer haben daran kein Interesse.«

Lüge Nr. 31

Wieder einmal geht es ums Gleichmachen: Das „Andere" soll beseitigt werden. Alles „Fremde" stört nur und muss daher „eingedeutscht" werden – und sei es nur auf dem Papier. Diese Forderung steht im Widerspruch zum ansonsten von rechter Seite so heftig eingeforderten Abstammungsprinzip. Ein derartiger Sinneswandel wäre eigentlich zu begrüßen. Die Frage ist nur: Weshalb soll ein Wechsel der Staatsbürgerschaft, der vorher nach Kräften erschwert wurde, nun plötzlich Pflicht sein? Bei den zahlreichen tätlichen Angriffen auf Personen augenscheinlich fremder Herkunft wird das Opfer vorher nicht nach seinem Pass gefragt. Wahrscheinlicher wäre wohl eine andere Erkenntnis: Die so genannte „Ausländerfeindlichkeit" ist in Wahrheit Rassismus. Und dieser richtet sich gegen all diejenigen, die „irgendwie anders" aussehen – ganz unabhängig davon, ob sie Deutsche sind oder nicht.

Am 01.01.2000 ist in Deutschland ein neues Staatsbürgerrecht in Kraft getreten, bei dem das bisherige Abstammungsrecht *(„ius sanguinis")* zumindest teilweise durch das Bodenrecht *(„ius solis")* abgelöst wurde. Nach dem 01.01.2000 in Deutschland geborene Kinder ausländischer Eltern werden unter bestimmten Bedingungen automatisch deutsche Staatsbürger, und bei ihnen wird auch zunächst die doppelte Staatsbürgerschaft toleriert. (Spätestens mit 23 Jahren müssen sie sich jedoch zwischen der deutschen und ihrer ursprünglichen Staatsangehörigkeit entscheiden.) Für die Einbürgerung von Ausländern, die sich dauerhaft in Deutschland niedergelassen haben, wurden die Bedingungen etwas erleichtert – sie müssen nicht mehr wie bisher 15, sondern nur noch acht Jahre rechtmäßig in Deutschland gelebt haben. Allerdings müssen sie dafür nunmehr u.a. ausreichende Kenntnisse der deutschen Sprache nachweisen (s. S. 157). Im Jahr 2001 wurden 178.098 Personen eingebürgert, ein Jahr zuvor waren es noch 186.688 Einbürgerungen *(Quelle: Statistisches Bundesamt).* Aus einer repräsentativen Umfrage in Norddeutschland (Niedersachsen, Bremen und Hamburg) im Dezember 2000 und Januar 2001 ergab sich, dass immerhin 16 % aller befragten Personen ausländischer Herkunft bereits eingebürgert waren und 47 % der nicht eingebürgerten Ausländer „sicher oder vielleicht" die Absicht hatten, ihre Einbürgerung zu beantragen *(Quelle: Ausländerbeauftragte des Landes Niedersachsen).*

Es stimmt also nicht, dass Ausländer kein Interesse an der Einbürgerung haben – im Gegenteil: Das Interesse steigt rapide an. Mit 44 % bilden ehemalige Türken die größte eingebürgerte Gruppe (bei einem Anteil von 27 % an der ausländischen Gesamtbevölkerung), in großem Abstand gefolgt von ehemaligen Iranern (7,7 %) und Jugoslawen (5,2 %).

Die oben erwähnte Umfrage brachte auch einige Schwierigkeiten an den Tag, die mit der Einbürgerung verbunden sind. Das beginnt bereits bei der Information: Lediglich 44 % der befragten Personen war über das neue Recht überhaupt informiert. Dabei gaben Befragte aus dem Iran am häufigsten an, über das neue Recht informiert zu sein (72 %), Personen aus Italien am seltensten (32 %). Interessant sind hier die Gründe derer, die sich trotz des neuen Rechts nicht einbürgern lassen wollen: Personen, die sich nicht einbürgern lassen wollen, nennen an erster Stelle „emotionale Gründe" (49 %), weitere 37 % glauben, dass eine deutsche Staatsangehörigkeit keine Vorteile brächte. Mit Abstand folgen rechtliche Gründe sowie die Absicht, die Zukunft im Heimatland zu verbringen und die Einschätzung, dass auch der deutsche Pass sie nicht vor Diskriminierungen bewahren würde und sie weiterhin als Ausländer betrachtet würden (jeweils 17 %). Keine Rolle spielen materielle Gründe. Auch der zu erwartende bürokratische Aufwand ist als Hinderungsgrund unwichtig (2 %). Völlig unwichtig schließlich ist nach Meinung der Befragten der Sprachtest als Hinderungsgrund. Nur ein Einziger hat diese Antwortvorgabe angegeben *(Quelle: Ausländerbeauftragte des Landes Niedersachsen).*

Die Entscheidung zur Einbürgerung fällt vielen nicht leicht: Mehrstaatigkeit wird im Regelfall nicht geduldet, d.h., wer Deutscher werden will, muss seinen bisherigen Pass abgeben. Was das im Einzelnen bedeutet, hängt von vielen praktischen Gegebenheiten, aber natürlich ganz besonders von emotionalen Bindungen an das Herkunftsland ab.

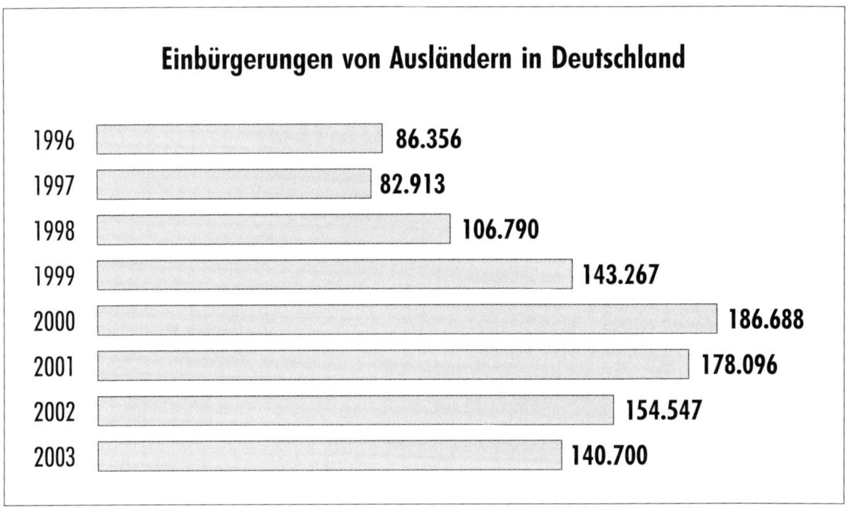

(Quelle: Statistisches Bundesamt)

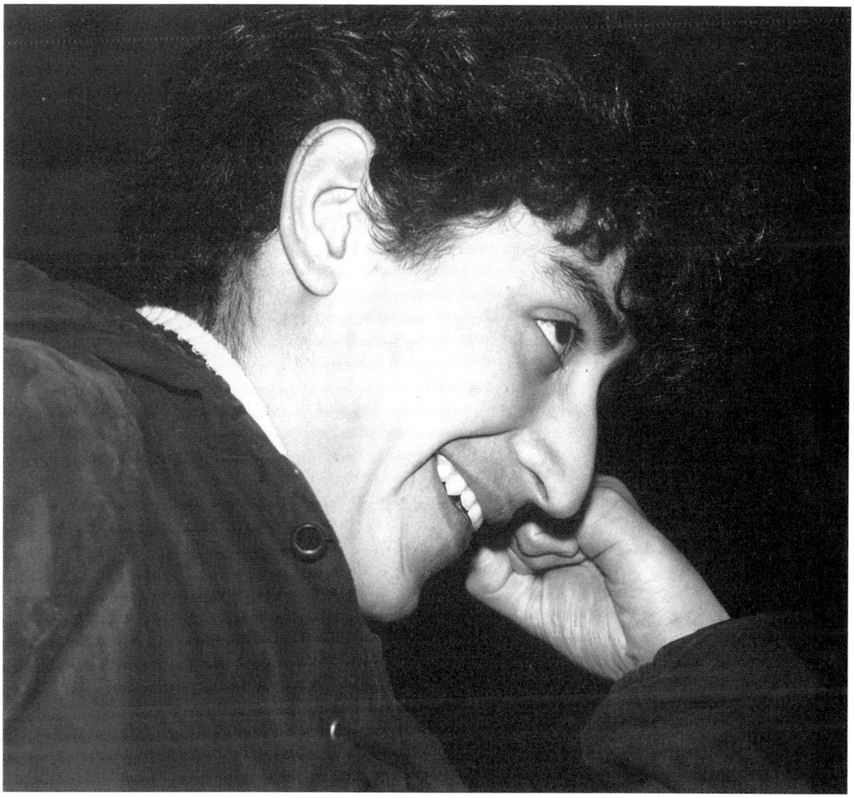

Ich bin einfach ein normaler Mensch.
Ich kann mich nicht mit irgendeiner Nationalität identifizieren.

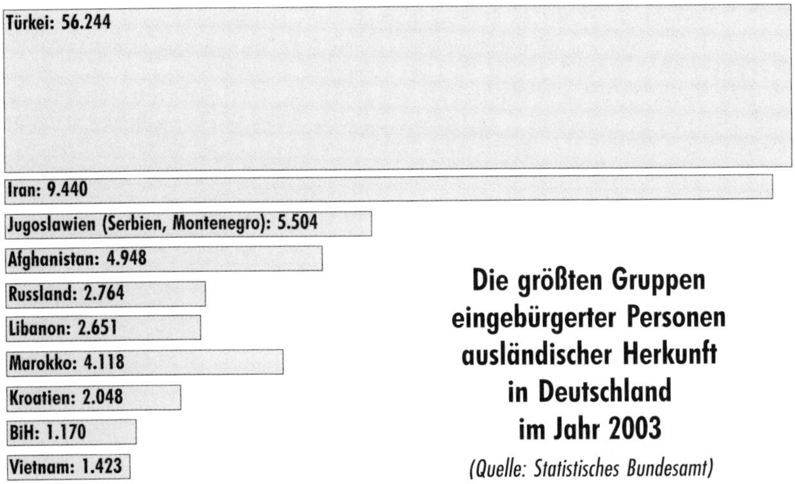

Die größten Gruppen eingebürgerter Personen ausländischer Herkunft in Deutschland im Jahr 2003

(Quelle: Statistisches Bundesamt)

Es ist sozusagen die amtliche Besiegelung eines Identitätsverlusts, jedenfalls für diejenigen, die im Ausland geboren und erst später eingewandert sind. Sie leben in zwei Welten, fühlen sich in zwei Kulturen zu Hause. Ihrer realen Situation wäre demnach die doppelte Staatsbürgerschaft am ehesten angemessen. Das Zögern vor dem letzten Schritt der Abnabelung, vor der Trennung von der äußerlichen Zugehörigkeit zu ihrem Herkunftsland, wo sie geboren wurden, ihre Kindheit und Jugend verlebten, zur Schule gegangen sind und einen Beruf erlernt haben, wo möglicherweise Teile oder sogar ihre gesamte Familie leben oder sie ihren Ehepartner gefunden haben, ist verständlich. Auch Deutsche, die im Ausland leben, sind häufig unzufrieden mit dieser Situation. Auch sie müssen dem deutschen Recht zufolge ihren deutschen Pass abgeben, sobald sie eine andere Staatsbürgerschaft annehmen – selbst dann, wenn in ihrem Gastland die Mehrstaatigkeit problemlos akzeptiert wird.

Schlussendlich sollte man nicht vergessen: Die Einbürgerung ist ein Angebot, keine Pflicht. Es muss dem Einzelnen überlassen bleiben, mit welchem Pass er unterwegs sein will. Das gehört zu den Freiheiten in einem demokratischen Staat. Angesichts des immensen Beitrags, den die in Deutschland ansässigen Ausländer – ungeachtet ihrer jeweiligen Nationalität – zur Wirtschaftskraft dieser Gesellschaft leisten, ist es nicht gerecht, ihre Gleichstellung von einem Stück Papier abhängig zu machen.

14. Juli 02 **+++ Drei Skinheads haben in Essen in der Nacht zum Sonntag einen 18-jährigen Schwarzafrikaner angegriffen und verletzt. Nach Angaben der Polizei bewarfen sie ihn mit Steinen und schlugen ihm ins Gesicht. In seiner Not packte der Attackierte ein auf der Straße liegendes Kantholz und trieb damit die Skinheads in die Flucht. Einer von ihnen wurde wenig später festgenommen. +++** (ap/dpa)

»Multikulti ist gescheitert. In einer multikulturellen Gesellschaft weiß niemand, wohin er gehört.«

Lüge Nr. 32

Eine „gemischte Gesellschaft" kann in den Augen vieler nicht funktionieren, weil angeblich niemand weiß, wo „sein Platz" ist. Da stellt sich die Frage, wer denn bestimmt, wo der Platz eines Menschen sein soll? Aber darauf gibt es keine pauschale Antwort. Jeder Mensch sollte für sich selbst entscheiden können, wo er hingehört – in welches Land, in welche Stadt und in welche Gesellschaft. Heimat lässt sich nicht per Dekret verordnen.

Das Konzept der „multikulturellen Gesellschaft" bezieht sich auf die wissenschaftliche Formel des „multiculturalism" aus den USA der Sechzigerjahre. In den klassischen angelsächsischen Einwanderungsländern drückte dieser Begriff die Absage der farbigen Minderheiten an „die Anpassungszwänge einer dominanten weißen Kultur" aus *(Quelle: „Stichwort: Multikulti", in: Süddeutsche Zeitung 2.12.2000).*

In Deutschland richteten sich Begriff und Konzept der multikulturellen Gesellschaft – auch „multikulti" genannt – in der linksalternativen Bewegung gegen die zunehmend restriktive Ausländerpolitik, aber auch ganz allgemein gegen fremdenfeindliche Strömungen. Statt die Fremden auszugrenzen, sprach man nunmehr von der „Bereicherung", die „fremde Kulturen" für die deutsche Gesellschaft mit sich brächten. Im Mittelpunkt dieses Konzepts standen jedoch fast ausschließlich folkloristische Elemente – vom griechischen Restaurant mit Fischernetzen an der Decke über die spanische Flamenconacht bis zum afrikanischen Trommelworkshop und Wohltätigkeitsbasaren, wo Ausländer kochen, tanzen und singen durften. Die Zuwanderer sollten mit ihrer Kultur unsere graue Gesellschaft bunter und das Leben abwechslungsreicher gestalten. Zudem wollte man zeigen, dass man nicht zu den rechten „Ausländerhassern" gehört, sondern die „Fremden" mit offenen Armen empfängt. Man organisierte „multikulturelle Feste" und andere Veranstaltungen, um Vorurteile abzubauen.

Ein lebendiger Austausch zwischen den Kulturen fand dadurch nicht statt – ganz zu schweigen davon, dass so rassistische Vorurteile aus dem Weg geräumt worden wäre. Der Fremde war und blieb fremd, eben „anders". Die Vorherrschaft der „deutschen Kultur" wurde nie in Frage gestellt. Dabei ist diese ethnische Definition deutscher Kultur und Nation eine der wichtigsten Ursachen für den grassierenden Rassismus.

Es stimmt: „Multikulti" hat ausgedient. Ausgedient haben sollte die Einstellung, dass sich „wohlmeinende" Deutsche zur Bereicherung ihrer Feste Teile der Kultur anderer Nationen ausleihen – zum Musikmachen, Kochen etc. Mit „multikulturellen" Veranstaltungen führt man bei keinem Rechtsextremisten einen Gesinnungswandel herbei. Diese gut gemeinten Versuche „sind nur bei denen erfolgreich, die ohnehin mit Menschen nichtdeutscher Herkunft keine Probleme haben. Wer Afrikaner immer nur musizieren sieht (wie bei Straßenfesten üblich), hat keine Chance zu begreifen, dass jemand mit dunkler Hautfarbe sowohl Deutscher sein kann als auch Mathematiklehrer" *(Quelle: Schröder, Burkhard: „Der Judenstuhl", in: Deutsche Lehrerzeitung vom 10.10.1998).*

Dieses „multikulturelle Konzept" entspricht nicht der Realität, nicht dem, was tatsächlich in einem Einwanderungsland vor sich geht. Die jüngeren Generationen der Zuwanderer entwickeln ihre ganz eigenen „(Sub-)Kulturen". Darin finden sich nicht allein kulturelle Einflüsse aus den einzelnen Herkunftsländern, sondern auch aus zahlreichen anderen Regionen der Welt, die sich alle miteinander vermischen. Diese Verquickung zahlreicher kultureller Elemente entsteht vor allem in den westlichen Großstädten und bringt ständig neue Formen hervor, die höchst produktiv und lebendig sind. Ob Kunst, Literatur, Theater, Musik oder Tanz: Es gibt bei den jüngeren Generationen kaum noch „rein" türkische, spanische, marokkanische, schwarzafrikanische, afroamerikanische usw. Werke. Fast alle beeinflussen sich gegenseitig und sie beeinflussen wiederum andere, die ebenso wenig „rein", ebensowenig auf nur eine Herkunft zurückzuführen sind. Aber es gab und gibt auch keine Kultur, die „rein" ist. Jede Kultur ist eine Vermischung von Bestandteilen verschiedenster Herkunft, die teilweise durch Gewalt, teilweise durch „Einsicht" übernommen wurden.

28. Mai 02 **+++ In Brandenburg ist ein Aussiedler aus Kasachstan getötet worden. Die Staatsanwaltschaft Neuruppin sieht den Verdacht auf „fremdenfeindliche Motive". Der 24-jährige Kajrat B. ist Anfang Mai nach einem Disco-Besuch mit einem Freund von mindestens drei Jugendlichen angegriffen worden. Diese haben die beiden Aussiedler zusammengeschlagen und getreten. Dem am Boden liegenden Kajrat B. warfen die Angreifer einen schweren Feldstein auf die Brust. +++** (pit BERLIN 28.05.02)

Wenn die guten Eigenschaften der Deutschen
mit den guten Eigenschaften der Chilenen zusammenkommen,
dann wäre das eine tolle Mischung.
Das heißt, dass jedes Volk sich anstrengen müsste ...
Diese Unpünktlichkeit beruht darauf, manches nicht so wichtig zu nehmen,
es gibt doch Dinge, die wichtiger sind,
gut, der andere wird genervt sein, aber wird verstehen ...

Diese Ernsthaftigkeit der Deutschen ist manchmal auch ein Hindernis
für viele Sachen. Dagegen steht die Super-Nachlässigkeit der Chilenen,
zu nachlässig ... das sind Extreme.
Aber wenn beide Seiten sich anstrengen,
dann kann das eine tolle Sache sein.

Daneben geht es für die Einwanderer längst nicht mehr um die konservierende Bewahrung ihrer angeblich „echten" Kultur, die für viele von ihnen längst in weite Ferne gerückt ist, sondern um ganz andere Dinge: um soziale und politische Partizipation, um Arbeit, Bildung und Chancengleichheit. Das alles zu realisieren ist Aufgabe einer Gesellschaft, die das ethnische Konzept und damit Rassismus – den positiven wie den negativen – hinter sich gelassen hat und endlich anfängt, ihre Einwanderer als das zu sehen, was sie längst sein könnten: vollwertige, individuelle Mitglieder einer Gesellschaft, die sich auch mit ihrer Hilfe und unter ihrem Einfluss verändert und weiterentwickelt.

Doch es wird sich nur etwas ändern, „wenn die Migranten ihre Stimme erheben und von ihrer neuen Heimat etwas fordern, wenn ihr Diskurs und ihre Perspektive den Mainstream beeinflussen. Niemand fragt aber diejenigen, die aus der deutschen Leitkultur per Gesetz oder per Vorurteil und rassistischer Diskriminierung ausgeschlossen werden, was sie denken, wie sie die deutsche Gesellschaft gerne hätten" *(Quelle: Schröder, Burkhard, unter www.burks.de/artikel/konkr1.html).*

Dass derzeit offenbar tatsächlich viele „nicht mehr wissen, wohin sie gehören" und deshalb zu Rassisten werden, ist nur zum geringen Teil das Ergebnis rasanter kultureller und politischer Veränderungen. Diese Entwicklung hat eher etwas mit der wachsenden sozialen und wirtschaftlichen Ausgrenzung vieler Menschen zu tun. Die Verlierer in der heutigen Leistungsgesellschaft haben zur Abgrenzung oft nur noch eins, worauf sie stolz sein wollen: ihre weiße Hautfarbe.

27. Mai 03 +++ **Bei dem Brandanschlag auf ein von Türken bewohntes Zweifamilienhaus starben fünf Menschen. Drei Menschen kamen zungen nach einem Sprung aus dem Fenster. Ein sechs Monate alter Säugling, ein dreijähriges Kind und ein 15 Jahre alter Junge wurden mit lebensgefährlichen Verletzungen ins Krankenhaus gebracht. +++**
(Die linke Wochenzeitung 28.05.2003)

»Ausländer verstehen sich nicht nur mit Deutschen nicht, die verschiedenen Nationalitäten verstehen sich auch untereinander nicht. Ausländer tragen die in ihren Ländern existierenden Konflikte hier weiter aus.«

Lüge Nr. 33

Mein Land ist mein Land und nur mein Land! Diese Ansicht scheinen alle rassistisch veranlagten „Nationalisten" miteinander zu teilen. Manchmal formulieren sie es auch „netter":
„Wir wollen die Vielfalt der Völker und Kulturen in Europa und der Welt. Unser aufgeklärtes Nationalbewusstsein schließt die Achtung anderer Völker ausdrücklich ein. Wir wissen um die Kraftquellen eigener Identität und wünschen, dass auch andere die ihre bewahren. Das jeweils Eigene und Unverwechselbare darf nicht modischem Internationalismus und einer globalen Einheitskultur weichen" *(Quelle: Ziele der „Deutschland-Bewegung", nachzulesen unter www.deutschland-bewegung.de).*

Im Verfassungsschutzbericht 2001 heißt es:
„Nationalistische bzw. nationalistisch geprägte Ausländergruppierungen betrachten die eigene Nation in ihrer ethnisch-kulturellen Ausprägung und in ihrem politisch-territorialen Rahmen als höchstes Gut und machen dies zur alleinigen Richtschnur politischen und gesellschaftlichen Handelns. Rechte anderer Ethnien werden negiert. Der Wert des Menschen wird allein von der Zugehörigkeit zur eigenen Nation/Rasse abhängig gemacht. Dies verstößt fundamental gegen Menschenrechte und den Grundsatz der Völkerverständigung."

Diese Feststellung, bezogen auf ausländische extremistische Gruppierungen, passt wortwörtlich auch auf deutsche Rassisten – das sollte zu denken geben.

Nach einer 2005 durchgeführten Studie des Bundesinnenministeriums ist die Ablehnung gegenüber Ausländern dort am größten, wo die wenigsten Ausländer leben. In ländlichen Gebieten will fast jeder Zweite (42,5 %), dass Deutschland keine neuen Einwanderer zulässt, während das unter Großstädtern nur 26,8 % wollen.

Ebenso wie viele Deutsche denken auch viele Ausländer in ethnischen Kategorien, und sie geben dieses Denken bei ihrer Einwanderung nach Deutschland nicht an der Grenze ab. Auch unter Ausländern gibt es also Rassisten und Rassismus. So ist es wohl nicht zu vermeiden, dass ethnische und weltanschauliche Konflikte, die in einigen Herkunftsländern hier lebender Ausländer schwelen – etwa zwischen Türken und Kurden, Israelis und Arabern, Singhalesen und Tamilen, Kosovo-Albanern oder Bosniern und Serben – nicht einfach friedlich ad acta gelegt werden, nur weil die jeweiligen Akteure sich nunmehr im Ausland begegnen. Deutsche Rassisten werden im Ausland auch nicht plötzlich zu toleranten Menschenfreunden.

Im Jahr 2001 waren dem Verfassungsschutz 65 extremistische Ausländerorganisationen bekannt. Darunter befinden sich sowohl rechtsradikale Organisationen wie die türkischen „Grauen Wölfe" („bozkurtlar") als auch radikal marxistische Parteien wie die seit 1993 in Deutschland verbotene kurdische PKK. Hinzu kommen radikal islamistische Organisationen, die der Werteordnung der westlichen Industrienationen ablehnend gegenüberstehen, wie z. B. die Ende 2001 verbotene Organisation „Kalifatstaat".

Die meisten dieser extremistischen Organisationen haben sich in erster Linie dem politischen Umsturz in ihrem Heimatland verschrieben. In Deutschland agieren sie eher unauffällig. Terroristische Anschläge und Straftaten von ausländischen extremistischen Organisationen gibt es aber auch hierzulande und in anderen westlichen Industriestaaten: Ein Teil der Attentäter vom 11. September 2001 kam aus Hamburg.

Innerhalb Deutschlands sind vor allem Juden und jüdische Einrichtungen gefährdet, die zwar

9. September 03 **+++ 14 Kilogramm Sprengstoff, davon 1,7 Kilo TNT, waren am 9. September bei Rechtsextremisten gefunden worden. Sie hatten offenbar geplant, eine Bombe bei der Grundsteinlegung für das Gemeindezentrum zu zünden, die für den 9. November vorgesehen ist und bei der u.a. der Vorsitzende des Zentralrats, Paul Spiegel, und Bundespräsident Johannes Rau anwesend sein wollen. +++** (Jungle World 24.09.03)

Mitgliederpotenzial extremistischer Ausländerorganisationen*

Staatsangehörigk. bzw. Volkszugehörigkeit		Linksextremisten		Extreme Nationalisten		Islamisten		Gesamt	
		Gruppen	Personen	Gruppen	Personen	Gruppen	Personen	Gruppen	Personen
Kurden**	2003	21	11.850					21	11.850
	2002	22	11.850					22	11.850
	2001	22	12.350					22	12.350
Türken **	2003	12	3.370	1	8.000	6	27.300	19	38.670
	2002	12	3.650	1	8.000	5	27.300	18	38.950
	2001	12	3.950	1	8.000	5	28.650	18	40.600
Araber	2003	4	150			14	3.300	18	3.450
	2002	4	150			14	3.150	18	3.300
	2001	4	150			12	3.100	16	3.250
Iraner	2003	2	1.200			1	50	3	1.250
	2002	2	1.300			1	50	3	1.350
	2001	1	900			1	100	2	1.000
Sonstige	2003	2	900	4	880	3	300	9	2.080
	2002	2	900	4	900	2	100	8	1.900
	2001	2	900	4	900	1	100	7	1.900
Summe	**2003**	**41**	**17.470**	**5**	**8.880**	**24**	**30.950**	**70**	**57.300**
	2002	42	17.850	5	8.900	22	30.600	69	57.350
	2001	41	18.250	5	8.900	19	31.950	65	59.100

**) Die Zahlenangaben beziehen sich auf Deutschland und sind zum Teil geschätzt und gerundet. Im Übrigen ist darauf hinzuweisen, dass den Verfassungsschutzbehörden nicht zu allen 57.300 Personen individuelle Erkenntnisse vorliegen. Dies folgt schon daraus, dass die Verfassungsschutzbehörden hauptsächlich einen Strukturbeobachtungsauftrag haben; umfassende personenbezogene Erkenntnisse zur gesamten Mitgliedschaft der beobachteten Organisationen sind dafür nicht erforderlich.*

***) Seit 1997 werden hier auch mit Verbot belegte Gruppen gezählt.*

(Quelle: Verfassungsschutzbericht)

meist von Neonazis, gelegentlich aber auch von militanten Arabern angegriffen werden. In ihrem Antisemitismus treffen sich diese beiden Gruppen – und da verstehen sie sich plötzlich ganz vortrefflich. Weitere Risikogruppen und mögliche Angriffsziele sind US-Einrichtungen, Regimegegner, „Abtrünnige" und Flüchtlinge, um nur einige zu nennen.

Laut Verfassungsschutzbericht *(http://www.verfassungsschutz.de/de/publikationen/verfassungsschutzbericht)* haben sich jedoch insgesamt weniger als 1 % der in Deutschland lebenden Ausländer extremistischen Organisationen angeschlossen – das sind insgesamt etwa 59.100 Personen. Etwa zwei Drittel gehören islamistischen (ca. 32.000) und nationalistischen (ca. 9.000) Gruppierungen an. Zu linksextremistischen Organisationen zählen ca. 18.000 Personen.

Dass es auch unter Nichtorganisierten gelegentlich zu ethnisch oder weltanschaulich motivierten Auseinandersetzungen kommt, ist nicht zu bestreiten. Radikale und rassistische Gesinnungen finden sich in fast allen Völkern. Diese „Kämpfe" zwischen Angehörigen verschiedener Nationen werden vermutlich erst enden, wenn sich die Gesellschaft insgesamt von ihren überkommenen ethnischen Kategorien verabschiedet hat und sich ein allgemeiner Konsens unter allen Mitgliedern durchgesetzt hat. Was allerdings auch bedeutet, dass alle Mitglieder dieser Gesellschaft in die Lage versetzt werden müssen, sämtliche Rechte und Pflichten politischer und sozialer Natur gleichermaßen in Anspruch zu nehmen bzw. zu teilen. Und was auch bedeutet, dass individuelle Dummheit, Egoismen und Intoleranz verschwinden müssen – wahrscheinlich ein sehr langer Weg.

7. November 03 +++ **Die vier besorgten sich der Anklage zufolge in der Nacht zum 7. November 2003 in Pritzwalk zunächst Benzin an einer Tankstelle und zündeten dann einen vietnamesischen Imbissstand an. Dabei griff das Feuer auch auf einen benachbarten Supermarkt über. Danach schütteten sie Benzin gegen ein Haus, in dem sich ein türkisches Imbisslokal sowie eine Wohnung befanden, und zündeten es an.** +++ (Jungle World 12.05.2004)

Wesentliche islamistische Organisationen im Bundesgebiet

Gruppen türkischen Ursprungs

- „Islamische Gemeinschaft Milli Görüs e. V." (IGMG)
- „Der Kalifatstaat" – auch bekannt als „Verband der islamischen Vereine und Gemeinden e. V., Köln" (ICCB) – seit Dezember 2001 verboten
- „Islamische Bewegung" (IH)

Gruppen arabischen Ursprungs

- Multinational: „Muslimbruderschaft" (MB)
- Algerien: „Islamische Heilsfront" (FIS) – in Algerien seit 1992 verboten; „Bewaffnete Islamische Gruppe" (GIA)
- Libanon: „Hizb Allah" (Partei Gottes)
- Palästinensische Autonomiegebiete: „Islamische Widerstandsbewegung" (HAMAS)
- Ägypten: „Al-Gamaa Al-Islamiya" (GI) (Islamische Gemeinschaft)
- Irak: „Hizb Al Da'Wa Al Islamiya" (Partei des islamischen Rufs/ der islamischen Mission) (Da'Wa)

Gruppen iranischen Ursprungs

- „Union islamischer Studentenvereine" (U.I.S.A.)

(Quelle: Bundesamt für Verfassungsschutz)

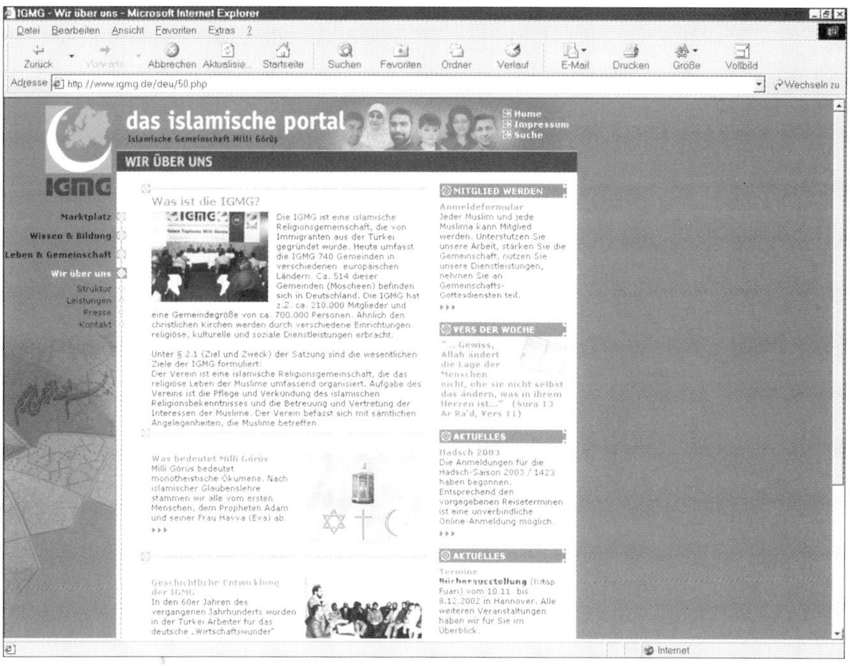

Internetseite der umstrittenen islamischen Organisation Milli Görüs

VIII

Frauen

Lüge Nr. 34

»Ausländer schlagen ihre Frauen und schicken sie putzen, aber pöbeln deutschen Frauen hinterher.«

Dass ausgerechnet mit rechtsextremen Parolen Frauenrechte verteidigt werden, muss vielen Frauen, die jahrzehntelang gegen ihre Festlegung auf die traditionelle Rolle als Hausfrau und Mutter gekämpft haben, wie ein schlechter Witz vorkommen. Aber offenbar überspringt so mancher Rechtsgesinnte sogar seinen eigenen Schatten, um Ausländer zu Buhmännern zu machen und sich selbst damit in ein positives Licht zu setzen.

Doch diese Aussage verrät den Besitzanspruch auf deutsche Frauen – Ausländer dürfen ihnen nicht mal hinterherpfeifen, denn die gehören „uns".

Die Unterdrückung von anderen Menschen ist ein uraltes gesellschaftliches Problem. Frauen werden von Männern in vielen Gesellschaften unterdrückt, unabhängig von der jeweiligen religiösen Einstellung. Allerdings gibt es immer wieder erfolgreiche Versuche die Unterdrückung von Menschen und ganz speziell von Frauen religiös zu begründen. Im Islam und im Christentum gibt es fundamentalistische Richtungen, die sich auf solchen Argumentationsebenen bewegen. Die dafür „passenden" Stellen finden sich sowohl im Koran als auch in der Bibel.

Zum Beispiel lautet die Sure 4,34 des Koran: „Die Männer sind den Weibern überlegen wegen dessen, was Allah den einen vor den anderen gegeben hat, und weil sie von ihrem Geld (für die Weiber) auslegen. Die rechtschaffenen Frauen sind gehorsam und sorgsam in der Abwesenheit (ihrer Gatten), wie Allah für sie sorgte. Diejenigen aber, für deren Widerspenstigkeit ihr fürchtet – warnet sie, verbannet sie in die Schlafgemächer und schlagt sie."
(Zitiert nach „Der Koran", Reclam 1996.)

Und in der Bibel heißt es im Epheserbrief 5, 21–24: „Ordnet euch einander unter in der Ehrfurcht vor Christus, die Frauen ihren Männern wie dem Herrn, denn der Mann ist das Haupt der Frau, wie auch Christus das Haupt der Kirche ist, er, der Retter des Leibes. Nun denn, wie die Kirche sich Christus unterordnet, [sollen sich] die Frauen den Männern in allem [unterordnen]."
(Aus: Schnackenburg, Rudolf: Der Brief an die Epheser. EKK Band X. Zürich/Einsiedeln/Köln 1982, S. 247.)

Es darf allerdings bezweifelt werden, ob solche Interpretationen den im Wesentlichen nicht unterdrückerischen und gewalttätigen Kern der Religionen treffen. Wahrscheinlicher ist, dass sie auf spätantike und frühmittelalterliche Vorstellungen der Gesellschaften am östlichen Mittelmeer zurückgehen und deren gesellschaftliche Ordnung widerspiegeln. Die Frau galt als ein nützliches Gut und ein Besitz, der im Verkaufsfall, solange er neu und „unbenutzt" war, Geld bringen konnte. Fragen der individuellen Rechte, des persönlichen Glücks, waren da wohl unpraktisch und eher nebensächlich. Aber natürlich waren sie auch damals vorhanden.

Dieses System wird gern als Schutz der Frau dargestellt, tatsächlich geht es schlicht um die unbeschädigte Bewahrung des Eigentums, ob unter christlichem oder muslimischem Dach – oder auch dem einer dörflich-hinterwäldlerischen Sexualmoral. Es geht auf jeden Fall nicht darum, dass beide Geschlechter selbstbewusst nebeneinander und miteinander aufwachsen. Es geht nicht darum, dass sie ihr eigenes individuelles Verhältnis zueinander entwickeln, wozu natürlich auch die Entscheidung gehören kann, jungfräulich in die Ehe zu gehen.

Natürlich leiden Mädchen und Frauen mehr unter diesem System, weil ihnen neben der Freiheit auch die Macht fehlt, die die Jungen und Männer haben. Aber frei sind letztere auch nicht.

Auch sie haben keine Gelegenheit, ein natürliches und menschliches Verhältnis zum anderen Geschlecht zu entwickeln. Wie also beweisen, dass man da ist und wer man sein will, wenn man es so nicht darf und anders (zum Beispiel im Beruf) nicht kann, weil man keine Lehrstelle findet?

Egal ob deutsche oder ausländische Jungengruppen (inzwischen aber auch schon Mädchencliquen), viele haben sich innerhalb ihrer Gruppe zu beweisen. Und in der Tat passieren dann unschöne Sachen. Zur Wahrung der eigenen Position wird Gewalt angewendet. Aber das ist kein „ausländerspezifisches" Phänomen. Jemand, der sich nicht anders zu helfen weiß, nutzt seine körperliche Kraft gegen einen Schwächeren aus, um sich durchzusetzen. Jedes Jahr suchen Tausende von Frauen in einem Frauenhaus Schutz vor ihren Ehemännern – deutsche wie ausländische. Da nur ein Bruchteil der ehelichen Misshandlungen nach außen dringt, gibt es lediglich vage Schätzungen über das eigentliche Ausmaß der Gewaltanwendung hinter verschlossenen Wohnungstüren. Die von der Bundesregierung eingesetzte Gewaltkommission geht von insgesamt 100.000 bis zu 1 Million jährlich von ihren Partnern misshandelten Frauen aus *(Quelle: Gleichstellungsbeauftragte des Landes Mecklenburg-Vorpommern, Landesaktionsplan von Gewalt gegen Frauen 2001).*

Gewalt gegen Frauen ist also ein gesamtgesellschaftliches Problem. Auch die Belästigung der Frau fällt unter die Kategorie „Gewalt". Jede Frau kennt das mulmige Gefühl im Bauch, abends ohne Begleitung auf eine Gruppe Männer zu treffen – egal ob deutsche oder ausländische. Wenn es nur beim Hinterherpfeifen bleibt, fällt vielen Frauen ein Stein vom Herzen. Doch mitunter kommt es auch zu verbalen Attacken und schlimmstenfalls zu handfesten Übergriffen. Das Problem besteht also in der Gewalt, die der Stärkere gegen eine(n) Schwächere(n) ausübt. Und da ist es vollkommen gleich, welchen Pass dieser Stärkere besitzt.

Gewalt gegen Frauen hat verschiedene Gesichter: In der traditionellen Männergesellschaft vieler islamischer Länder werden Frauen möglichst weitgehend aus dem öffentlichen Leben verbannt. Wie und in welchem Maße Unterdrückung stattfindet, ist in den einzelnen Ländern je nach Tradition, aktueller gesellschaftlicher Situation und Gesetzeslage unterschiedlich. Sie reicht von der Einengung der Frau ausschließlich auf Haus und Familie über strukturellen Analphabetismus bis hin zu Ernährungsmangel, Mehrehe und Vergewaltigungen, die strafrechtlich nicht verfolgt werden. In der Regel kommt den Frauen in Familie und Gesellschaft der dritte Platz hinter den Männern und Söhnen zu.

20. Januar 04 +++ **[...] die Ermordung des Aussiedlers Oleg V. In der Nacht vom 20. zum 21. Januar war er von vier Tätern im Alter von 14 bis 19 Jahren in ein Wäldchen inmitten des Neubauviertels Biblach-Ost im Norden Geras gelockt worden, wo sie ihn erst mit eine Bierflasche von hinten auf den Kopf schlugen und ihn dann mit Fäusten, Füßen, einem Messer und einem Hammer auf brutale Weise töteten. +++** (Jungle World 19.02.2004)

Gewalt gegen Frauen hat verschiedene Gesichter:
In der traditionellen Männergesellschaft vieler islamischer Länder werden Frauen möglichst weitgehend aus dem öffentlichen Leben verbannt. Wie und in welchem Maße Unterdrückung stattfindet, ist in den einzelnen Ländern je nach Tradition, aktueller gesellschaftlicher Situation und Gesetzeslage unterschiedlich. Sie reicht von der Einengung der Frau ausschließlich auf Haus und Familie über strukturellen Analphabetismus bis hin zu Ernährungsmangel, Mehrehe und Vergewaltigungen, die strafrechtlich nicht verfolgt werden. In der Regel kommt den Frauen in Familie und Gesellschaft der dritte Platz hinter den Männern und Söhnen zu.

Gewalt gegen Frauen findet sich auf der ganzen Welt und in allen gesellschaftlichen Bereichen. Schläge und Vergewaltigungen sind dabei leider häufig nur die Spitze des Eisbergs. Aber gerade in Kulturen mit traditionell patriarchalischer Familienordnung sind Frauen oftmals massiven Drohungen und Gewalt ausgesetzt, wenn sie gegen die „Familienehre" verstoßen: In vielen Ländern ist nach traditioneller Vorstellung die Ehre eines Mannes abhängig von dem ehrbaren Leben der weiblichen Familienangehörigen. Ehrverletzungen werden vom sozialen Umfeld hart bestraft, eine ehrlose Familie wird aus der fest gefügten Gesellschaft ausgeschlossen. Verbrechen im Namen der Ehre sind deshalb in den meisten Fällen „Familiensache", d.h. dass die gesamte Familie von der vermeintlichen Ehrverletzung informiert wird und das Urteil fällt. Zu Verbrechen im Namen der Ehre zählen nicht nur die Misshandlung, Unterdrückung und Verstoßung einer Frau, sondern im Extremfall auch Ehrenmorde. Auch wenn der Mord selbst immer von einem männlichen Mitglied ausgeführt wird, sind nicht selten Frauen unmittelbar an der Tatvorbereitung beteiligt. Oft haben sich gerade ältere Frauen das Denken der Männer angeeignet.

Auch wenn eine Frau ohne ihre eigene Schuld z.B. durch Vergewaltigung entehrt wird, gilt der Mann und mit ihm die Familie als entehrt. Durch ihr eigenes Verhalten kann die Frau die Familienehre nicht selbst wiederherstellen. Verhält sich die Ehefrau, Tochter oder Schwester dem traditionellen Frauenbild gemäß nicht ehrenhaft und keusch, hat sie nach dem herrschenden Ehrenkodex die Ehre des Mannes verletzt. Nach diesem Kodex hat die Frau selbst keine Ehre, sondern ist lediglich Trägerin der Ehre des Mannes bzw. der gesamten Familie. Eine verletzte Familienehre kann nach dem traditionellen Ehrenkodex nur durch Verstoßung oder Tötung der Frau wiederhergestellt werden. An der Jungfräulichkeit der Töchter hängt somit auch der Ruf der Väter und der ganzen Familie. Jeder Angriff auf die Familie verlangt Vergeltung. In besonderem Maße symbolisiert der Körper der Frauen – ihre sexuelle Integrität – die Ehre.

Auch in Deutschland geschehen Verbrechen im Namen der Ehre. Betroffen sind Migrantinnen aus unterschiedlichen Ländern, etwa der Türkei, Pakistan oder dem Kosovo. Mädchen und Frauen werden von Familienmitgliedern getötet, weil sie einen von der Familie abgelehnten Freund haben, Sex vor der Ehe hatten oder ihren Mann betrogen haben. In den extremsten Fällen genügt schon der Verdacht eines Ehebruchs oder für uns banal erscheinende Dinge, wie etwa das Tragen westlicher Kleidung oder unerlaubtes Spazieren gehen. Zwischen 1996 und Juli 2004 gab es in der Bundesrepublik etwa 40 „Ehren-

morde" und Mordversuche im Namen der Ehre. *(Quelle: Berliner Krisendienst Papatya).*
Weltweit werden jährlich 5.000 Mädchen und Frauen in 14 Ländern, darunter Pakistan, Jordanien und der Türkei, im Namen der Ehre ermordet. Die Dunkelziffer jedoch ist sehr viel höher, weil die wenigsten Fälle vor Gericht behandelt werden. In manchen islamischen Staaten dagegen sind Ehrenmorde auch vollkommen unbekannt *(Quelle: Weltbevölkerungsbericht der Vereinten Nationen von 2004).* Die Täter sind meist nahe männliche Verwandte. Sie gehen häufig straffrei aus oder werden strafmildernd behandelt, da die Richter Verbrechen im Name der Ehre oft tolerieren. Um eine Strafmilderung zu erwirken, werden auch minderjährige Familienmitglieder zu der jeweiligen Tat angestiftet.

Ein Ehrenmord soll nicht nur die Familienehre wiederherstellen, sondern auch die traditionelle patriarchale Ordnung aufrecht erhalten. Dabei ist die Unterdrückung von Frauen kein religiöses, sondern vielmehr ein kulturelles Problem. Verbrechen im Namen der Ehre sind nicht an die Religion – die allerdings jahrhundertelang als Rechtfertigung für Unterdrückung diente – gebunden, sondern haben ihren Ursprung in der Gesellschaft. Sie passieren dort, wo die Familie und das Familienoberhaupt traditionell sehr hoch angesehen sind. In einigen Ländern stehen die streng patriarchalen Gesetze über geltendem Recht. Der Vater ist das Familienoberhaupt, dem die letzte Entscheidung obliegt. Dies ist in einigen Ländern sogar per Gesetz festgelegt, wie z.B. im islamischen Iran. Die christliche Sekte der Mormonen etwa betont den Wert der Familie und heben die Wichtigkeit der Rolle der Frau als Mutter hervor. Doch handelt es sich hierbei um ein streng patriarchalisches System, bei dem der Mann als Familienoberhaupt gilt. Auch in Deutschland war der Mann noch bis in die 50er Jahre hinein das Oberhaupt der Familie: Frauen durften nicht gleichberechtigt einem Beruf nachgehen und es gab das Leitbild der „Hausfrauenehe", d.h. die Frau konnte ohne Erlaubnis kein Bankkonto eröffnen und der Ehemann konnte eigenständig ihren Arbeitsvertrag kündigen.

Es gibt jedoch auch Gegenbewegungen und liberale Vereinigungen im jeweiligen Kulturkreis, die sich gegen frauenverachtende Sitten und Gesetze einsetzen. Auch aus religiösen Kreisen, wie z.B. den Anhängern der feministischen Koranexegese, sind diese Stimmen zu vernehmen. Insgesamt ist die Situation von Frauen sehr unterschiedlich, je nachdem unter welchen ökonomischen und sozialen Bedingungen sie leben. Auch historische, regionale, soziale und individuelle Faktoren spielen dabei eine Rolle. Kultur oder Religion ist bei einem Mord kein mildernder Umstand. Denn die bei weitem schlimmste Menschenrechtsverletzung ist der Verstoß gegen das Recht auf Leben. Lange wurden Ehrenmorde jedoch nicht als Menschenrechtsverletzungen gesehen. Erst seit Mitte der 90er Jahre üben Frauenrechtsorganisationen massiven Druck aus.

Die Männer, die Frauen hinterpfeifen (und natürlich sind das dann eher „deutsche" Frauen, weil sie vermeintlich von einem Ehrenkodex geschützt werden) sind schlicht und einfach Machos und Patriarchen, ob sie nun Deutsche oder Ausländer sind. So muss das Problem angegangen werden, wenn sich etwas ändern soll.

www.papatya.org
(Anonyme Kriseneinrichtung für junge Migrantinnen)

»Ausländer behandeln deutsche Frauen wie Huren und heiraten dann unschuldige Mädchen aus ihrer Heimat.«

Lüge Nr. 35

Was steckt hinter einer solchen Aussage? Ist es der Ärger darüber, dass zu wenig ausländische Männer deutsche Frauen heiraten, oder das Mitleid mit den armen unschuldigen Mädchen im Ausland?
Wohl beides nicht: Auch hier verbirgt sich die Auffassung, dass deutsche Frauen nur den Deutschen gehören. Ausländer haben gefälligst ihre Finger von deutschen Frauen zu lassen. Möglicherweise versteckt sich dahinter auch die Angst vor der „ausländischen" Männerkonkurrenz. Hier fliegen den Rechtsradikalen die eigenen Rassenklischees wie ein Bumerang um die Ohren: „Neger" können gut tanzen, trommeln und haben alle ein Riesending in der Hose! Da steckt vielleicht in dem Moralapostel ein ängstlicher, kleiner Mann, der fürchtet, seine Partnerin könnte ihn verlassen.
Dass bei der ganzen Sache auch Frauen mitspielen, die sehr wohl selbst bestimmen können, wie sie behandelt werden wollen, kommt den heuchlerischen Moralaposteln gar nicht in den Sinn. Frauen können selbst bestimmen, mit wem sie (sexuelle) Beziehungen eingehen wollen – der Ausdruck „Hure" ist dafür wohl unangebracht. Außerdem zeigt sich, wie sehr die in den westlichen Gesellschaften als überholt geltenden Frauenklischees à la „eine Frau muss als Jungfrau (‚Madonna') in die Ehe gehen" noch in den Köpfen mancher Rechtsgesinnter festsitzen. Diese Klischees kommen ihnen dann gerade recht, um sie auf die missliebige Bevölkerungsgruppe „Ausländer" zu projizieren und sie zu deren Diskriminierung umzufunktionieren.

In Deutschland gibt es jedes Jahr etwa 25.000 Eheschließungen zwischen einem ausländischen Mann und einer deutschen Frau. Von den rund 19 Millionen Ehepaaren, die im Mai 2000 in Deutschland lebten, waren 806.000 binational, während in 1,284 Millionen Ehen beide Partner den gleichen (ausländischen) Pass besaßen. Bei 411.000 binationalen Paaren war die Frau zum Zeitpunkt der Eheschließung Ausländerin und der Mann Deutscher, bei 395.000 Ehepaaren war es umgekehrt. In den westlichen Bundesländern liegt der Anteil der binationalen Ehepaare bei etwa 5 Prozent, in Gesamtdeutschland bei 4 Prozent.

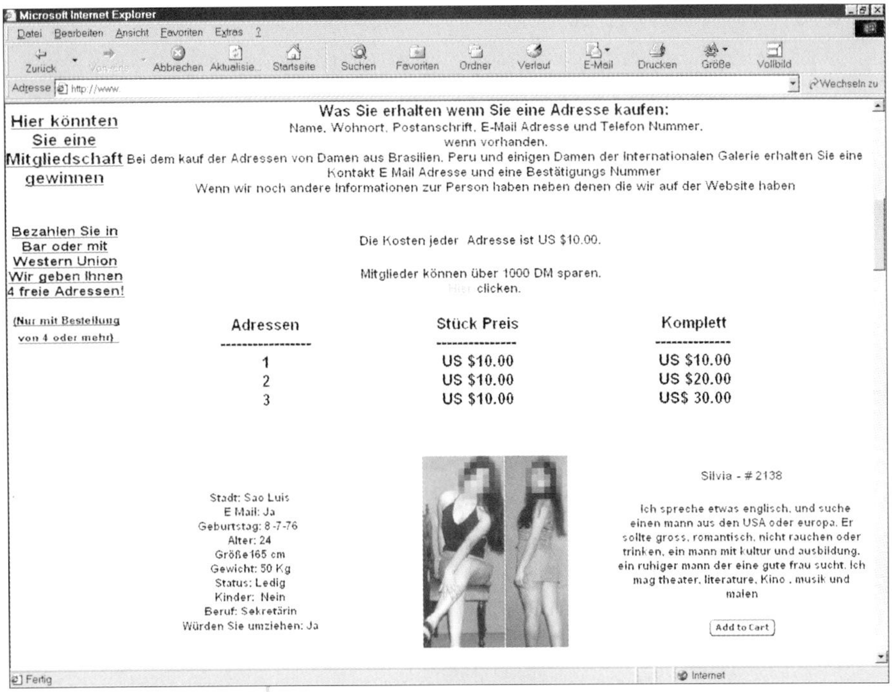

Internetseite einer Vermittlungsagentur

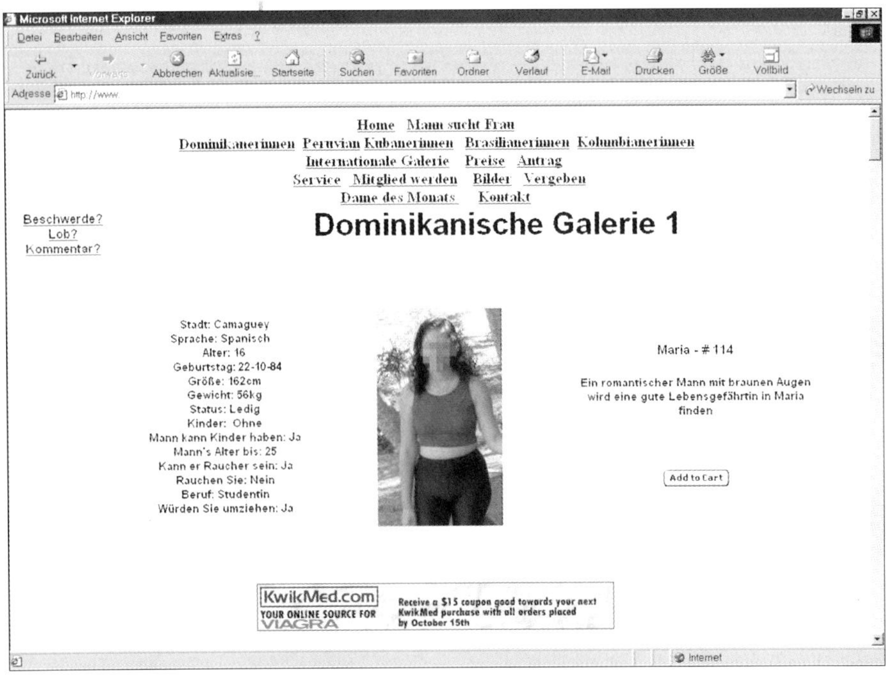

Warum sind unter den hier lebenden Ausländern nicht mehr mit einer deutschen Frau verheiratet? Dafür gibt es nachvollziehbare Gründe: In Deutschland leben viele Ehepaare, die bereits im Ausland vor ihrer Einwanderung geheiratet haben. Viele Männer kamen zunächst allein nach Deutschland, um hier Arbeit zu finden. Im Zuge des Familiennachzugs in den Siebzigerjahren sind dann sehr viele Frauen ihren Ehemännern nach Deutschland gefolgt. Diese Männer und Frauen standen also dem „deutschen Heiratsmarkt" nie zur Verfügung.

Auf der anderen Seite werden Ausländer von vielen Deutschen abgelehnt und suchen sich ihre Freizeitbeschäftigungen und Bekanntschaften – und damit auch ihre Ehepartner – oft innerhalb ihrer eigenen Gruppe, in der sie ihre Freizeit ohne zusätzliche Hindernisse durch Vorurteile genießen können. Außerdem muss man verstehen, dass die emotionale Wärme der eigenen Kultur, die gewohnten Lebensformen, die Muttersprache usw. besonders in der Fremde eine größere Bedeutung bekommen. Sie geben den Menschen oft psychischen Halt und Sicherheit in einer Umgebung, die ihnen fremd ist. Aber natürlich heiraten auch Deutsche weitaus häufiger untereinander, als dass sie sich für einen Ehepartner anderer Nationalität entscheiden. Wie soll man sich auch kennen lernen, wenn Freundeskreise meist voneinander abgeschirmt sind?

Allerdings lässt sich nicht bestreiten, dass bestimmte (z. B. islamistische) Organisationen die Bildung von abgeschotteten Gemeinschaften, so genannten „Parallelgesellschaften", bewusst fördern und Integration damit auch von dieser Seite oft erschwert wird. So befürwortet etwa die vom Verfassungsschutz beobachtete islamistische Organisation „Milli Görüs" ausdrücklich nur Eheschließungen zwischen Türken bzw. Muslimen *(Quelle: „Unter Verdacht. Türkische Islamisten in Deutschland", ARD-Dokumentation am 18.9.2002).* Auch „versprochene" Ehen sind in vielen Kulturen keine Seltenheit. Diese Verbindungen werden von Eltern oder anderen Familienangehörigen arrangiert. Sogar Eheschließungen innerhalb der eigenen Familie sind gerne gesehen. Bis heute wird fast jede vierte Ehe in der Türkei zwischen Blutsverwandten geschlossen, auch wenn große Gesundheitsrisiken für die daraus geborenen Kinder bestehen *(Quelle: Güsten, Susanne: „Die Guten bleiben in der Familie", in: NRZ vom 19.11.2002).*

30. April 04 +++ **Am 30. April griffen drei Skinheads eine dunkelhäutige 13jährige Deutsche bei einem Konzert der Rockgruppe Mia im Jugendzentrum Kamp in Bielefeld (Nordrhein-Westfalen) an. Sie schlugen sie auf den Kopf und belästigten auch ihre gleichaltrige Freundin. Die Täter konnten das Konzert unbehelligt verlassen. +++**
(Jungle World 12.05.2004)

Es gibt also Kräfte von beiden Seiten, die es Ausländern und Deutschen schwer machen, sich gegenseitig nicht nur kennen, sondern auch lieben zu lernen und das Wagnis einer binationalen Ehe einzugehen.

Was jedoch nicht von der Hand zu weisen ist, ist die Tatsache, dass in vielen Gesellschaften noch die traditionelle Maxime vorherrscht, eine Frau müsse „unschuldig" – soll heißen: sexuell unberührt – in die Ehe gehen. Das hat natürlich mit religiösen und patriarchalischen Vorstellungen zu tun, auf die wir bereits eingegangen sind (vgl. Lüge Nr. 34: „Ausländer schlagen ihre Frauen ...", S. 176 ff.). Es ist unübersehbar, dass sehr viele westliche Frauen traditionelle Vorstellungen heute für sich über Bord geworfen haben und sich demzufolge sexuell genauso frei bewegen, wie sie es für sich selbst als richtig empfinden. Das mag dazu beitragen, dass sie für bestimmte eher traditionell eingestellte Männer – unter ihnen auch viele deutsche – für eine Eheschließung nicht mehr in Frage kommen. Könnte hinter dieser Einstellung nicht vielleicht auch die uneingestandene Angst stecken, sich mit anderen Sexualpartnern vergleichen lassen zu müssen? Oder der Ärger darüber, dass man als deutscher Mann seinen Wunsch, eine „unschuldige" Frau zu heiraten, nur noch selten in die Tat umsetzen kann, weil die meisten deutschen Frauen nicht bis zur Hochzeitsnacht auf ihre erste sexuelle Erfahrung warten wollen?

Dafür sprechen nicht zuletzt auch die so genannten „Versandhausbräute" – junge Mädchen aus bestimmten Dritte-Welt-Ländern wie z.B. Thailand oder den Philippinen, die von europäischen Männern per Katalog bzw. Internet ausgewählt und wie eine Ware bestellt werden können. Diese Frauen, die oft schon in ihrem Heimatland als Prostituierte Opfer von sexueller Ausbeutung und Menschenhandel waren, werden von ihren Händlern fast immer als „Jungfrau" und als „nie verheiratet" angepriesen – eine dubiose „Qualität", die neben der Exotik der ausländischen Frauen für interessierte deutsche Männer eine große Rolle zu spielen scheint. In der Rangliste der beliebtesten ausländischen Ehefrauen stehen die Thailänderinnen nach den Polinnen und den Russinnen mit etwas über 6,6 % an 3. Stelle *(Quelle: Verband binationaler Familien und Partnerschaften e.V.: Binationale Eheschließungen in Deutschland).* Dabei rangiert Thailand als Herkunftsland von Einwanderern allgemein eher am Ende der Skala: Nur 0,5 Prozent aller im Jahr 2000 in Deutschland lebenden Ausländer kamen aus Thailand *(Quelle: Statistisches Jahrbuch 2001).*

Weitere Infos zu „internationalen Beziehungen" gibt's im Internet unter den Adressen:

- **www.verband-binationaler.de** (Verband binationaler Familien und Partnerschaften)
- **www.prostitutionresearch.com** (englischsprachige Site über das Problem Prostitution)

»Ausländische Frauen sind unterdrückt: Sie müssen alle Kopftuch tragen.«

Lüge Nr. 36

Die Ungleichbehandlung von Mann und Frau fällt in vielen Ländern der Welt sofort ins Auge, wie z.B. in Indien, Afghanistan, Pakistan, Algerien oder dem Iran. Aber was viele nicht wahrnehmen wollen: Auch in den westlichen Industriestaaten sind Frauen und Mädchen die mit Abstand häufigsten Opfer von Menschenhandel und Zwangsprostitution, Versklavung, Vergewaltigung und Misshandlung. Außerdem sind Frauen häufiger von Arbeitslosigkeit und Armut betroffen als Männer. Besonders allein erziehende Mütter leben oft an der Armutsgrenze *(Quelle: Armuts- und Reichtumsbericht der Bundesregierung 2001).*
In vielen Ländern der Welt gelten Frauen als minderwertig. Ihnen kommt ein Platz hinter den männlichen Mitgliedern der Gesellschaft zu. Trotzdem kann man so einfach nicht von der Kleidung auf Unterdrückung schließen. Es ist falsch, das Tragen eines Kopftuches damit gleichzusetzen. Doch viele Deutsche glauben, dass alle Muslimas mit Kopftuch arme unterjochte Wesen sind. Fast jeder zweite Deutsche findet es „schlimm", dass Frauen Kopftücher tragen *(Quelle: Heitmeyer, Wilhelm: Deutsche Zustände. Studie von 2002, nachzulesen in: Die Zeit 46/ 2002).*

In vielen Ländern werden Frauen und Mädchen unterdrückt, an dieser Tatsache führt kein Weg vorbei. Eine Gleichberechtigung der Geschlechter, verstanden als Gleichheit der Lebensmöglichkeiten und als Gleichheit vor dem Gesetz, existiert dort vielerorts nicht, siehe z. B. Afghanistan zur Zeit der Mullahs oder Indien, wo eine Tochter in vielen Familien als Unglück angesehen wird, weil sie Geld mit in die Ehe bringen muss.

Wissenschaftler streiten darüber, ob die Unterdrückung des weiblichen Geschlechts der Religion selbst zuzuschreiben ist oder ob der Islam in vielen Ländern missbraucht wurde, um die aus ökonomischen Gründen bereits existierende Frauenunterdrückung ideologisch zu rechtfertigen.
Auch was das Kopftuch betrifft, gehen die Meinungen auseinander. Viele religiöse Vertreter des Islam sagen, dass die islamischen Bekleidungsvorschriften eine Verhüllung der Frau zwingend vorschreiben. Andere, wie zum Beispiel die Islamische Religionsgemeinschaft Hessen (IRH), bestreiten dies. Auch die Art und Weise der Verschleierung wird sehr unterschiedlich ausgelegt und reicht vom einfachen Kopftuch bis hin zur Burqa, die den gesamten Körper einschließlich des Gesichts komplett verhüllt.

Geschlechtsspezifische Vorschriften und Unterschiede existieren in allen großen Offenbarungsreligionen: Im orthodoxen Judentum werden beim gemeinschaftlichen Gebet in der Synagoge alle Funktionen von Männern wahrgenommen. Die Frau gilt als Wahrerin und Hüterin der häuslichen Religiosität. Und obwohl nach dem Neuen Testament keine Unterschiede zwischen Mann und Frau gemacht werden sollen, sind in der römisch-katholischen Kirche geistliche Ämter den Männern vorbehalten – nur in reinen Frauenorden können Frauen leitende Stellungen übernehmen.

Was das Kopftuch betrifft, so ist der Hintergrund auch kulturell bedingt: In islamischen Ländern kleidet man sich in der Öffentlichkeit eher bescheiden, weil man anderen nicht mit seinem Wohlstand, seinem Geschmack oder seinem Aussehen imponieren will, z.B. sind auch die Straßenfronten von sehr reichen Häusern eher bescheiden und ärmlich. Dafür putzt man sich zu Hause und im Kreis der Familie gern prachtvoll heraus und macht sich schön für diejenigen, mit denen man verwandt ist.

Zu den Gründen, warum eine gläubige Muslima ein Kopftuch trägt, schreibt „Muslima aktiv", eine islamische Frauenorganisation, die sich u. a. für die berufliche Gleichberechtigung von muslimischen Frauen und Mädchen einsetzt: „Fragt man junge muslimische Frauen, warum sie sich verhüllen, so verweisen die meisten von ihnen etwa darauf, dass dies ein Gebot Gottes ist, das sie respektieren und praktizieren wollen. Man hört vielfältige Argumente, mit denen Muslimas das Tragen ihrer Kopftücher zu erklären versuchen. Zum Beispiel, dass die Verhüllung ihrer Reize ein Schutz für sie sei vor Belästigungen oder unerwünschten Blicken [...] Es verleihe der Frau eine ganz besondere Würde und verlange anderen Respekt ab [...] Die Muslimas halten sich an die Bekleidungsvorschriften aus einer inneren Überzeugung heraus, dass sie damit Gott dienen" *(Quelle: http://www.muslima-aktiv.de)*.
Und viele Muslima finden das Kopftuch einfach „schön" und können den Tag kaum erwarten, an dem sie es zum ersten Mal in der Öffentlichkeit tragen dürfen *(vgl. Bauer, Jochen: Konfliktstoff Kopftuch. Eine thematische Einführung in den Islam, Mülheim 2001, S. 17)*.

Also gibt es für muslimische Frauen durchaus Gründe, das Kopftuch ganz freiwillig zu tragen. Andererseits haben viele Muslimas das Kopftuch längst abgelegt, ohne dabei ihren Glauben aufzugeben. Doch wenn sich Muslimas für das Kopftuch entscheiden, stoßen sie gerade im Berufsleben auf Unverständnis oder Ablehnung, so z. B. muslimische Verkäuferinnen, die ihre Kundschaft mit Kopftuch bedienen. Zum Instrument der Unterdrückung wird das Kopftuch aber nur dann, wenn Muslimas, die in besonders traditionellen Familien aufwachsen, zum Tragen des Tuches gezwungen werden.

Wenn man Menschenrechte und demokratische Freiheiten zur Grundlage einer Verhaltensmaxime macht, dann sollte jede Frau, die das Kopftuch aus freien Stücken tragen will, dies auch tun können, ohne schief angeguckt zu werden. (Eine Ausnahme davon bilden Arbeitsstellen, wo strikte religiöse Neutralität herrschen sollte, z. B. in der Schule. Muslimische Lehrerinnen dürfen ihr Kopftuch im Unterricht nicht tragen, auch wenn es nicht als religiöse Beeinflussung gemeint ist. Das wurde vom

Bundesverwaltungsgericht in Berlin im Juli 2002 entschieden.) Gleichzeitig verdient aber auch jede muslimische Frau, die das Kopftuch ablegen will, unsere Unterstützung bei dem Versuch, sich von der Bevormundung durch Männer und religiöse Vorschriften zu befreien. Wie der islamische Glaube letztendlich gelebt wird, ist individuell verschieden. Darin unterscheidet sich die islamische Gesellschaft nicht von der christlichen. Ein Mensch, der nicht jeden Sonntag in die Kirche geht, kann trotzdem ein gläubiger Christ sein.

Weitere Infos zum Islam gibt's im Internet unter den Adressen:

- **www.islam.de**
  (Zentralrat der Muslime in Deutschland)
- **www.islamworld.net/**
  (umfangreiche englischsprachige Site)

Speziell zur Stellung der Frau im Islam:

- **www.muslima-aktiv.de**

Afghanische Frauen setzen sich für Freiheit, Demokratie und Menschenrechte in ihrer Heimat ein:

- **www.rawa.org**
  (Revolutionäre Vereinigung der Frauen Afghanistans)

Lüge Nr. 37

»Frauen in Deutschland werden immer egoistischer. Daran gehen Volk und Gesellschaft kaputt.«

Die Widersprüchlichkeit mancher rechter Überzeugungen mutet schon manchmal grotesk an. Erst werden Ausländer dafür angeprangert, dass sie ihre Frauen unterdrücken (s. Lüge Nr. 36: „Ausländische Frauen sind unterdrückt ...", S. 183), und dann wird im nächsten Atemzug beklagt, dass der Egoismus und die Emanzipation der deutschen Frauen Volk und Gesellschaft zerstören. Die Klage ist so alt wie die konservative Männergesellschaft, die über Jahrhunderte stets bemüht war, Frauen von der Wahrnehmung ihrer „egoistischen" Interessen nach Kräften abzuhalten.

Frauen sind die Mehrheit der Menschheit: Gut 51 % der Weltbevölkerung ist weiblichen Geschlechts. Auch in Deutschland leben fast 2 Millionen mehr Frauen als Männer *(Quelle: Bundesamt für Statistik, Statistisches Jahrbuch 2001).* Frauen leisten de facto zwei Drittel der gesellschaftlich notwendigen Arbeit – neben ihrer Berufstätigkeit einen Großteil der Hausarbeit und Kindererziehung. Darüber hinaus übernehmen sie häufiger als Männer ehrenamtliche soziale Aufgaben. Für einen großen Teil dieser Arbeit werden sie überhaupt nicht bezahlt, für den anderen im Durchschnitt schlechter als gleich qualifizierte Männer, obwohl sich zumindest die Gehälter deutscher Frauen denen ihrer männlichen Kollegen immer mehr angleichen *(Quelle: www.bundes regierung.de).* Es ist und bleibt ein Skandal dafür überhaupt kämpfen zu müssen. Insgesamt verdienen Frauen nur ein Zehntel des Welteinkommens und ihr Besitz beläuft sich nur auf ein Hundertstel des Weltvermögens. Zumindest in der westlichen Gesellschaft haben sich Frauen nahezu dieselben gesellschaftlichen Rechte und Chancen erobert wie Männer. Viele von ihnen sind nicht mehr bereit, sich ausschließlich mit der Rolle der Hausfrau und Mutter zu begnügen. Frauen streben nach Bildung, Ausbildung und Berufstätigkeit und machen sich so wirtschaftlich und natürlich auch psychisch und geistig unabhängiger.

Einen Rückfall in finstere Zeiten erlebten die Frauen der Frauenbewegung im Nationalsozialismus, als sie aus dem öffentlichen Leben wieder weitgehend verdrängt und zurück an den Herd geschickt wurden. Genau diese Absicht steckt hinter der Behauptung, dass Frauen, die nicht nur Hausfrau und Mutter sein wollen, nur ihre egoistischen Interessen verfolgen. Gegenargumente liegen auf der Hand: Immer mehr Männer leben freiwillig in Single-Haushalten und verzichten auf das als anstrengend empfundene Familienleben. Warum macht man ihnen nicht denselben Vorwurf? Hinzukommt, dass viele Frauen gar nicht die Wahl haben zwischen Familie und Beruf. Sie müssen beides unter einer Hut bringen, um ihren Teil zum finanziellen Unterhalt einer Familie beizutragen oder ihn als Alleinerziehende auch allein zu beschaffen. Also müssen anfallende Hausarbeiten von beiden Ehepartnern übernommen werden. Und mittlerweile gehen auch viele Ehemänner ihren Frauen zu Hause zur Hand, auch wenn traditionelle Hausarbeiten wie Waschen, Putzen und Kochen immer noch eher von Frauen erledigt werden.

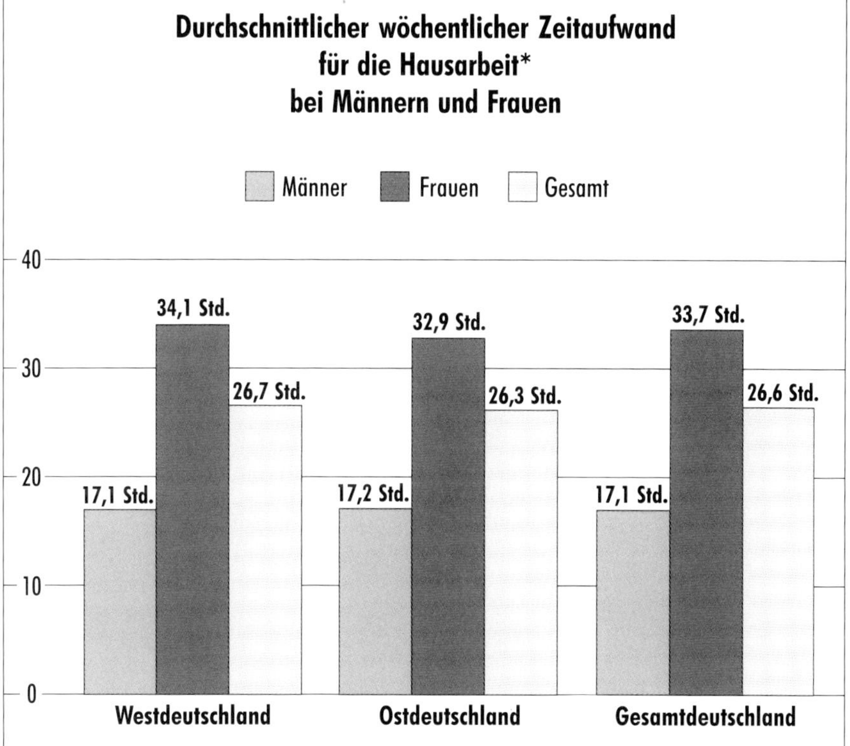

\) Aufräumen, Putzen, Kochen, Tischdecken, Abwaschen, Wäsche waschen/aufhängen/bügeln/sortieren, Lebensmittel einkaufen/Besorgungen (Quelle: Uni Würzburg/DFG-Projekt „Familiale Arbeitsteilung in den Ländern der EU: Länderstudie Deutschland")

Anteil der Ganztagsschulen an allen allgemein bildenden Schulen

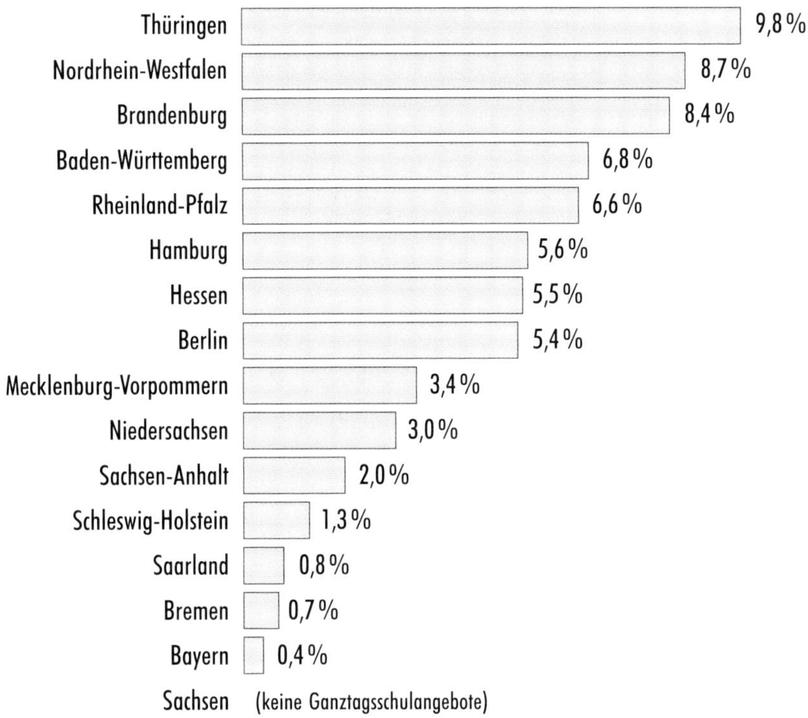

Verteilung der Ganztagsschulen in Deutschland auf die verschiedenen Schulformen

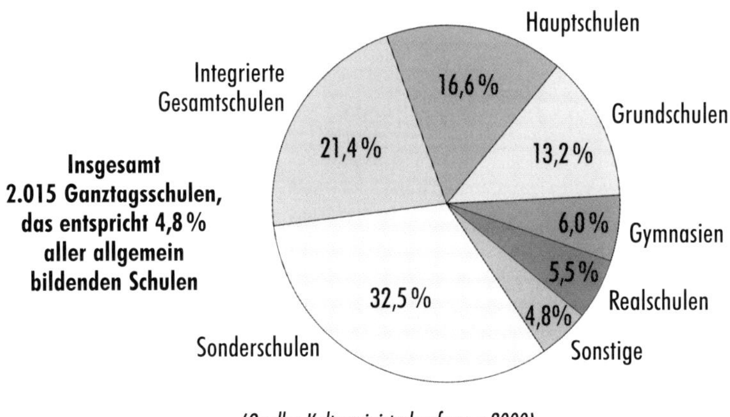

(Quelle: Kultusministerkonferenz 2000)

Unsere Gesellschaft ist auch nicht darauf eingerichtet, diese Doppelbelastung für Mütter – aber auch für Väter – zu erleichtern. Kindergärten- und Krippenplätze sind rar.

Obwohl seit 1996 jedes dreijährige Kind einen Rechtsanspruch auf einen Kindergartenplatz hat, lag die Versorgung in den alten Bundesländern im Jahr 2001 bei nur 86 % *(Quelle: www.bund.de)*. Die Kosten für einen Kindergartenplatz sind oft hoch und in einigen Großstädten muss man sich auf mehrjährige Wartezeiten einrichten. Hat man doch einen Platz für den Nachwuchs ergattert, sind die Öffnungszeiten oft zu kurz. Viele Kindergärten haben nur an zwei bis drei Tagen länger als bis 12.30 Uhr geöffnet, und dann auch nur bis 16.30 Uhr. Es fehlt an verlässlichen Grund- und Ganztagsschulen.

Nur 4,8 % der allgemeinbildenden Schulen waren im Jahr 2000 ganztägig geöffnet. Zumindest eine Zeitlang war es wohl auch politisch gewollt, den Frauen eine Doppelexistenz als Berufstätige und Mutter möglichst schwer zu machen. Die Familie hatte immer Vorrang.

Dabei würden alle von Veränderungen der traditionellen Geschlechterrollen profitieren: Die Mütter, die dann nicht mehr die doppelte Last von Familie und Beruf zu tragen hätten, die Väter, die ihre Familie mehr als bisher erleben könnten, die Kinder, die mehr von beiden Elternteilen hätten, die Betriebe, die weniger Brüche in der Mitarbeiterschaft ausgleichen müssten und sich das Erwerbspotential gut ausgebildeter Frauen zu Nutze machen könnten, und somit die Gesellschaft insgesamt.

Weitere Infos zur Umsetzung frauenpolitischer Ziele und Forderungen gibt's im Internet unter den Adressen:

- **www.frauenrat.de**
  (Deutscher Frauenrat)
- **www.deutscher-frauenring.de**
  (Deutscher Frauenring e.V.)

29. August 04 +++ **Helmut Sackers hörte am Abend [...] das Kampflied der Nazis, dessen Singen verboten ist. Er holte die Polizei. Die Beamten hörten nur laute Musik und baten die Nachbarn, leiser zu sein. Sackers sagte zu seinem Nachbarn Andreas P., 28: „Spielst Du noch einmal Nazi-Musik, erstatte ich Anzeige." Nachbar P. gibt an, Sackers habe den Hund auf ihn gehetzt [...]. Deswegen habe er sein 17 Zentimeter langes Messer gezogen und sich verteidigt.** +++ (Süddeutsche 30.08.2004)

Internetangebot einer rechtsgerichteten Frauenzeitschrift

Aus dem Parteiprogramm der DVU:

> **„Die Gleichberechtigung der Frau gebietet auch die allgemeine Anerkennung der unersetzlichen Leistungen der Frau als Mutter."**
>
> *(Punkt 4, Familien- und kinderfreundliche Politik)*

Und so sieht's oft in der Realität aus:

> **„Als Frau hat man bei den Republikanern überhaupt keine Chance. Die Reps wollen eine Frau, die am Kochtopf steht und eine reine Gebärmaschine ist. Sie muss Knödel kochen können und ihrem Mann bedingungslos ergeben sein. Ich habe mich aufgelehnt gegen die Verdammung der Abtreibung, was meinen Sie, was da los war."**
>
> *(Martina Rosenberger in einem Interview in „Die Woche", zitiert nach: blick nach rechts, Ausgabe 14/1995; sie selbst trat im Mai 1994 bei den REP aus.)*

»Der Kampf für die nationale Sache schließt die Verteidigung der Ehre und Rechte der deutschen Frauen mit ein.«

Lüge Nr. 38

Gegen die Verteidigung von Ehre und Rechten der Frau ist eigentlich nichts einzuwenden. Aber bei derartigen Behauptungen gilt es misstrauisch zu sein: Begriffe wie „Kampf", „nationale Sache" und „Ehre" werden gerne von Anhängern der rechten Szene für ihre Interessen missbraucht. Es bleibt völlig unklar, worin „der Kampf für die nationale Sache" eigentlich besteht. Und weshalb soll nur die Ehre und die Rechte der deutschen Frauen verteidigt werden? Und es gibt noch einen Haken: Mit der Ehre und den Rechten der Frauen sind oft nur die eigene (Besitzer-)Ehre und persönliche (Vor-)Rechte gemeint.

Auch wenn die Mitglieder nationalistischer Organisationen zu 80 % aus Männern bestehen, ist rechtes Gedankengut keine „männliche Domäne". Nach einer repräsentativen Umfrage des Bielefelder Gewaltforschers Wilhelm Heitmeyer sind Frauen sogar fremdenfeindlicher eingestellt als Männer ***(Quelle: Studie des Instituts für Konflikt- und Gewaltforschung der Universität Bielefeld 2002)***. 38,1 % der weiblichen Befragten äußerten sich entsprechend, im Vergleich zu 30,1 % der befragten Männer. Im Osten sind die Werte mit 46,2 % insgesamt höher als im Westen (31,7 %).

Die Zeiten sind vorbei, als es bei den Rechten nur ein Frauenbild gab. Noch vor einigen Jahren wurde ganz nach rassistischem Muster unverhohlener Sexismus betrieben, d. h. Frauen wurden aufgrund ihres Geschlechts bestimmte angeblich „naturgegebene", nicht veränderbare Wesensmerkmale zugeschrieben, die sie „naturgewollt" oder auch „gottgewollt" auf die für sie vorgesehene Rolle als Hausfrau und Mutter festlegten. Dazu gehörten z.B. ein „weiterentwickelter Brutpflegeinstinkt" oder „Hingabebereitschaft" und „Hingabefähigkeit", die sie angeblich zur „Selbstaufopferung" für die Familie bestimmen. *(Zitate von Michael Kühnen, Quelle: Sturhahn, Katrin: Zwischen Rechtskonservatismus und Neonazismus – Frauen in rechtsextremen Parteien und Organisationen, in: Bitzan, Renate (Hg.): Rechte Frauen, Berlin 1997.)*

„Die Frau hat von ihrer biologischen Aufgabe her ein natürliches Bedürfnis nach Unterwerfung, der Mann nach Eroberung und Beherrschung." *(Christa Meves, in: Deutschland-Magazin 3/1990. Quelle: Kurth, Alexandra: Mit Gott für Kinder – Küche – Kirche, in: Bitzan, Renate (Hg.): Rechte Frauen, Berlin 1997.)*

Doch viele Rechtsextreme haben – zumindest nach außen hin – ihre Ansichten geändert. Selbst die NPD fordert „eine Frauenpolitik, die den Frauen und Mädchen volle Gleichberechtigung einräumt." Damit scheinen viele nationalistische Organisationen auf Stimmenfang zu gehen. Doch in Wirklichkeit existiert ein buntes Nebeneinander von Frauenbildern bei den Rechtsextremen. Auf der einen Seite texten die Musiker der rechten Band „Munin":

„Ich möchte ein Mädel, deutsch und rein /
In Schönheit und Stolz beispielhaft sein."

Andererseits grölen die Skins von „Radikahl":

„Weiber sind bei uns nichts wert /
Auch wenn man sie nicht gern entbehrt."

(Quelle: Staud, Toralf: „Mädel, deutsch und rein", in: Die Zeit vom 02.10.2002.)

Und auch im Parteiprogramm 2002 der Republikaner heißt es: „Die Gleichberechtigung der Frau kann nur unter Berücksichtigung der ihr eigenen Werte und Fähigkeiten verwirklicht werden. [...] Die heutige Gleichmacherei von Frau und Mann lehnen wir ab." Damit ist im Grunde alles gesagt. Obwohl viele Rechtsgesinnte die Gleichberechtigung von Mann und Frau propagieren, steckt bei den meisten immer noch die Vorstellung alter Rollenmuster im Kopf: die Frau als Mutter und Mittelpunkt des Haushalts. Das Recht auf Schwangerschaftsabbruch wird daher von allen rechten Parteien strikt abgelehnt und ebenso die Homosexualität (obwohl es auch im rechten Spektrum Schwule gibt, zum Teil sogar in Führungspositionen, vgl. Stedefeldt, Eike: Schwule Macht, Berlin 1998). Die deutsche Familie gilt als „Keimzelle des Volkes" ***(Quelle: Flugblatt „Familie" der NPD)*** und soll aus diesem Grund besonders unterstützt und gefördert werden. Frauen sollen nicht gezwungen sein, außerhalb des Hauses zu arbeiten, und sich nur ihrem Mann und den Kindern widmen.

Damals:

*„Frauen sind wie Blüten!
Nicht Schönheit ist ihr Sinn,
sondern die Frucht – das Kind!"*

*SS-Leitheft
(7. Jahrgang, Folge 11a/b)*

Und rund 50 Jahre danach:

*Flugblattaktion einer
rechtsgerichteten Partei*

Ganz wie im Nationalsozialismus werden Frauen qua Geschlecht auf ihre Fortpflanzungsfunktion im Dienst an Volk und „Rasse" und auf die Arbeit in der Familie festgelegt. Das „Reich der Frau" besteht aus Küche und Kindern. Die traditionellen Geschlechterrollen bleiben unangetastet. Auch wenn es im Parteiprogramm der NPD zunächst ganz geschlechtsneutral heißt: „Einer der Partner soll sich vollständig der Kindererziehung widmen können", ist ein paar Zeilen weiter wieder von „Muttergehalt" die Rede. *(Quelle: Staud, Toralf: „Mädel, deutsch und rein", in: Die Zeit vom 02.10.2002.)* Die Gleichberechtigung ist nur vorgeschoben. Die weibliche „Ehre" besteht letzten Endes nur darin, dass Frauen ihre Rolle als Mutter gern und bereitwillig erfüllen und anständig und treu sind.

Ansonsten findet Gewalt gegen Frauen auch in der rechtsextremen Szene statt. Zwangsprostitution, Prügel, sexuelle Übergriffe und Vergewaltigungen erfahren Frauen auch von rechtsradikalen Parteikadern, Neonazis und Skins. In rechten Jugendgruppen sind die „Renees" – weibliche Skinheads und Nazigirls – nie dominant, sondern ordnen sich den Jungen unter *(Quelle: Köttig, Michaela: „Mädchen sollten am besten ihre Klappe halten" – Mädchen in rechten Cliquen, in: Bitzan, Renate (Hg.): Rechte Frauen, Berlin 1997).*

Fazit: Frau sollte sich auch ihre „Beschützer" und „Verteidiger" sorgfältig ansehen. Manch einer ist schlimmer als der vermeintliche „Angreifer".

22. Dezember 04

+++ In der Nacht zum 23. Dezember legten Unbekannte ein Feuer in der Moschee der Ahmadiyya Muslim Jamal Gemeinde in Usingen (Hessen). Die Polizei stellte den Brand um 5.24 Uhr fest. Er war im Gebetsraum der Moschee im ersten Obergeschoss ausgebrochen. Dieser wurde völlig zerstört. +++ (Jungle World 5.01.05)

IX

Vergangenheitsbewältigung

Lüge Nr. 39

»Einmal muss Schluss sein. Nach 50 Jahren muss endlich mal Gras über die Nazisache gewachsen sein. Wir Deutsche können es nicht mehr hören.«

„Die Juden verstehen es ganz gut, das schlechte Gewissen der Deutschen auszunutzen." Diesen und ähnliche Sprüche hört man in letzter Zeit immer öfter. Der Wunsch, „diese Sache" nun endlich zu begraben, ist in großen Teilen der Bevölkerung verbreitet. Gerade die jüngere Generation fordert, dass endlich ein Schlussstrich unter die unbequeme Vergangenheit Deutschlands gezogen werden sollte. Zu diesem Ergebnis kommt auch eine Studie der Universität Essen von 2001. Danach gaben 61 % der befragten Studenten an, dass die Deutschen „endlich wieder ein gesundes Nationalbewusstsein" entwickeln sollten.
Und 31 % vertraten die Meinung, dass die Vergangenheit endlich ruhen sollte *(Quelle: Klaus Ahlheim, Bardo Heger: Die unbequeme Vergangenheit. NS-Vergangenheit, Holocaust und die Schwierigkeiten des Erinnerns. Studien zu Politik und Wissenschaft, Schwalbach/Ts. 2002)*. Warum soll man sich auch an Geschehnisse erinnern, die mehr als ein halbes Jahrhundert zurückliegen? Man hatte doch mit den grausigen Verbrechen nichts zu tun.

Genau das ist jedoch der Punkt: Es geht gar nicht darum, denjenigen, die später geboren sind, Schuld an der Vergangenheit zuzuweisen.
Aber: Sie sind verantwortlich für Gegenwart und Zukunft!
In Deutschland und in der gesamten Welt ist die Gegenwart von den damaligen Ereignissen geprägt. Ohne Kenntnis dieser Vergangenheit kann man die Gegenwart nicht begreifen. Die heutige staatliche und gesellschaftliche Ordnung Europas oder des Staates Israel sind nur zwei Beispiele.
Vieles hat sich seit der Zeit des Nationalsozialismus geändert – manches aber auch nicht. Der Rassismus, der sich heute gegen tatsächliche und vermeintliche „Ausländer" richtet, stimmt in erschreckender Weise mit den rassistischen Konzepten des NS-Regimes überein.
Daher sollte jeder erkennen, wie wichtig es ist, sich für eine Gesellschaft einzusetzen, in der Werte wie die Wahrung der Menschenwürde und -rechte ganz oben stehen.

Dass das Vergessen schon begonnen hat, zeigt eine Emnid-Umfrage aus dem Jahr 2000: Laut dieser Studie haben 21,9 % der 14- bis 17-Jährigen keine Kenntnisse vom Holocaust. 15 % aller Befragten vertraten die Meinung, die Berichte über die Konzentrationslager seien „übertrieben". Damit stehen sie der „Auschwitzlüge" (s. S. 207 ff.) nahe. Und genau hier liegen die Risiken: Je weniger man weiß, desto größer ist die Gefahr, dass rassistisches Gedankengut sich wieder verbreitet und aufbricht. Was Kinder innerhalb der Familie an Wissen und Sichtweisen mit auf den Weg bekommen, hat einen großen Einfluss auf ihre Entwicklung. Viele Ältere schweigen sich entweder über die Vergangenheit aus oder vermitteln rechtfertigende Einstellungen („Hitler war ein Verbrecher, aber …") weiter. Im Schulunterricht wird die Geschichte des Nationalsozialismus und des Zweiten Weltkrieges häufig erst gegen Ende der 10. Klasse vermittelt. Hintergrundinformationen, zum Beispiel zur Geschichte des Judentums in Deutschland oder zu Gesellschaftsordnung und Alltagsleben im Dritten Reich, gibt es im Geschichtsunterricht nur spärlich. Oft erscheint Nazi-Deutschland als naturgesetzliche Entwicklung. Die tatsächliche Entscheidungsfreiheit des Einzelnen, die Möglichkeit des Widerstandes oder aber der Verweigerung, verschwindet völlig hinter der Vokabel vom „totalitären Regime". Diese Wissens- und Erfahrungslücken machen Jugendliche anfällig für den Einfluss von rechtsextremem und rassistischem Gedankengut.

In der öffentlichen Diskussion hat sich die Wahrnehmung der Jahre 1933 bis 1945 im Verlauf der letzten dreieinhalb Jahrzehnte immer wieder verändert. Die Diskussionen drehten und drehen sich um ungelöste oder unaufgearbeitete Vorgänge in der Geschichte der jungen BRD, in der nicht wenige Nazi-Karrieren nahezu bruchlos fortgesetzt wurden.

aus einer Kampagne der „Zeit" gegen Rechtsextremismus

So hatte z.B. der Industriekonzern IG-Farben, in dessen Produktion während der NS-Zeit die Zwangsarbeit von KZ-Häftlingen fest eingebunden war, auch nach dem Krieg weiter Bestand. Die damaligen Direktoren kamen nach einer kurzen Gefängnisstrafe wieder frei *(siehe auch Markus Tiedemann: „In Auschwitz wurde niemand vergast." 60 rechtsradikale Lügen und wie man sie widerlegt, Mülheim 1996, S. 165)*. Das volle Ausmaß der Verstrickung in das verbrecherische NS-Zwangsarbeitersystem wird von den Verantwortlichen noch immer bestritten oder relativiert.

Auch in die unmittelbare Gegenwart reicht die Vergangenheit noch hinein. Schweizer Banken führen z.B. nach wie vor so genannte „nachrichtenlose" Konten in Millionenhöhe – Vermögen jüdischer Opfer des Nationalsozialismus. Die Diskussionen und der Hickhack um eine Entschädigung ehemaliger Zwangs- und Sklavenarbeiter (siehe S. 201 ff.), die über ein halbes Jahrhundert nach Kriegsende noch nicht erfolgt war, haben gleichfalls mehr als deutlich gemacht, dass man das „Positive" am Nationalsozialismus gerne mitgenommen hat, das „Negative" aber immer noch herunterspielt oder leugnet. Mit einer Auszahlung der Zwangsarbeiter-Entschädigungen wurde erst im Jahr 2001 begonnen, 56 Jahre nach Kriegsende.

Und im Bundestagswahlkampf 2002 gingen nicht nur Kandidaten von rechtsextremen Organisationen, sondern auch bürgerlich-„liberale" Politiker mit Reden und Flugblättern voll antisemitischer Meinungsmache auf Stimmenfang, glücklicherweise relativ erfolglos – für diesmal.

Gerade dieses Beispiel zeigt, warum es so wichtig ist, die Erinnerung wachzuhalten: Es geht dabei nicht darum, den heute lebenden jüngeren Menschen, die damals noch nicht geboren waren, ständig ein schlechtes Gewissen einzureden. Sie können nichts für die Verbrechen ihrer Eltern, Großeltern und Urgroßeltern. Es leben aber auch in Deutschland noch viele Menschen jüdischen Glaubens, die keine Eltern oder Großeltern gehabt haben, weil sie von unseren Eltern oder Großeltern ermordet wurden. Ob wir wollen oder nicht, etwas ist uns allen geblieben: Die Verantwortung dafür, dass so etwas nie wieder passiert, und das Erbe der Geschichte, das wir uns nicht danach aussuchen können, was uns „in den Kram" passt und was nicht. Das Wissen um die Vorgänge im Dritten Reich allein schützt nicht vor einer Wiederholung, aber ohne dieses Wissen laufen wir Gefahr, dieselben oder ähnliche Fehler erneut zu machen, auf dieselben Mechanismen und Lügen hereinzufallen. Wer aus der Geschichte lernen will, muss sie kennen.

Der Wunsch vieler Deutscher, einfach als „normales" Volk angesehen zu werden, ist verständlich. Zwei Sachen sollten dabei aber nicht vergessen werden: Zum einen ist die deutsche Vergangenheit nicht „normal".
Und zweitens muss, wer sich ein „normales" Ansehen Deutschlands wünscht, auch aktiv dafür eintreten, dass es möglich ist und bleibt, die Gegenwart in Deutschland als „normal" wahrzunehmen. Angesichts von wachsendem Rassismus, sozialer Ausgrenzung und nationaler Überheblichkeit wird klar, dass „die Nazisache" eines ganz bestimmt nicht ist und es auch niemals sein darf: stille Vergangenheit.

»Deutschland ist wegen des Zweiten Weltkriegs immer noch die Melkkuh von Israel und der EU.«

Lüge Nr. 40

Reparations- bzw. Entschädigungszahlungen sind ein beliebtes Thema der extremen Rechten. Schon nach der Niederlage im Ersten Weltkrieg und dem Versailler Vertrag war dieses Thema ein politischer Dauerbrenner im Deutschland der Weimarer Republik. Die politische „Verwertung" des Versailler Vertrags durch nationalistische Kreise hat wesentlich zum Aufstieg Hitlers und der Nationalsozialisten beigetragen. Unter ihrer Führung zettelte Deutschland schließlich einen weiteren Weltkrieg und einen Völkermord von bis dahin nicht gekanntem Ausmaß an. Der rassistische Größenwahn des Nazi-Regimes kostete insgesamt rund 55 Millionen Menschen das Leben und zerstörte weite Teile Europas nachhaltig.
Immer wieder werden Stimmen laut, die behaupten, es sei nun endlich genug: Deutschland habe „Abbitte" geleistet – in moralischer und vor allem in materieller Hinsicht. Sowohl Israel als auch die EU-Staaten nützten die nationalsozialistische Vergangenheit Deutschlands jedoch immer noch aus, um sich zu bereichern.

Natürlich musste Deutschland nach Kriegsende Entschädigung leisten. Nach der Befreiung wurden zunächst in allen Besatzungszonen Fabriken vor allem der Schwerindustrie demontiert. Einerseits sollten damit Kriegsschulden beglichen, andererseits die Gesellschaft entmilitarisiert werden. In Westdeutschland wurden die Demontagen bereits 1949 eingestellt. Außerdem stellten die USA der Bundesrepublik nach dem so genannten „Marshall-Plan" zum Wiederaufbau Europas 1,5 Milliarden Dollar (damals ca. 6 Milliarden DM) zur Verfügung.

Im Jahr 1953 wurden mit dem Londoner Schuldenabkommen alle weiteren Reparationsforderungen der westlichen Siegerstaaten an die Bundesrepublik bis zum Abschluss eines Friedensvertrages vertagt. Einige Zeit später verzichtete auch die Sowjetunion auf weitere Reparationsansprüche gegenüber der DDR.

Unabhängig von der Londoner Vereinbarung traf die Bundesrepublik Deutschland von 1959 bis 1964 mit verschiedenen Staaten bilaterale „Wiedergutmachungsabkommen".

Nach diesen Abkommen hat die Bundesrepublik an die Regierungen dieser Länder bis heute insgesamt ca. 10 Milliarden DM (12,9 Mrd. Euro) Entschädigung gezahlt. In heutigem Geldwert entspricht das einem Betrag von ca. 25 Milliarden DM. *(Quelle: Mark Spoerer: Zwangsarbeit unterm Hakenkreuz, S. 246.)*

Das ist sicher ein hoher Betrag. Er ist aber geradezu lächerlich im Vergleich mit der Summe der Staatseinnahmen, die aus den von Nazi-Deutschland besetzten Gebieten in die Kassen des NS-Regimes flossen. Hier rechnet man mit einem Betrag von 100 bis 120 Milliarden Reichsmark *(Quelle: Götz Aly: Enteignung, in: Die Zeit 47/2002, S. 51)*. Der Wert der Reichsmark während der NS-Zeit wird heute auf das 6- bis 10fache der D-Mark beziffert (siehe Tabelle S. 203).
So betrachtet ist Deutschland wohl keine Melkkuh, sondern eher ein Goldesel. Da soll noch jemand behaupten, Verbrechen lohnt sich nicht!?

1953 wurde außerdem die erste Fassung des Bundesentschädigungsgesetzes (BEG) verabschiedet. Anspruch auf Entschädigung nach dem BEG hatten Deutsche oder ehemalige Deutsche, die durch nationalsozialistisches Unrecht materielle oder gesundheitliche Schäden erlitten hatten. Die BRD hat von 1953 bis 2000 etwa 85 Milliarden DM Entschädigungen nach dem BEG gezahlt – auch das scheint zunächst eine gewaltige Summe. Zum überwiegenden Teil ging dieser Betrag an den Staat Israel und an verfolgte Juden, soweit sie im Dritten Reich deutsche Staatsbürger waren.
Warum und wofür? Direkt nach der Machtübernahme der Nazis im Jahr 1933 hatte die „Entfernung der Juden" aus dem deutschen Wirtschafts- und Berufsleben begonnen. Anfang 1933 gab es in Deutschland etwa 100.000 Unternehmen in jüdischem Besitz. Darunter befanden sich viele heute noch bekannte Unternehmen wie z. B. die Kaufhäuser Hertie und Kaufhof oder der Herstellerbetrieb der Papiertaschentücher Marke „Tempo".

Deutsche Volksgenossen!
Die Schuldigen an diesem wahnwitzigen Verbrechen, an dieser niederträchtigen Greuel- und Boykotthetze sind die Juden in Deutschland. Sie haben ihre Rassegenossen im Ausland zum Kampf gegen das deutsche Volk aufgerufen. Sie haben die Lügen und Verleumdungen hinausgemeldet. Darum hat die Reichsleitung der deutschen Freiheitsbewegung beschlossen, in Abwehr der verbrecherischen Hetze ab Samstag, den 1. April 1933, vormittags 10 Uhr, über alle jüdischen Geschäfte, Warenhäuser, Kanzleien usw. den Boykott zu verhängen. Dieser Boykottierung Folge zu leisten, dazu rufen wir euch, deutsche Frauen und Männer, auf!

Auszug aus einem Boykottaufruf der NSDAP
(in: Josef und Ruth Becker (Hg.), Hitlers Machtergreifung 1933. Dokumente vom Machtantritt Hitlers, München 1983, S. 200 f.)

Übersicht über Profit- und Entschädigungssummen[1]					
Profite von Staat und Wirtschaft während der NS-Zeit		**heutiger Wert in €[2]**	**„Wiedergutmachungs-" und Entschädigungszahlungen**		**heutiger Wert in €[2]**
Wert jüdischen Eigentums in Deutschland 1933	12 Mrd. Reichsmark	61,5 Mrd.	Entschädigungszahlungen nach dem BEG (1953–2000)	85 Mrd. DM	43,6 Mrd.
Staatseinnahmen des NS-Regimes aus den besetzten Gebieten	mind. 100 Mrd. Reichsmark	mind. 307 Mrd.	„Wiedergutmachungszahlungen" der BRD an Staaten und Institutionen (1952–1998)	10 Mrd. DM	12,8 Mrd
Kostenersparnis deutscher Unternehmen durch die Beschäftigung von Zwangsarbeitern	16 Mrd. Reichsmark	49 Mrd.	Entschädigungszahlungen an ehemalige Zwangsarbeiter	10 Mrd. DM	5,1 Mrd.
Gesamt		**mind. 417 Mrd.**			**61,5 Mrd.**
	Saldo (+)	**~356 Mrd.[3]**			

1) Alle Zahlen sind ca.-Angaben.

2) Bei der Berechnung des heutigen Wertes ist die jeweils geltende Kaufkraft der Ursprungswährung mit berücksichtigt.

3) Aufgrund der unterschiedlich zu bewertenden Kaufkraft der einzelnen Währungen kann es sich bei dieser Summe nur um einen groben Schätzwert handeln.

Die Grundtendenz dieser Bilanz ist unübersehbar: In finanzieller Hinsicht war der Zweite Weltkrieg kein Verlustgeschäft für Deutschland.

Bereits fünf Jahre später, im Frühjahr 1938, waren als Folge der nationalsozialistischen Diskriminierungen und Boykottaufrufe ca. 60–70 Prozent der jüdischen Unternehmen „arisiert" worden, d.h. in die Hände nichtjüdischer deutscher Besitzer übergegangen. In dieser Phase der „Arisierung" wurde der Schein der Legalität noch gewahrt: Nachdem den jüdischen Eigentümern der Verkauf unter massivem Druck (Inhaftierung, willkürliche Anklagen wegen angeblicher Vergehen, tätliche Angriffe) „nahe gelegt" worden war, wechselten Unternehmen und Eigentum ganz offiziell und vertraglich geregelt den Besitzer, allerdings zu einem Bruchteil des tatsächlichen Wertes. Bei der Vertragsunterzeichnung saßen sich Profiteure und Betrogene von Angesicht zu Angesicht gegenüber; die Gestapo überwachte das ganze „diskret".

Nach der Reichsprogromnacht vom 9. auf den 10. November 1938 begann eine noch brutalere Phase der Zwangsarisierung. Jüdische Unternehmen, die noch nicht verkauft waren, wurden unter die Verwaltung von Regierungsbeauftragten gestellt, deren Aufgabe es war, das Unternehmen zu „arisieren". Für diesen „Aufwand" wurde eine Gebühr erhoben, die einen Großteil des Verkaufspreises betrug. Zusätzlich wurde allen deutschen Juden im November 1938 die Zahlung einer so genannten „Sühneleistung" auferlegt. Diese Sondersteuer wurde auf die bei der Arisierung erzielten Verkaufserlöse und sonstigen Geldvermögen deutscher Juden erhoben und betrug 20 bis 25 Prozent. Ab 1939 verloren Juden die Verfügungsgewalt über ihre Konten und konnten nur noch einen monatlichen Minimalbetrag für den Lebensunterhalt abheben. Diejenigen Juden, die nach 1938 noch auswandern konnten, wurden gezwungen, ihren Besitz der Reichsvertretung der deutschen Juden zu „schenken". Das Geld wurden auf einem „Auswanderungskonto" gesammelt, das unter Kontrolle der Gestapo stand. Nach dem Beginn der Massendeportationen ab 1940 wurde das Vermögen der Deportierten dann endgültig beschlagnahmt. Immobilien kamen unter die Verwaltung der Städte und Gemeinden, Möbel und Wertsachen fielen an den Staat. Man kann davon auszugehen, dass das Eigentum jüdischer Deutscher in Deutschland während der NS-Zeit so gut wie vollständig in Staats- oder (nicht jüdischen) Privatbesitz gelangt ist.

Der Gesamtwert dieses Vermögens wurde zu Beginn des Jahres 1933 auf 12 Milliarden Reichsmark geschätzt. Nach heutigen Berechnungen sind das zwischen 120 und 150 Milliarden DM (siehe Tabelle S. 203) *(Quelle: W. Mönninghoff, „Die Enteignung der Juden", Hamburg 2001, S. 208).* Dieser Betrag lässt das jüdische Vermögen außerhalb Deutschlands, das während der NS-Zeit zusammengeraubt wurde, noch völlig unberücksichtigt. Verglichen mit dieser Zahl scheint die Entschädigungssumme von 85 Milliarden DM vergleichsweise bescheiden – zumal darin nicht die geringste Entschädigung für physisches und psychisches Leid der Opfer enthalten ist.
Der NS-Staat und die deutsche Wirtschaft bereicherten sich jedoch nicht nur an jüdischem Eigentum. Auch die Sklaven- und Zwangsarbeit der KZ-Insassen und der ausländischen Zwangsarbeiter, die ab 1939/40 ins Deutsche Reich verschleppt wurden oder „freiwillig" angeworben wurden, trug in erheblichem Ausmaß zur Mehrung deutschen Vermögens bei.

Über 2.500 deutsche Firmen profitierten unmittelbar vom System der Zwangsarbeit, der Staat verdiente durch Sondersteuern auf die Löhne der Zwangsarbeiter (z.B. von Polen und russischen „Ostarbeitern") kräftig mit. Insgesamt gab es während der Naziherrschaft ca. 13,5 Millionen Zwangsarbeiter, die zu einem Großteil mit einem Hungerlohn unter elenden und menschenunwürdigen Bedingungen leben mussten.

Die meisten dieser Zwangsarbeiter erhielten lange Zeit keinerlei Entschädigung. Ihre Ansprüche wurden als Teil der (auf Eis gelegten) Reparationsforderungen betrachtet. Erst mit der Wiedervereinigung Deutschlands und dem Abschluss des „2-plus-4-Vertrages" 1990, der allgemein als Friedensvertrag betrachtet wird, änderte sich die Situation. Deutschland zahlte nochmals insgesamt etwa 1,65 Milliarden DM Entschädigung an verschiedene osteuropäische Staaten. Seit Juni 2001 – 56 Jahre nach Kriegsende – wurde außerdem damit begonnen, überlebende ehemalige Zwangs- und Sklavenarbeiter individuell zu entschädigen. Die Bundesregierung hat sich zusammen mit einem Verband deutscher Wirtschaftsunternehmen dazu verpflichtet, insgesamt 10 Milliarden DM (siehe Tabelle S. 203) zu diesem Zweck zur Verfügung zu stellen. Ehemalige Zwangsarbeiter erhalten etwa 2.500 Euro, Sklavenarbeiter 7.000 Euro als Entschädigung. Viele der ehemaligen Zwangsarbeiter sind allerdings mittlerweile verstorben, nur etwa 1,5 Millionen leben noch.

Vorausgegangen war dem Entschädigungsbeschluss ein jahrelanger Hickhack um die „Rechtssicherheit" der deutschen Wirtschaft, d.h. um einen Schutz vor allen zukünftigen Entschädigungsklagen. Erst als die Bundesregierung im Jahr 2000 entsprechende Abkommen mit den Regierungen der betroffenen Staaten geschlossen hatte, sicherte die deutsche Wirtschaft ihren Beitrag zu dieser Entschädigung zu – und brauchte nochmals fast ein Jahr, um ihren Anteil an der Summe zur Verfügung zu stellen. Da mit einer Entschädigung erst begonnen wurde, nachdem der volle Betrag beisammen war, brachte diese Verzögerung nochmals Zehntausende von ehemaligen Zwangsarbeitern um ihre Ansprüche – sie starben in der Zwischenzeit.

24. Dezember 04 +++ **Am 24. Dezember pöbelten drei Neonazis im Alter zwischen 18 und 19 Jahren in München einen dunkelhäutigen Mann in der Trambahn an, beschimpften und beleidigten ihn. Als sie die Trambahn verließen, stellte ein 59jähriger Münchner sie zur Rede. Daraufhin schlug einer der Täter dem Mann mehrmals mit einer Bierflasche auf den Kopf. Als Passanten dem Angegriffenen zu Hilfe eilten, ergriffen die Rechtsextremen die Flucht. +++** (Jungle World 5.01.05)

Im Übrigen relativiert sich auch die Höhe dieser Entschädigungssumme, wenn man sie der Summe des durch Zwangsarbeit erzielten Profits gegenüberstellt. Nach einem von der Bremer Stiftung für Sozialgeschichte des 20. Jahrhunderts in Auftrag gegebenen Gutachten stünden den Zwangsarbeitern nach heutigem Geldwert insgesamt eigentlich 180,5 Milliarden DM (siehe Tabelle S. 203) zu *(Quelle: Thomas Kuczynski: Entschädigungsansprüche für Zwangsarbeit im „Dritten Reich" auf der Basis der damals erzielten zusätzlichen Einnahmen und Gewinne, in: 1999, Zeitschrift für Sozialgeschichte des 20. und 21. Jahrhunderts, 15 (2000), S. 15–63).* Dieser Betrag ist der Gegenwert zu den 16,3 Milliarden Reichsmark, die die deutsche Wirtschaft laut diesem Gutachten durch nicht gezahlte Löhne einsparte. Eine Entschädigung für zugefügtes Leid ist auch in diesem Betrag noch nicht enthalten.

Die Zahlungen Deutschlands an die EU haben mit dem Zweiten Weltkrieg nichts zu tun. Es handelt sich dabei um Mitgliedsbeiträge. Diese Beiträge errechnen sich zur Hälfte aus dem deutschen Anteil an der europäischen Gesamtbevölkerung und aus dem Anteil am Bruttoinlandsprodukt der EU. Da die Bundesrepublik in beiden Kategorien an der Spitze steht, sind diese Beitragszahlungen entsprechend hoch. Deutschland zahlt zwar per Saldo, andererseits fließen von der EU auch Subventionen und Fördergelder in Milliardenhöhe – vor allem für die Landwirtschaft oder z. B. für die Opfer von Katastrophen – an Deutschland zurück. Darüber hinaus profitiert die stark exportorientierte deutsche Wirtschaft auch von der Unterstützung anderer Länder durch die EU.

Ausgabenverteilung im EU-Haushalt 2004

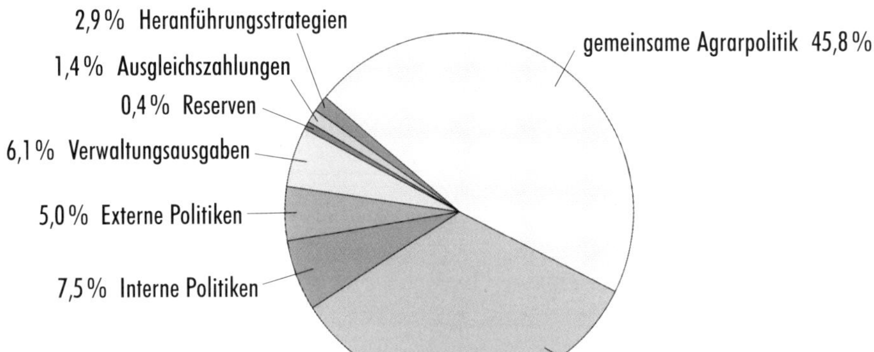

(Quelle: Bundesfinanzministerium)

»Staat und Politik reden den Deutschen die Schuld für nicht begangene Massenverbrechen in der Zeit des Nationalsozialismus ein.«

Lüge Nr. 41

„Auschwitzleugner", wie sie nach dem von ihnen geprägten Schlagwort von der „Auschwitzlüge" genannt werden, halten die Vernichtung von über fünf Millionen Juden für ein Märchen. Sprüche, wie „alle Dokumente über die Judenvernichtung wurden nachträglich gefälscht", hört man immer wieder. (Literaturtipp: *Tiedemann, M.:„In Auschwitz wurde niemand vergast". 60 rechtsradikale Lügen und wie man sie widerlegt. Mülheim an der Ruhr 1996.)*

Über die so genannten Holocaust-Revisionisten heißt es in einem Dokument des Bundestags: Sie behaupten, dass „wesentliche Erkenntnisse zur jüngeren deutschen Geschichte, speziell hinsichtlich der Alleinschuld Hitlers am Zweiten Weltkrieg und der massenhaften Ermordung von Juden in deutschen Konzentrationslagern, revidiert werden müssten. Als Revisionismus im engeren Sinn ist die Leugnung der erwiesenen geschichtlichen Tatsachen zu verstehen, dass im Verlauf des Zweiten Weltkrieges Millionen europäischer Juden auch in Gaskammern ermordet wurden." *(Quelle: Bundestagsdrucksache 1274 vom 27.4.1992; zitiert in: Benz, W.: „Revisionismus" in Deutschland. In: Bailer-Galanda, B. u.a. (Hg.), Die Auschwitzleugner. Berlin 1996.)*

Beginn dieser Rechtfertigungskampagne von Naziverbrechen war eine Broschüre des deutschen Neonazis Thies Christophersen von 1973 mit dem Titel „Die Auschwitzlüge". Christophersen, der 1944 als „SS-Sonderführer für Pflanzenschutz" nach Auschwitz abkommandiert worden war, behauptet, dort keine Grausamkeiten oder Exekutionen erlebt und weder Gaskammern noch Flammen aus den Schornsteinen der Krematorien wahrgenommen zu haben. Er schreibt u.a.: „Es hinterließ bei mir den Eindruck, dass die Häftlinge ihre Forschungsarbeit mit Eifer und Freude verrichteten."

Und: „Im Übrigen war das Hackkommando aus Birkenau ein lustiger Haufen. Es sang bei der Arbeit polnische Volkslieder, und die Zigeuner führten dazu ihre Tänze auf." *(Quelle: Virchow, F.: „... über die Trümmer der KZ-Gedenkstätten" – Von Auschwitzleugnern und anderen Geschichtsfälschern. In: Mecklenburg, J. (Hg.): Handbuch Rechtsextremismus. Berlin 1996.)*

Weitere Veröffentlichungen anderer Neonazi-Autoren, darunter so prominente wie David Irving und Ernst Zündel, folgten in verschiedenen deutschen und internationalen rechtsradikalen Zeitschriften und Büchern. Mithilfe von Verschwörungstheorien über das „Weltjudentum", Fälschungsvorwürfen und einer vorgetäuschten Wissenschaftlichkeit wird darin Verwirrung gestiftet und revisionistische Propaganda betrieben.

Als endgültiger „Beweis", dass der Holocaust nur eine Propagandalüge sei, galt in der rechtsextremen Szene der so genannte Leuchter-Report von Fred A. Leuchter, einem selbst ernannten Ingenieur und angeblichen Gaskammer-Experten. Leuchter bestreitet in diesem Report, dass in Auschwitz Massenvergasungen stattgefunden haben können. Leuchter musste im Prozess gegen seinen in Kanada angeklagten (und später auch verurteilten) Gesinnungsgenossen Ernst Zündel im Kreuzverhör allerdings zugeben, dass er weder über eine technische, noch über eine toxikologische oder medizinische Ausbildung verfügt. Um einer Verurteilung wegen illegaler Ausübung des Ingenieur-Berufs zuvorzukommen, gab Leuchter 1991 öffentlich zu, „nie und nimmer" Ingenieur gewesen zu sein und sich fälschlich als Fachmann aufgespielt zu haben (siehe dazu auch „In Auschwitz wurde niemand vergast", S. 136/37. Zum Thema Vergasungen ebd. S. 138–143).

Die prominenten Revisionisten haben zwar zahlreiche Anhänger in der rechtsextremen Szene Deutschlands, agieren aber weitgehend aus dem Ausland, da die öffentliche Leugnung des Holocaust in Deutschland verboten ist und als Volksverhetzung juristisch verfolgt wird. Sinn und Zweck dieser Leugnung sind offensichtlich: Es geht darum, die nationalsozialistische Ideologie und Gesellschaftsordnung wieder hoffähig zu machen. Dazu muss man sie natürlich zunächst einmal von den Mordvorwürfen reinwaschen.

Die „Auschwitzlüge" ist die Leugnung des Holocaust. Die Holocaust-Leugner behaupten u.a., die Gaskammern der Vernichtungslager wie z.B. Auschwitz, in denen Millionen von Menschen den Tod fanden, seien eine böswillige Erfindung antideutscher Kräfte, insbesondere des so genannten „Weltjudentums".

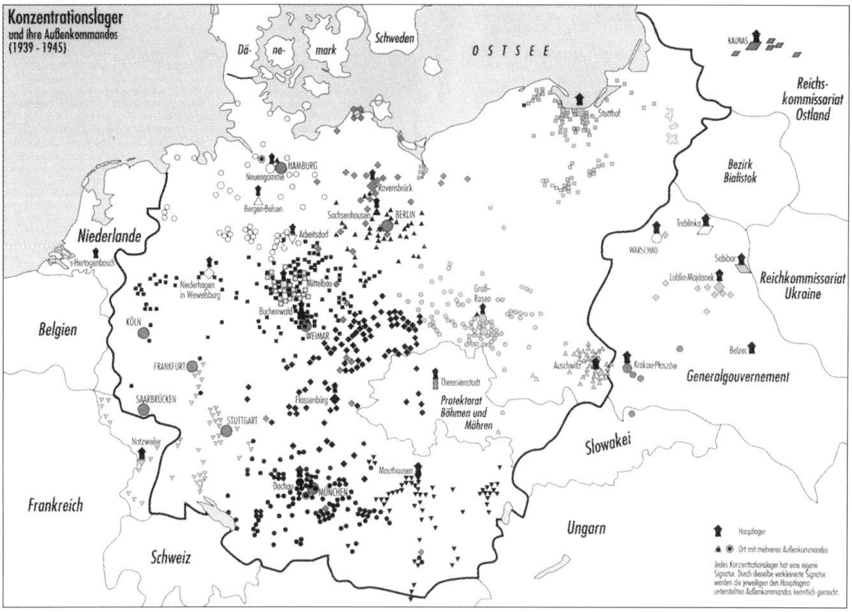

Übersicht über alle Konzentrationslager

Zunächst stand in der Argumentation der Auschwitzleugner vor allem die Zahl der Opfer im Vordergrund. Seit einigen Jahren verlegen sie sich darauf, dass der Massenmord technisch und naturwissenschaftlich gar nicht möglich gewesen wäre und auch nicht beweisbar sei. Das wiederum sei „naturwissenschaftlich bewiesen". Doch einer aus ihren eigenen Reihen, der französische Apotheker und ehemalige Auschwitzleugner Jean-Claude Pressac, hat schließlich sämtliche technische Details der Massenvernichtung akribisch zusammengetragen – zunächst im Bemühen, diese Behauptung zu untermauern. Seine Ergebnisse sind in seinem Werk „Die Krematorien von Auschwitz. Die Technik des Massenmordes" nachzulesen (München 1994. Einige Details seiner Ergebnisse sind auch in dem Buch „In Auschwitz wurde niemand vergast", S. 95 f. und S. 133–144 aufgeführt). Ohne sich auf Zeugenaussagen, Erlebnisberichte oder historisch belegte Tatsachen zu beziehen, widmete sich Pressac allein der technischen Machbarkeit der Massenvergasungen.

In dieser Arbeit erbrachte er schließlich alle Beweise, die zur Widerlegung der „Auschwitzlüge" notwendig sind: „Akten der SS-Bauleitung, Rechnungen und Korrespondenzen der Lieferfirmen sind ausgewertet und ausgebreitet, ein technisch begründeter Zweifel am Geschehen von Auschwitz ist nach dem Befund Pressacs nicht möglich." *(Quelle: Benz, W.: „Revisionismus" in Deutschland. In: Bailer-Galanda, Brigitte u.a. (Hg.): Die Auschwitzleugner. Berlin 1996.)* Selbst dann, wenn man die erdrückende Last der Zeugenaussagen von Tätern wie Opfern gänzlich außer Acht lässt, ist „Auschwitz" nicht zu leugnen – vor allem nicht, wenn man weiß, wie Leuchter (und Remer) gearbeitet haben.

Ihre Behauptung, es könnten keine Vergasungen stattgefunden haben, weil in den Wandverkleidungen der Gaskammern kaum Rückstände von Zyklon B (Blausäure) zu finden seien, ist schon deshalb unsinnig, weil es ja gerade Ziel der Vergasungen war, dass das Gift von den Körpern der Opfer absorbiert wurde. Die Nazis benutzten Zyklon B ursprünglich als Entlausungsmittel – bis man entdeckte, dass das Gift auch zur „Bekämpfung von Menschen" geeignet war (siehe dazu auch „In Auschwitz wurde niemand vergast", S. 98 f.).

Erwartungsgemäß lassen sich in den Entlausungskammern viel höhere Rückstände an Blausäure feststellen, denn erstens war hier die nötige Dosis 20-mal höher (Blausäure ist für Menschen viel giftiger als für Insekten) und zweitens war hier das Gas 12 bis 18 Stunden mit den Wänden in Kontakt. Auch die gasdichte Tür, die Leuchter vermisste, war vorhanden, wie er in der Dokumentensammlung in Auschwitz hätte nachsehen können.

Aber darum haben sich weder Leuchter noch Remer gekümmert. Sie haben keinerlei Kontakt mit den Wissenschaftlern des Auschwitz-Museums oder mit anderen offiziellen Behörden aufgenommen. Leuchter arbeitete vermutlich mit Touristenkarten und suchte Cyanidrückstände auch in Räumen, von denen niemand jemals behauptet hat, dass es Gaskammern waren (Leichenkeller 2), oder in Räumen, von denen er nicht wusste, dass sie nachträglich mit alten Materialien wieder aufgebaut worden waren. Nur zu Recht sind solcherlei „Ergebnisse" von dem Gericht, für das sie angefertigt wurden, gar nicht erst zugelassen worden.

Die Massenvernichtung der Juden ist heute einwandfrei gesicherter Wissensstand einer überaus ausgedehnten, international anerkannten historischen Forschungstätigkeit, die sich auf hunderttausende von Originaldokumenten berufen kann. Über die rein technische Machbarkeit hinaus stützen sich Historiker und Gerichte bei ihren Nachforschungen heute auf folgende Zeugnisse:

- Dokumente, Akten, Fotos und Filmaufnahmen staatlicher Dienststellen und Ämter aus dem Dritten Reich, darunter Deportationslisten, Transportmeldungen, Zugangslisten und Sterbebücher aus den KZs, wo eine akribische Buchführung über jeden einzelnen Vorgang der angestrebten „Endlösung" stattgefunden hat (allein im Museum der Gedenkstätte Auschwitz sind sind mehr als 20 Meter Akten der Lagerverwaltung und der Zentralbauleitung der Waffen-SS und Polizei enthalten);
- Fotos von Angehörigen der SS und der Wehrmacht;
- Fotos, Filmaufnahmen und Aussagen der Alliierten über die Befreiung der KZ-Häftlinge;
- Aussagen von Opfern, Zeugen und Tätern;
- Materielle Beweise, die beim häufig überstürzten Rückzug der SS aus den Lagern auf der Flucht vor der sich nähernden Front zurückgelassen wurden.

Die umfangreichsten Aussagen von Zeitzeugen, Tätern und überlebenden Opfern finden sich in den Protokollen der Nürnberger Prozesse und des Eichmann-Prozesses. Interessant ist, dass die Täter vor Gericht fast nie die Verbrechen an sich, sondern stets nur ihre persönliche Beteiligung daran bestritten haben.

Weil persönliche Schuld oft nicht mehr nachzuweisen war, mussten viele Angeklagte freigesprochen werden. Doch aus ihren Aussagen konnten zahlreiche historische Erkenntnisse gewonnen werden *(Quelle: G. Spann: Methoden rechtsextremer Tendenz-Geschichtsschreibung und Propaganda. In: Bailer-Galanda, B. u. a. (Hg.): Die Auschwitzleugner. Berlin 1996).*

Es ist also unbestreitbar, dass in Auschwitz Massenvernichtungen stattgefunden haben. Wer dies leugnet, verhöhnt die unzähligen Opfer, die dort den Tod fanden, und hat nichts weiter im Kopf als sein fortgesetztes Engagement für eine neonazistische Ordnung zu rechfertigen, indem er die Verbrechen der Nazis verharmlost oder gar leugnet.

Weitere Infos zum Thema „Holocaust" gibt's im Internet unter den Adressen:

- **www.shoa.de**
- **www.hagalil.com**
- **www.holocaust-education.de**
- **www.h-ref.de**

Literaturtipp:

- Tiedemann, M.:
  „In Auschwitz wurde niemand vergast." 60 rechtsradikale Lügen und wie man sie widerlegt.
  Verlag an der Ruhr 1996.
  ISBN: 3-86072-275-1

7. Februar 05 +++ **In der Nacht des 7. Februar trafen mehrere Schüsse die 23-jährige Hatun Sürücü aus nächster Nähe in Kopf und Oberkörper, sodass sie noch am Tatort starb. Die Ermittler spechen von ‚einer Art Hinrichtung'.** +++ (Zeit 24.02.05)

X

Staatliche Ordnung

Lüge Nr. 42

»Die Westmächte und das jüdische Kapital wollen ein selbstbewusstes nationales Deutschland verhindern, weil man Angst vor dem militärischem Heldentum und der Arbeitsfähigkeit der Deutschen hat.«

Ebenso wie die angebliche „Auschwitzlüge“ (siehe S. 205 ff.), hat auch diese Behauptung eine vorwiegend antisemitische Stoßrichtung. Das „jüdische Kapital“ oder auch die „jüdische Hochfinanz“, das „Weltjudentum“ oder das „Wallstreet-Judentum“ ist eine nicht tot zu kriegende antisemitische Formel. Diese greift auf den mittelalterlichen Wucher- und Schachervorwurf gegen die Juden zurück und baut die Vision einer angeblichen jüdischen Weltverschwörung auf. Diese Weltverschwörung habe sich die Vernichtung der nationalstaatlichen Grundlagen zum Ziel gesetzt. Nach dieser Vorstellung stehen die Juden dem Aufstieg eines deutschen Nationalstaats zu Weltgeltung im Wege. Demnach war die so genannte „Endlösung“ nur die logische Konsequenz, denn um die erste Nation unter den Völkern zu werden, musste man zunächst den jüdischen Feind, der diesem Ziel angeblich im Wege stand, vernichten.

Die Entstehung des rassistischen Antisemitismus (im Gegensatz zur religiös motivierten Judenfeindschaft des Mittelalters) ist bereits eng mit der Entwicklung der Nationalstaaten verbunden. Im 19. Jahrhundert richtete sich die Angst vor „Überfremdung“, die sich heute überwiegend gegenüber Ausländern Luft macht, größtenteils gegen Juden. Auch sie lebten in allen sozialen Schichten inmitten der Gesellschaft, sahen aber vermeintlich anders aus und hatten zum Teil andere Gewohnheiten. Im Zuge der Nationalstaatsbewegung (des Versuchs, aus vielen Kleinstaaten, Herzogtümern etc. eine Nation zu bilden) wurden sie zu Fremden und Feinden erklärt und ausgegrenzt.
Damit konnte man gegen sie eine ansonsten nicht vorhandene Einheit, etwas Gemeinsames, bilden.

Auch die „Protokolle der Weisen von Zion“ trugen ihren Teil zur antisemitischen Stimmung bei. Die Protokolle waren eine Fälschung der zaristischen Geheimpolizei Russlands. Mit ihrer Hilfe sollte eine weltweite Verschwörung des Judentums zur Erlangung der Weltherrschaft, insbesondere mittels Wirtschaft, Finanzmärkten und Medien, belegt werden. In den Zwanzigerjahren des letzten Jahrhunderts wurden die Protokolle als Fälschung entlarvt, was ihre Wirkung jedoch – z.T. bis heute – nicht wesentlich schmälerte.

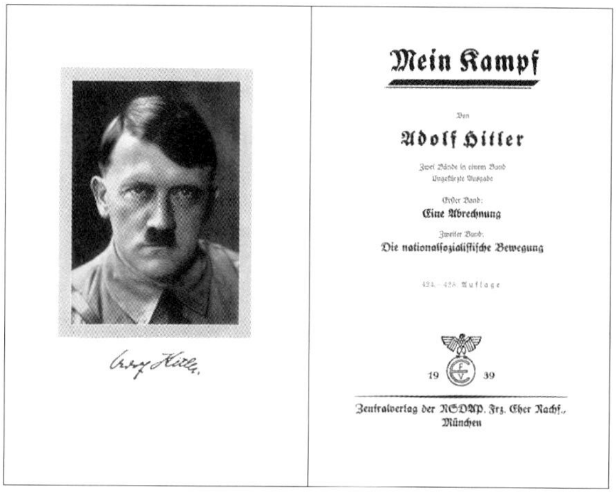

Auch Hitler nutzte u.a. in „Mein Kampf“ diese angebliche Verschwörung der jüdischen Finanzwelt, um seinen Judenhass zu begründen. Im Kapitel „Volk und Rasse“ schreibt er: „Freilich zerstört er [der Jude; d. Verf.] auch immer gründlicher die Grundlagen einer wahrhaft volksnützlichen Wirtschaft. Über dem Umwege der Aktie schiebt er sich in den Kreislauf der nationalen Produktion ein, macht diese zum käuflichen, besser handelbaren Schacherobjekt und raubt damit den Betrieben die Grundlagen einer persönlichen Besitzerschaft.“ *(Quelle: Adolf Hitler: Mein Kampf. 424–428. Auflage, München 1939, S. 344.)* Und nachdem der Jude den Marxismus erfunden habe, setze er sein Zerstörungswerk gegen die Nationalstaaten fort: „Wirtschaftlich erschüttert er die Staaten so lange, bis die unrentabel gewordenen sozialen Betriebe entstaatlicht und seiner Finanzkontrolle unterstellt werden.
Politisch verweigert er dem Staate die Mittel zu seiner Selbsterhaltung, zerstört die Grundlagen jeder nationalen Selbstbehauptung und Verteidigung, vernichtet den Glauben an die Führung, schmäht die Geschichte und Vergangenheit und zieht alles wahrhaft Große in die Gosse.“ *(Ebd., S. 358)*
Nach Hitlers Ansicht liegt die Stärke eines Nationalstaats wiederum nicht in seiner Wirtschaft, sondern in den staatsbildenden Tugenden von „Heldentum“ und der Fähigkeit, sich für das Gemeinwohl aufzuopfern: „Preußen, des Reiches Keimzelle, entstand durch strahlendes Heldentum und nicht durch Finanzoperationen oder Handelsgeschäfte, und das Reich selber war wieder nur der herrlichste Lohn machtpolitischer Führung und soldatischen Todesmutes.“ *(Ebd., S. 169)*

Auf die Ladenkette des enteigneten Hermann Tietz baute der Hertie-Konzern auf.

Die Behauptung ist falsch. Wie alle antisemitischen Formeln hat auch diese rein gar nichts mit der Existenz, den Handlungen oder Absichten von Juden zu tun. Sie spiegelt vielmehr nur die persönliche Situation und geistige Verwirrung des Antisemiten selbst wider. Es gibt keine „jüdische Weltverschwörung" und auch kein „jüdisches Kapital", das irgendetwas gegen die Deutschen (oder irgendein anderes Volk) hat oder unternehmen will. Die internationalen Finanzmärkte arbeiten nach einer anderen Logik als der von nationalstaatlichen oder gar „rassebiologischen" Ressentiments. Die Kapitalströme werden von transnationalen Konzernen praktisch ungehindert dorthin geleitet, wo sie am meisten Gewinn bringen. Sie sind längst nicht mehr an nationale Grenzen gebunden oder gar an völkische Interessen, geschweige denn an „jüdische". Nationale Schutzzölle gibt es fast nicht mehr. Die Eigentumsverhältnisse an den erzielten Gewinnen werden über die Aktienmärkte verteilt. Privataktionäre spielen heute in diesem Verteilungswettbewerb keine große Rolle, sondern Unternehmensbeteiligungen, Fonds und Kapitalgesellschaften. Deren Organisation ist global, nicht national ausgerichtet. In der heutigen Zeit haben nationale Wirtschafts- und Produktionsstrukturen keine Chance mehr, rentabel zu sein. Das haben auch sozialistische Staaten, wie z.B. China erkannt, – und längst damit begonnen, eine internationale Marktwirtschaft zu betreiben.

Abgesehen von der reinen Geldvermehrung profitieren Kapitaleigner weltweit von der menschlichen Arbeitsfähigkeit – in der Finanzsprache heute wohl treffender als „Wertschöpfungskraft" bezeichnet. Vor dieser Arbeitsfähigkeit haben sie also ganz sicher keine Angst.

Man sieht, dass die nationalistische Argumentation in wirtschaftlichen Zusammenhängen ins Leere geht, da nationalstaatliche Kriterien bei den transnationalen Konzernen „den so genannten „Global Players" – heutzutage keine Rolle mehr spielen.

10. März 05 +++ **Im Städtchen Eggesin in Mecklenburg-Vorpommern traten fünf junge Männer mit stahlkappenbewehrten Springerstiefeln auf zwei Vietnamesen ein, und einer der Schläger intonierte zynisch „Fidschi, Fidschi, gute Reise".** +++

(Sächsische Zeitung 11.03.05)

Was das militärische Heldentum betrifft, so hat uns das letzte Jahrhundert gelehrt, wohin so etwas führen kann. Es ist eher zu bezweifeln, dass Deutschland ein Interesse und die Möglichkeit hat, sich eigenständig als Nation militärisch hervorzutun. Im Übrigen sei dazu angemerkt, dass die westlichen Siegerstaaten die Bundesrepublik bereits 1955 in das militärische Bündnis der NATO (North Atlantic Treaty Organisation) einbanden. Im Zuge dieser Einbindung erfolgte auch die Gründung der Bundeswehr. Damit stand zehn Jahre nach Kriegsende ein deutscher Staat wieder unter Waffen. Die Furcht vor dem „militärischen Heldentum" der Deutschen kann also schon damals so groß nicht gewesen sein.

Auch das wiedervereinigte Deutschland ist nach wie vor Mitglied der NATO. Im Rahmen dieser Mitgliedschaft und im Auftrag der UNO führten als „friedenssichernde und -erhaltende Maßnahmen" bezeichnete Einsätze Kampfverbände der Bundeswehr in den Jahren 2001–2002 in den Kosovo und nach Afghanistan, obwohl die Bundeswehr ursprünglich nach dem Grundgesetz als reine Verteidigungsarmee zur Abwehr äußerer Bedrohungen konzipiert war. Diese militärischen Beiträge wurden von den NATO-Partnern (von den „Westmächten" also) nicht nur zugelassen, sondern ausdrücklich gewünscht, wie immer man dazu auch stehen mag. Aus vielerlei Gründen hat man wohl heute zum Glück keine richtige Angst mehr vor dem „militärischen Heldentum" der Deutschen. Man sollte dafür sorgen, dass es so bleibt.

Weitere Infos gibt's im Internet unter den Adressen:

- **www.ns-archiv.de**
  (Dokumente zum Nationalsozialismus)
- **www.der-ewige-jude.de**
  (Geschichte und Inhalt des nationalsozialistischen Propagandafilms)
- **www.nizkor.org**
  (Informationen zum Holocaust, zu Faschismus, Neofaschismus und Revisionismus)
- **www.his-online.de**
  (Hamburger Institut für Sozialforschung von Jan-Philipp Reemtsma)

12. März 05 +++ **Nicht selten werden die Opfer in das Herkunftsland der Familie entführt. Selbst wenn bei häuslicher Gewalt der Ehemann von der Polizei der gemeinsamen Wohnung verwiesen wird, so nützt es der schutzbedürftigen Frau wenig, denn umgehend treten die anderen männlichen Verwandten in Erscheinung. +++**
(junge Welt 12.03.05)

»Das System besteht nur aus unfähigen und korrupten Politikern. Wir leben in einer Scheindemokratie.«

Lüge Nr. 43

Auch dies ist eine altbekannte Propaganda, die schon von den Nationalsozialisten über die Weimarer Republik verbreitet wurde. Sie bezeichneten diese Ära als „Systemzeit". Die Weimarer Republik nannten die Nazis nur abfällig den „Intellektuellenstaat". Das Dritte Reich galt dagegen als völkische Gemeinschaft, in der alle Mitglieder angeblich dasselbe wollten, fühlten und dachten. Natürlich hielt man auch schon damals die „Systempolitiker" für unfähig und korrupt (bzw. „jüdisch", was gleichgesetzt wurde) und das „System" der Weimarer Republik selbst bestenfalls für eine Scheindemokratie. Was jedoch danach kam, war ein verbrecherischer, menschenverachtender Terrorstaat, in dem sich die Machthaber persönlich und hemmungslos nicht nur am Eigentum der deportierten Juden bereichert haben.

Fakt ist: Seit Gründung der Bundesrepublik Deutschland hat es hierzulande zahlreiche Korruptionsaffären gegeben. Die bekanntesten Beispiele sind wohl die Flick-Parteispendenaffäre zu Beginn der Achtzigerjahre und die Affäre aus dem Jahr 1999 um die nicht offen gelegten, auf schwarzen Konten geparkten Spenden an die CDU. Diese Affären stehen nur stellvertretend für eine ganze Reihe weniger bekannter Vorfälle, die sich quer durch die gesamte Parteienlandschaft der Bundesrepublik ziehen. Seit 1994 sind Korruptionsfälle in Deutschland um mehr als das Zwanzigfache gestiegen. Der wirtschaftliche Schaden, der dadurch entsteht, ist enorm. Unternehmen, die Beamte schmieren, schlagen die Bestechungssumme später auf die Preise auf. Diese Mehrkosten trägt jedermann. Allerdings bedeuten diese Fälle von Korruption in Wirtschaft und Politik nicht zwangsläufig, dass das gesamte Staatssystem undemokratisch ist.

Der demokratische Grundgedanke besteht in der freien Selbstbestimmung aller (mündigen) Bürger eines Gemeinwesens. Die Demokratie beruht auf bestimmten politischen Grundprinzipien: der Gewaltenteilung, der Durchführung allgemeiner, freier, gleicher und geheimer Wahlen und heute auch auf der Anerkennung der Menschenrechte, wie sie in der „Allgemeinen Erklärung der Menschenrechte" durch die Vereinten Nationen von 1948 festgelegt wurden. Die unveräußerlichen Rechte der Demokratie sind in die Verfassungen der meisten Staaten eingegangen.

Die demokratische Idee hat sich im Lauf der letzten 200 Jahre als so attraktiv erwiesen, dass es heute kaum noch eine Regierung wagt, sich offen als undemokratisch zu bezeichnen. Selbst eindeutige Diktaturen – der wohl größte denkbare Gegensatz zur Demokratie – hängen sich zumeist ein scheindemokratisches Mäntelchen um. Auch dort werden Wahlen veranstaltet, deren Ergebnisse jedoch von vornherein feststehen oder nach Bedarf manipuliert werden. Trotzdem berufen sich die Machthaber zur Legitimation auf den Volkswillen. Ein Beispiel für eine solche Scheindemokratie war die DDR, in der die „Wahl" des Parlaments einzig darin bestand, dass die Bürger per Abgabe ihres Stimmzettels einer bereits vorher festgelegten Sitzverteilung im Parlament zustimmten (im Volksjargon „falten gehen" genannt). Ein aktuelles Beispiel für eine Scheindemokratie ist das Regime des Saddam Hussein im Irak. In wichtigen Fragen kann das dortige Parlament lediglich „Empfehlungen" aussprechen. Die Entscheidungsgewalt hat jedoch der so genannte „Revolutionäre Kommandorat", der wiederum dem zustimmt, was Saddam als Vorsitzender sagt. Für solche Staatsformen (v. a. für die getarnten Militärdiktaturen Lateinamerikas) hat man auch den Begriff „Demokratur" erfunden.

Ob Demokratie oder Diktatur: Menschen sind korrumpierbar – überall und zu jeder Zeit. Eine Gefahr der Korruption besteht daher grundsätzlich immer. Die entscheidende Frage ist, welche Staatsform die bestmögliche Kontrolle solcher Vorgänge bietet.

In Demokratien gibt es eine Reihe von Kontrollmechanismen und Regelungen zur Verhinderung von Korruption in der Politik. Um eine Verflechtung von Politik und wirtschaftlichen Interessen zu verhindern, dürfen z. B. die Regierungsmitglieder in Deutschland weder einen Beruf ausüben noch dem Aufsichtsrat eines Unternehmens angehören. Außerdem sind die einzelnen Parteien verpflichtet, dem Bundestagspräsident einmal jährlich einen Rechenschaftsbericht vorzulegen, der über das Parteivermögen und vor allem über Einnahmen aus Spenden Auskunft gibt.

28. März 05 +++ **Ein Jugendlicher hat am Abend des Ostermontags im U-Bahnhof Kampstraße einen 32-jährigen Punker erstochen. Der Täter soll aus der Rechten Szene kommen. Zeugen beobachteten, wie der jüngere Mann ein Messer zog und sein Opfer niederstach. +++** (WAZ 30.03.2005)

Aufgaben des Parlaments

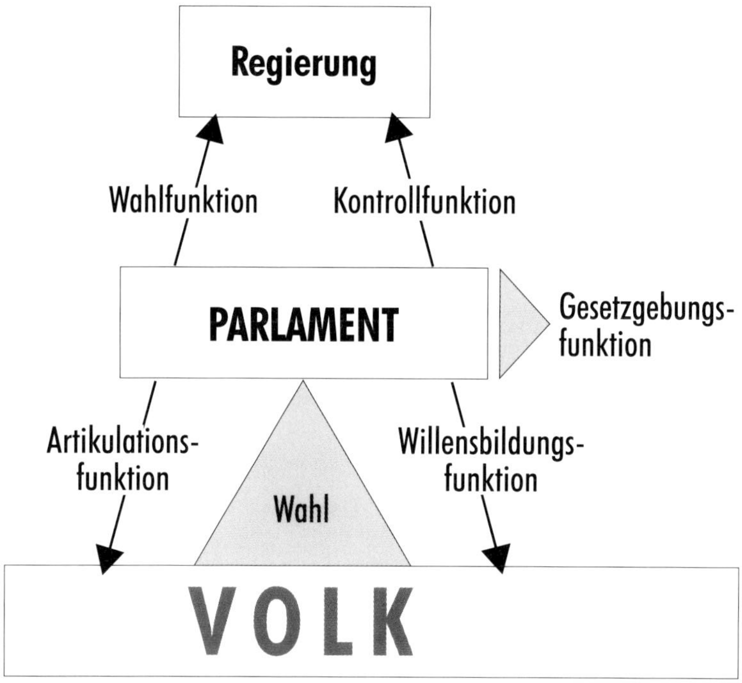

Besteht ein konkreter Verdacht der Vorteilnahme, kann der Bundestag einen Untersuchungsausschuss einsetzen, der Zeugen und Sachverständige anhört und Ermittlungen durch die zuständigen Gerichte vornehmen lässt. Damit solche Kontrollmechanismen greifen, ist es allerdings notwendig, dass entsprechende Vorfälle auch an die Öffentlichkeit gelangen. Eine zentrale Rolle spielt dabei eine freie Presse. In diktatorischen Systemen ist die Presse stets einer strengen Zensur unterworfen. Kritische Medienberichte (auch über Korruptionsaffären) werden entweder vorzensiert oder umgehend verboten.

In demokratischen Staaten wie der Bundesrepublik herrscht hingegen Pressefreiheit. Allerdings konzentrieren sich die privaten Medien in der heutigen Zeit mehr und mehr in der Struktur von Großkonzernen, und Programminhalte (auch die der öffentlich-rechtlichen Medien) werden immer stärker von der Einschaltquote diktiert. Auch hierzulande muss man sich unter diesen Umständen zumindest die Frage stellen, ob die Kontrollfunktion der Medien noch in ausreichendem Maß gewährleistet ist – vor allem, wenn man die jüngsten Zahlen zur Korruption betrachtet.

Eine weitere Gefahr besteht darin, dass das parlamentarische Gesetzgebungsverfahren zunehmend umgangen wird. So werden viele Bestimmungen mittlerweile auf EU-Ebene erlassen, und zwar im Wesentlichen auf der Basis der Vorarbeit der Europäischen Kommission. Dieses Gremium unterliegt keiner direkten demokratischen Kontrolle. Auch hier hat es bereits Bestechungsskandale gegeben.

> **„Demokratie ist die schlechteste aller möglichen Staatsformen – mit Ausnahme aller anderen!"**
>
> *(Winston Churchill)*

Für die „Politikverdrossenheit" breiter Bevölkerungsschichten – vor allem Jugendlicher – gibt es eine ganze Reihe von Gründen. Einer davon ist sicher der Eindruck, es gehe Politikern nur noch um ihre persönliche Macht und ihren Profit. Aus der unbestreitbaren Zunahme von Korruption lässt sich aber trotzdem nicht pauschal schließen, dass alle Politiker korrupt sind. Korruption ist kriminell, hat nicht selten sogar mit dem organisierten Verbrechen zu tun und wird von den Gerichten verfolgt und bestraft. Abgesehen davon: Die Kontrolle der Parlamentarier funktioniert umso besser, je mehr Menschen sich in den politischen Prozess einschalten, indem sie diskutieren, demonstrieren und protestieren, Petitionen einreichen, sich an die Parlamentsvertreter ihrer Wahlkreise wenden oder selbst in Parteien oder anderen Organisationen aktiv werden. Auf diese Weise kann die Bevölkerung sichtbar demonstrieren, dass es ihr nicht egal ist, was „die da oben" tun und lassen. Es gilt also, sich rechtzeitig einzumischen.

Dies ist besonders wichtig im Hinblick auf die zunehmende wirtschaftliche und politische Macht transnationaler Konzerne. Die wirtschaftliche Globalisierung stellt vielleicht sogar die größte Bedrohung des demokratischen Systems dar. Denn wenn die politische Macht erstmal in den Händen der „Global Players" liegt, dann werden vom Volk gewählte Parlamentarier und Regierungen wirklich nur noch einflusslose Marionetten sein, die bestenfalls eine Scheindemokratie aufrechterhalten.

Im Hinblick auf Klagen über Korruption sollten gerade Neonazis aufpassen: Sie werfen Steine im Glashaus. Der Nationalsozialismus war das korrupteste System überhaupt. Obwohl die Nazis bei der Machtübernahme noch lauthals verkündet hatten, einen gnadenlosen Feldzug gegen Misswirtschaft und Korruption ihrer Vorgänger führen zu wollen, blieb dieser „gute Vorsatz" nur zu bald auf der Strecke. Binnen kürzester Zeit entledigte sich das NS-Regime sämtlicher demokratischen Prinzipien wie der Pressefreiheit, der Gewaltenteilung und der parlamentarischen Meinungsvielfalt und öffnete der Korruption Tür und Tor *(vgl. dazu auch: Frank Bajohr: Parvenüs und Profiteure. Korruption in der NS-Zeit. Frankfurt 2001).*

Gerade bei der „Arisierung" jüdischen Eigentums spielte Korruption eine zentrale Rolle, vor allem in der letzten Phase der Zwangsarisierung, in der die Unternehmen unter der Verwaltung von Regierungsbeamten standen.

So mancher Profiteur dieser Zwangsenteignungen hat zweifellos kräftig „geschmiert“, um in den Besitz eines Unternehmens zu gelangen. Ob hochrangiges Regierungsmitglied oder kleiner Parteifunktionär: Die Nazis bedienten sich hemmunglos aus Parteikassen und Mitteln der öffentlichen Hand. Oftmals unterschieden Parteifunktionäre nicht einmal mehr zwischen Partei- und Privatbesitz. Wurde doch einmal eine Affäre aufgedeckt wie z.B. im Berliner Prozess um einen Feinkosthändler, der Nazi-Größen wie den Reichsminister Joachim von Ribbentrop und den Generalfeldmarschall Wilhelm Keitel im großen Stil ohne Lebensmittelmarken mit zwangsbewirtschafteten Delikatessen belieferte, dann galt die alte Regel „Die Kleinen fängt man, die Großen lässt man laufen“: Der Feinkosthändler wurde verhaftet und erhängte sich (angeblich) selbst, die Prominenz kam ungeschoren davon.

29. März 05 **+++ Im Jahr 2003 erlangten die Opferberatungsstellen allein in den fünf neuen Bundesländern und Berlin Kenntnis von insgesamt 551 rechtsextremen Angriffen. Die meisten solcher Gewalttaten ereigneten sich in Sachsen (141), gefolgt von Brandenburg (116) und Thüringen (91). +++**

(Mut gegen Rechte Gewalt 29.03.2005)

Lüge Nr. 44

»Es gibt nationale (und rassische) Werte, die über allem stehen. Um sie zu schützen kann man sogar von demokratischen Grundwerten und den Menschenrechten abweichen.«

Die Menschenrechte sind eine der Grundsäulen der demokratischen Gesellschaft. Es gibt heute kaum einen Staat, der nicht entweder die Allgemeine Erklärung der Menschenrechte oder wenigstens eines oder mehrere der 92 Nachfolgeabkommen unterzeichnet hätte. Leider werden die Menschenrechte unbestreitbar an vielen Orten der Welt immer noch verletzt und missachtet. Doch zumindest in der Theorie ist der menschenrechtliche Konsens sehr groß. Staaten müssen sich heute z.B. auch an ihrer praktizierten Haltung zu den Menschenrechten messen lassen, wenn sie in eine wirtschaftliche oder politische Staatengemeinschaft wie die EU aufgenommen werden wollen. Menschenrechte und Demokratie haben sich in den letzten fünfzig Jahren zu ethisch-politischen Leitideen entwickelt, über die sich kein Staat einfach so hinwegsetzen kann. Die wachsende Sensibilität gegenüber Menschenrechtsverletzungen führt weltweit zu steigender Kritik, vor allem durch nichtstaatliche Organisationen wie z.B. amnesty international.

Die Allgemeine Erklärung der Menschenrechte und die nachfolgenden Menschenrechtskonventionen beschreiben die angeborenen Rechte und Grundfreiheiten des einzelnen Menschen gegenüber dem Staat und der Allgemeinheit. Die beiden grundlegendsten dieser Rechte besagen, dass alle Menschen frei und gleich an Würde und Rechten geboren sind (Art.1) und das Recht auf Leben, Freiheit und Sicherheit der Person haben (Art. 3). Wer diesen demokratisch-menschenrechtlichen Konsens verlässt, um einen Kampf für seine Eigeninteressen zu führen, richtet seine Aktivitäten auf nichts weniger als die Abschaffung dieser grundlegenden Rechte und Freiheiten des Einzelnen. Die Menschen sollen also nicht mehr frei und gleich sein und kein grundsätzliches Recht auf Leben, Freiheit und Sicherheit haben. Das kann wiederum nur eins zur Folge haben: Willkürherrschaft.

Neonazis fordern einen autoritären völkischen Staat und die Verfolgung oder Ausweisung von Angehörigen anderer „Rassen" oder Kulturen – überhaupt von allen, die „anders" sind als die Mehrheit: Homosexuelle, Behinderte, psychisch Kranke, usw. Frauen sollen möglichst viele Kinder gebären, mit dem Ziel eine „rassereine" Bevölkerung zu züchten und eine homogene Gesellschaft zu schaffen. Man möchte endlich wieder „wer sein" und stolz auf das „einig Vaterland" sein. Das alles ist schon mal dagewesen. Dieser Größenwahn hat zu 55 Millionen Toten und einem globalen Desaster unvorstellbaren Ausmaßes geführt, dessen Folgen die Welt auch noch in Zukunft beschäftigen werden.

Eine Reaktion der internationalen Staatengemeinschaft auf die Schrecken des Zweiten Weltkriegs war die Allgemeine Erklärung der Menschenrechte am 10. Dezember 1948. Eine andere war die Herstellung einer demokratischen Struktur in der BRD, die eben diese Menschenrechte zum Bestandteil ihrer Verfassung gemacht hat. Die Tatsache, dass eine Menge Schaltstellen dieser jungen Demokratie mit Altnazis besetzt wurden, hat nicht wenig dazu beigetragen, dass manche Leute immer noch meinen, demokratische Grundsätze könnten beliebig in Frage gestellt werden.

Was die heutige Generation der Rechtsextremisten aus unterschiedlichen Gesellschaftsschichten untereinander verbindet – den daueralkoholisierten Fascho-Skin mit dem Redakteur des nationalistisch-rechten Wochenblatts oder dem intellektuellen Urheber vom Parteiprogramm am rechten Rand – ist das Bestreben, sich als „völkische Avantgarde" zu definieren, als Überbringer bzw. Vollstrecker eines angenommenen „heimlichen Volkswillens". Auf der Grundlage einer latent vorhandenen nationalistischen und rassistischen Gesinnung eines Teils der Bevölkerung entsteht eine Strömung, die in manchen Regionen bereits den jugendlichen Lebensstil dominiert. Als soziale Bewegung formiert sich diese vor allem in den neuen Bundesländern – aber nicht nur dort – zunehmend in Richtung einer kulturellen, ideologischen und organisatorischen Gegenmacht zu den Werten von Demokratie und Humanität.

27. April 05 +++ **Nachdem die 16, 18, 20 bzw. 24 Jahre alten Männer vorher im Wald das Werfen von Brandbomben trainiert hatten, verübten sie einen Brandanschlag mit Molotowcocktails auf ein Asylbewerberheim in Recklinghausen und verletzten dabei eine 33jährige Asylbewerberin. Außerdem warfen sie Molotowcocktails auf ein türkisches Vereinsheim in Murrhardt und zündeten einen türkischen Imbisswagen in Backnang an, der von dem Feuer vollständig zerstört wurde. Zudem bedrohten die Neonazis Migranten und sprühten rechtsextreme Parolen.** +++

(Jungle World 12.05.2004)

In den rechten Jugendgruppen wurde ein ideologisiertes Feindbild aufgebaut. Gewalt wurde ritualisiert und zum Instrument des Zusammenhalts weiterentwickelt, um die eigene „Macht" auszuweiten. Das Motto lautet: „Wir sind national." Alle, die sich dieser Anweisung nicht fügen, werden eingeschüchtert, bedroht, mitunter physisch attackiert. So wird der öffentliche Raum systematisch kontrolliert, bis er „ethnisch rein" ist *(Quelle: Wagner, B.: „Rechtsextremismus und kulturelle Subversion in den neuen Ländern". In: Bulletin. Schriftenreihe des ZDK 1998).*

Staat und Verfassung werden von neonazistischen Gruppierungen nicht mehr als Instrumente zur allgemeinen Sicherung von individueller Freiheit und Menschenrechten wahrgenommen. Sie sollen im Gegenteil umfunktioniert werden zu Organen, die der Durchsetzung sozialer Interessen ausschließlich der Deutschen gegen alle anderen dienen. Aber solange Menschenrechte missachtet werden, ist Streit und Krieg vorprogrammiert und es kann keinen Weltfrieden, keine internationale Sicherheit und keine grundlegende wirtschaftliche und soziale Entwicklung geben.

Allgemeine Erklärung der Menschenrechte

Genehmigt und verkündet von der Generalversammlung der Vereinten Nationen (UN) am 10. Dezember 1948

Präambel

Da die Anerkennung der allen Mitgliedern der menschlichen Familie innewohnenden Würde und ihrer gleichen und unveräußerlichen Rechte die Grundlage der Freiheit, der Gerechtigkeit und des Friedens in aller Welt bildet,

da Verkennung und Mißachtung der Menschenrechte zu Akten der Barberei führten, die das Gewissen der Menschheit tief verletzt haben, und da die Schaffung einer Welt, in der den Menschen, frei von Furcht und Not, Rede- und Glaubensfreiheit zuteil wird, als das höchste Bestreben der Menschheit verkündet worden ist,

da es wesentlich ist, die Menschenrechte durch die Herrschaft des Rechts zu schützen, damit der Mensch nicht zum Aufstand gegen Tyrannei und Unterdrückung als letzem Mittel gezwungen wird,

da es wesentlich ist, die Entwicklung freundschaftlicher Beziehungen zwischen den Nationen zu fördern,

da die Völker der Vereinten Nationen in der Satzung ihren Glauben an die grundlegenden Menschenrechte, an die Würde und den Wert der menschlichen Person und an die Gleichberechtigung von Mann und Frau erneut bekräftigt und beschlossen haben, den sozialen Fortschritt und bessere Lebensbedingungen bei größerer Freiheit zu fördern,

da die Mitgliedstaaten sich verpflichtet haben, in Zusammenarbeit mit den Vereinten Nationen die allgemeine Achtung und Verwirklichung der Menschenrechte und Grundfreiheiten durchzusetzen,

da die gemeinsame Auffassung über diese Rechte von größter Wichtigkeit für die volle Erfüllung dieser Verpflichtung ist,

verkündet die Generalversammlung die vorliegende Allgemeine Erklärung der Menschenrechte als das von allen Völkern und Nationen zu erreichende gemeinsame Ideal, damit jeder einzelne und alle Organe der Gesellschaft sich diese Erklärung stets gegenwärtig halten und sich bemühen, durch Unterricht und Erziehung die Achtung dieser Rechte und Freiheiten zu fördern und durch fortschreitende Maßnahmen im nationalen und internationalen Bereiche ihre allgemeine und tatsächliche Anerkennung und Verwirklichung bei der Bevölkerung sowohl der Mitgliedsstaaten wie der ihrer Oberhoheit unterstehenden Gebiete zu gewährleisten.

Daher können weder die Deutschen noch eine andere Nation ein Interesse daran haben, diese Konventionen außer Kraft zu setzen. Angesichts der offenbar stärker werdenden rechtsextremistischen Strömungen muss sich heute wieder jeder Einzelne entscheiden, was ihm attraktiver erscheint: Die Idee von Freiheit und Gleichheit aller Menschen, die „mit Vernunft und Gewissen begabt" sind und „einander im Geiste der Brüderlichkeit begegnen". Oder die Wiederholung eines der größten Traumata in der jüngeren Geschichte der Menschheit, der Terrorherrschaft einer selbst ernannten „arischen Elite".

Weitere Infos gibt's im Internet unter den Adressen:

- **www.eumc.eu.int**
  (Europäische Stelle zur Beobachtung von Rassismus und Fremdenfeindlichkeit)
- **http://motlc.wiesenthal.com**
  (Bildungseinrichtung des Simon-Wiesenthal-Centers)
- **http://gfpa.uibk.ac.at**
  (Österreichische Gesellschaft zur Förderung von Demokratiebewusstsein, politischer Verantwortung und Solidarität)

2004 +++ **Die Zahl rechtsextremer Straftaten nahm im vergangenen Jahr um 23 Prozent von 411 auf 2180 Delikte zu. Damit entfallen fast dreiviertel aller politischen Straftaten auf den Bereich des Rechtsextremismus. Die Zahl rechtsextremistischer Gewaltdelikte stieg um 17 auf insgesamt 132 Fälle an.** +++

(Neue Ruhr Nachrichten 15.03.05)

Hier hat man Ruhe für nichts und wieder nichts,
Ruhe vor den anderen und den Nachbarn.
Bei uns hat man eine geistige Ruhe, man muss sich nicht sorgen,
überlegen, wann machen die Geschäfte zu, habe ich noch Zeit,
dieses oder jenes zu erledigen, ich muss zur Arbeit
und vielleicht gibt es einen Stau ...

Verwendete Literatur

Ahlheim, K./Heger, B.:
Vorurteile und Fremdenfeindlichkeit.
Schwalbach/Ts 1999.

Ahlheim, K./Heger, B.:
Die unbequeme Vergangenheit. NS-Vergangenheit, Holocaust und die Schwierigkeiten des Vergessens.
Studien zu Politik und Wissenschaft. 2002.

Allen, J.:
Without Sanctuary. Lynching Photography in America.
Santa Fe 2000.

Alt, J.:
Illegal in Deutschland.
Karlsruhe 1999.

Armuts- und Reichtumsbericht der Bundesregierung.
Berlin 2001.

Bailer-Galanda, B. et al. (Hg.):
Die Auschwitzleugner.
Berlin 1996.

Bauer, J.:
Konfliktstoff Kopftuch. Eine thematische Einführung in den Islam.
Mülheim an der Ruhr 2001.

Beer-Kern, Dr. D.:
Sprachvermögen von Deutsch-Türken. Arbeitsstab der Beauftragten für Ausländerfragen.
Berlin 2001.

Benz, W.:
Enzyklopädie des Nationalsozialismus.
Stuttgart 1997.

Benz, W.:
„Argumente gegen rechtsextreme Vorurteile".
In: Bundeszentrale für politische Bildung (Hg.): Informationen zur politischen Bildung aktuell.
Berlin 2001.

Bericht der Beauftragten der Bundesregierung für Ausländerfragen über die Lage der Ausländer in der Bundesrepublik Deutschland. Nr. 4.
Berlin 2002.

Bundeszentrale für politische Bildung (Hg.):
Informationen zur politischen Bildung: „Zuwanderung und Integration".
Berlin 2000.

Bundeszentrale für politische Bildung (Hg.):
„Ausländische Mitbürger in Deutschland" (Studie).
Berlin 2001.

DIW Wochenbericht.
Berlin 50/96.

DIW Wochenbericht.
Berlin 30/2001.

Egenter, S.:
„Die Launen der Verbraucher".
In: Süddeutsche Zeitung vom 22.07.2002.

Fischer Almanach.
Frankfurt 2002.

Fuchs, M. et al.:
Tatort Schule: Gewalt an Schulen 1994–1999.
Opladen 2001.

Fuchs, M.:
Ausländische Schüler und Gewalt an Schulen.
In: Holtappels, H. et al. (Hg.): Forschung über Gewalt an Schulen: Erscheinungsformen und Ursachen, Konzepte und Prävention.
Weinheim 1999.

Frey, Dr. G.:
Prominente ohne Maske.
München 1984.

Gleichstellungsbeauftragte des Landes Mecklenburg-Vorpommerm (Hg.):
Landesaktionsplan von Gewalt gegen Frauen.
Schwerin 2001.

Gogolin, I.:
„Die Verantwortung der Grundschule für Bildungserfolge und -misserfolge",
nachzulesen unter: www.forum-bildung.de.

Geo Magazin.
9/2000.

Heitmeyer, W. et al.:
„Deutsche Zustände". Studie des Instituts für Konflikt- und Gewaltforschung der Universität Bielefeld.
Bielefeld 2002.

Hitler, A.:
Mein Kampf.
Landsberg/Lech 1925.

Isoplan:
AID – Ausländer in Deutschland.
2/2002.

Kahl, R.:
„Der deutsche Hohlweg."
In: Die Zeit 45/2002.

Köttig, M.:
„Mädchen sollten am besten die Klappe halten" – Mädchen in rechten Cliquen.
In: Bitzan, R. (Hg.): Rechte Frauen.
Berlin 1997.

Kuczynski, T.:
„Entschädigungsansprüche für Zwangsarbeit im „Dritten Reich" auf der Basis der damals erzielten zusätzlichen Einnahmen und Gewinne."
In: 1999, Zeitschrift für Sozialgeschichte des 20. und 21. Jahrhunderts.
15/2000.

Kurth, A.:
„Mit Gott für Kinder – Küche – Kirche."
In: Bitzan, R. (Hg.): Rechte Frauen.
Berlin 1997.

Lagebericht „Organisierte Kriminalität" des BKA.
Wiesbaden 2001.

Magiros, A.:
„Demontage des Neo-Rassismus."
In: iz3w 1/2001.

Mappes-Niediek, N.:
„Der Geschmack von Freiheit und Anarchie."
In: Die Zeit 46/2002.

Mecklenburg, J.:
Handbuch Rechtsextremismus.
Berlin 1996.

Memmi, A.:
Der Rassismus.
Frankfurt/M 1987.

Meyer-Timpe, U.:
„Schwarzarbeit – die Rebellion des kleinen Mannes."
In: Die Zeit 20/2001.

Migrationsbericht der Ausländerbeauftragten im Auftrag der Bundesregierung
vom 12.02.2002.

Mönninghoff, W.:
Die Enteignung der Juden. Wunder der Wirtschaft, Erbe der Deutschen.
Hamburg 2001.

Ostendorf, H.:
„Lagebild der Kriminalität."
In: Bundeszentrale für politische Bildung (Hg.): Informationen zur politischen Bildung.
Berlin 1999.

Ottens, S.:
„Rechtsextremismus – ein Männerproblem?"
In: Bitzan, R. (Hg.): Rechte Frauen.
Berlin 1997.

Periodischer Sicherheitsbericht des Bundesinnenministeriums.
Berlin 2001.

Polizeiliche Kriminalstatistik.
BKA (Hg.).
Wiesbaden 2001.

Prantl, H.:
„Homogenisieren kann man die Milch ..."
In: Süddeutsche Zeitung
vom 01.07.2002.

Schröder, B.:
„Der Judenstuhl."
In: Deutsche Lehrerzeitung
vom 10.10.1998.

Spoerer, M.:
Zwangsarbeit unterm Hakenkreuz.
Stuttgart 2001.

Staud, Toralf:
„Mädel, deutsch und rein."
In: Die Zeit 41/2002.

Stedefeld, E.:
Schwule Macht.
Berlin 1998.

Sturhahn, K.:
„Zwischen Rechtskonservatismus und Neonazismus. Frauen in rechtsextremen Parteien und Organisationen."
In: Bitzan, R. (Hg.): Rechte Frauen.
Berlin 1997.

Tenbrock, C.:
„Die fremden Unternehmer."
In: Die Zeit 30/2001.

Tenbrock, C./Uchatius, W.:
„Geschlossene Gesellschaft".
In: Die Zeit 13/2002.

Tichy, R./Tichy, A.:
Die Pyramide steht Kopf. Die Wirtschaft in der Altersfalle und wie sie ihr entkommt.
München 2001.

Tiedemann, M.:
„In Auschwitz wurde niemand vergast." 60 rechtsradikale Lügen und wie man sie widerlegt.
Mülheim an der Ruhr 1996.

„Unter Verdacht. Türkische Islamisten in Deutschland."
ARD-Dokumentation
vom 18.09.2002.

Verfassungsschutzbericht des Bundesinnenministeriums.
Berlin 2001.

Werner, R.:
„Ausländische Jugendliche in Deutschland – Zahlen, Statistiken." (Studie).
Bonn. 2002.

Zum Weiterarbeiten

Thema: Rassismus

Ahlheim, K./Heger, B.:
Der unbequeme Fremde. Fremdenfeindlichkeit in Deutschland – empirische Befunde.
Wochenschau Verlag 1999.
ISBN: 3-87920-483-7

Frohloff, S.:
Gesicht zeigen! Handbuch für Zivilcourage.
Campus Verlag 2001.
ISBN: 3-593-36807-2

Miles, R.:
Rassismus. Einführung in die Geschichte und Theorie eines Begriffs.
Argument-Verlag 1991.
ISBN: 3-88619-389-6

Morgenstern, C.:
Rassismus – Konturen einer Ideologie.
Argument-Verlag 2002.
ISBN: 3-88619-292-X

Schweizer, G.:
Ungläubig sind immer die anderen. Weltreligionen zwischen Toleranz und Fanatismus.
Klett-Cotta, akt. Aufl. 2002.
ISBN: 3-608-94223-8

Hilfreiche Links:

- Informationen zum Holocaust, Faschismus, Neofaschismus und Revisionismus: www.nizkor.org
- Antirassismus-Informationszentrum: www.aric.de
- Dokumentations- und Informationszentrum für Rassismusforschung: www.dir-info.de
- Antirassismus-Jugendarbeit NRW: www.sos-rassismus-nrw.de
- Bündnis gegen Rechtsextremismus und Rassismus: www.aktioncourage.org
- Informationsdienst gegen Rechtsextremismus: www.idgr.de
- Bündnis gegen Hass und für Toleranz: http://hatewatch.org
- Wer glaubt, dass sein Stammbaum „reinrassig" sei, wird hier eines Besseren belehrt: www.ahnenforschung.net
- Aktion weltoffenes Deutschland e.V.: www.gesicht-zeigen.de
- Informations- und Dokumentationszentrum gegen Gewalt, Rechtsextremismus und Ausländerfeindlichkeit in NRW: www.ida-nrw.de

Thema: Antisemitismus

Benz, W.:
Bilder vom Juden. Studien zum alltäglichen Antisemitismus.
Beck 2001.
ISBN: 3-406-47575-2

Freytag, R.:
Antisemitismus unter Jugendlichen.
Hogrefe-Verlag 2000.
ISBN: 3-8017-1169-2

Jäckel, E. et al. (Hg.):
Enzyklopädie des Holocaust. Die Verfolgung und Ermordung der europäischen Juden.
Argon Verlag O.J.
ISBN: 3-87024-300-7

Laqueur, W. (Hg.):
Holocaust Encyclopedia.
Yale University Press 2001.
ISBN: 0-300-08432-3

Pfahl-Traughber, A.:
Antisemitismus in der deutschen Geschichte. Beiträge zur Politik und Zeitgeschehen.
Leske & Budrich 2002.
ISBN: 3-8100-3691-9

Simmel, E.:
Antisemitismus.
Fischer (TB) 2002.
ISBN: 3-596-15530-4

Hilfreiche Links:

- Informationen über jüdisches Leben und jüdische Geschichte: www.hagalil.com
- Drittes Reich und Antisemitismus: www.shoa.de
- Viele Informationen zum Judentum und jüdischen Leben in Deutschland: www.juden.de

Thema: Rechte Gewalt

Boehnke, K. et al.:
Jugendgewalt und Rechtextremismus.
Juventa 2002.
ISBN: 3-7799-0477-2

Butterwegge, C./Lohmann, G.:
Jugend und Rechtsextreme Gewalt. Analysen und Argumente.
Leske & Budrich 2000.
ISBN: 3-8100-2976-9.

Findeisen, H. V./Kersten, J.:
Der Kick und die Ehre. Vom Sinn jugendlicher Gewalt.
Verlag Antje Kunstmann 1999.
ISBN: 3-88897-227-2

Forster, R.:
Von der Ausgrenzung zur Gewalt.
Klinkhardt 2002.
ISBN: 3-7815-1228-2

Heller, F. P./Maegerle, A.:
Die Sprache des Hasses.
Schmetterling Verlag 2001.
ISBN: 3-89657-091-9

Hilfreiche Links:

- Informationen über das rechtsextreme Umfeld: www.bnr.de
- Dokumentation rechter Gewalttaten: www.rechtegewalt.de
- Gegen Antisemitismus und rechte Gewalt: www.klick-nach-rechts.de
- Arbeitsstelle Rechtsextremismus und Gewalt: www.arug.de

Thema: Gewaltprävention in der Jugendarbeit

Akin, T.:
Gefühle spielen immer mit. Mit Emotionen klarkommen. Ein Übungsbuch.
Verlag an der Ruhr 2000.
ISBN: 3-86072-553-X

Akin, T.:
Selbstvertrauen und soziale Kompetenz. Übungen, Aktivitäten und Spiele für Kids ab 10.
Verlag an der Ruhr 2000.
ISBN: 3-86072-552-1

Bildungsteam Berlin Brandenburg e.V.:
Alltagskonflikte durchspielen. Rollenspiele für den Mediationsprozess.
Verlag an der Ruhr 2001.
ISBN: 3-86072-621-8

Buthmann, A./Thon, C.:
Fair streiten lernen. Ein Tutoren- und Präventionsprogramm für die Sekundarstufe.
Verlag an der Ruhr 2001.
ISBN: 3-86072-595-5

Faller, K. et al.:
Konflikte selber lösen. Trainingshandbuch für Mediation und Konfliktmanagement in der Schule.
Verlag an der Ruhr 1996.
ISBN: 3-86072-220-4

Schilling, D.:
Miteinander klarkommen. Toleranz, Respekt und Kooperation trainieren.
Verlag an der Ruhr 2000.
ISBN: 3-86072-551-3

Hilfreiche Links:

Initiative der Bundeszentrale für gesundheitliche Aufklärung:
www.kinderstarkmachen.de

Angebote zum Deeskalationstraining: „Schule ohne Rassismus":
www.sos-rassismus-nrw.de

Aktionsprogramm „Gemeinsam gegen Gewalt und Rassismus":
www.entimon.de

(Unterrichts-)Konzepte gegen Rechtsextremismus, Fremdenfeindlichkeit und Gewalt:
www.learn-line.nrw.de/angebote/rechtsextremismus/medio/index.html

Programmangebote zur Selbstbehauptung und Gewaltprävention:
www.behaupte-dich.de

Organisation gegen (alltäglichen) Rassismus:
www.aktioncourage.org

Zu den einzelnen Kapiteln

I. Bevölkerung

Alba, R. et al.:
Deutsche und Ausländer – Freunde, Fremde oder Feinde?
Mit CD-ROM.
Westdeutscher Verlag 2000.
ISBN: 3-531-13491-4

Dallmann, H.-U.:
Das Recht, verschieden zu sein.
Gütersloher Verlagshaus 2002.
ISBN: 3-579-02653-4

Kriechhammer-Yagmur, S. et al.:
Binationaler Alltag in Deutschland: Ratgeber für Ausländerrecht, Familienrecht und interkulturelles Zusammenleben.
Brandes & Apsel 2001.
ISBN: 3-86099-187-6

Holzer, T./Schneider, G.:
Asylpolitik auf Abwegen.
Leske & Budrich 2002.
ISBN: 3-8100-3269-7

Wießmeier, B. (Hg.):
Wer ist fremd? Ethnische Herkunft, Familie und Gesellschaft.
Leske & Budrich 2000.
ISBN: 3-8100-2566-6

Hilfreiche Links:

- Beauftragte der Bundesregierung für Ausländerfragen: www.bundesauslaenderbeauftragte.de
- Informationsdienst Ausländer in Deutschland: www.isoplan.de/aid
- amnesty international: www.amnesty.de
- Pro-Asyl: www.proasyl.de
- Linksammlung zum Thema Asyl und Migration in Deutschland: www.asyl.de
- Aktuelle Nachrichten zum Zeitgeschehen: www.pickings.de
- Daten zur ausländischen Bevölkerung in Deutschland: www.auslaender-statistik.de

Film/DVD:

Kanak Attack.
Regie: Lars Becker.
Deutschland 2000.
13 Episoden um multi-ethnische Migrantenkinder und ihr Leben in Deutschland.

II. Arbeit

Bauer, T.:
Arbeitsmarkteffekte der Migration und Einwanderungspolitik.
Physica-Verlag 1998.
ISBN: 3-7908-1071-1

Odierna, S.:
Die heimliche Rückkehr der Dienstmädchen.
Leske & Budrich 2000.
ISBN: 3-8100-2694-8

Schneider, F./Enste, D.:
Schattenwirtschaft und Schwarzarbeit.
Oldenbourg 2000.
ISBN: 3-486-25357-3

Berger, P./Konietzka, D.:
Die Erwerbsgesellschaft: Neue Ungleichheiten und Unsicherheiten.
Leske & Budrich 2001.
ISBN: 3-8100-2998-X

Hilfreiche Links:

- Bundesministerium für Wirtschaft und Arbeit: www.bmwi.de
- Generaldirektion der Europäischen Kommission für Beschäftigung und Soziales: http://europa.eu.int/comm/employment_social/index_de.htm

III. Wohnen

Bremer, P.:
Ausgrenzungsprozesse und die Spaltung der Städte. Zur Lebenssituation von Migranten.
Leske & Budrich 2000.
ISBN: 3-8100-2838-X

Thimel, Stefan:
Ausgegrenzte Räume. Ausgegrenzte Menschen.
IKO-Verlag für interkulturelle Kommunikation 1994.
ISBN: 3-88939-397-7

So leben sie! Fotoporträts von Familien aus 16 Ländern.
Verlag an der Ruhr, Neuaufl. 2002.
ISBN: 3-86072-669-2

Hilfreiche Links:

Bundesministerium für Verkehr, Bau- und Wohnungswesen: www.bmvbw.de

Dokumentationszentrum und Museum über Migration aus der Türkei: www.domit.de

Deutscher Mieterbund: www.mieterbund.de

TV:

„Verdrängt. Vergessen. Verkauft".
Fernsehreihe „Unter deutschen Dächern". Radio Bremen/ARD.
Dokumentation über einen Einwanderer aus Hanoi, der im Vietnamesenghetto von Berlin Lichtenberg auf 9 Quadratmetern lebt. (Erstausstrahlung: 01.11.95)

IV. Bildung

Attia, I. / Marburger, H.:
Alltag und Lebenswelten von Migrantenjugendlichen.
IKO-Verlag für interkulturelle Kommunikation 2000.
ISBN: 3-88939-520-1

Badawia, T.:
„Der Dritte Stuhl". Eine Grounded Theory-Studie zum kreativen Umgang bildungserfolgreicher Immigrantenjugendlicher mit kultureller Differenz.
Diss. 2002.
IKO-Verlag für interkulturelle Kommunikation 2002.
ISBN: 3-88939-634-8

Büttner, M. (Hg.):
Braune Saat in jungen Köpfen. Grundwissen und Konzepte für Unterricht und Erziehung gegen Neonazismus und Rechtsgewalt.
Schneider Verlag Hohengehren 1999.
ISBN: 3-89676-146-3

Eichelberger, H./Furch, E. (Hg.):
Kulturen, Sprache, Welten. Die Herausforderung (Inter-)Kulturalität
Studien Verlag 1998.
ISBN: 3-7065-1302-1

Hufer, K.-P.:
Argumentationstraining gegen Stammtischparolen. Materialien und Anleitungen für Bildungsarbeit und Selbstlernen.
Wochenschau Verlag 2000.
ISBN: 3-87920-054-8

Neumann, U. et al. (Hg.):
Wie offen ist der Bildungsmarkt?
Waxmann 2002.
ISBN: 3-8309-1186-6

OECD (Hg.):
„Bildung auf einen Blick 2002"
(erhältlich bei der OECD Bonn Office)

Quehl, T. (Hg.):
Schule ist keine Insel. Britische Perspektiven antirassistischer Pädagogik.
Waxmann 2000.
ISBN: 3-89325-917-1

Hilfreiche Links:

- Bundesministerium für Bildung und Forschung:
  www.bmbf.de
- Bundeszentrale für politische Bildung:
  www.bpb.de
- Jugendforschung in Deutschland:
  www.shell-jugendstudie.de

V. Kriminalität

Kawamura, G.(Hg.):
Migration, Kriminalität und Kriminalisierung.
Lambertus-Verlag 2002.
ISBN: 3-7841-1411-3

Wolf, G. (Hg.):
Kriminalität im Grenzgebiet: Ausländer vor deutschen Gerichten. Bd.3.
Springer 2000.
ISBN: 3-540-66959-0

Edelbacher, Maximilian (Hg.):
Organisierte Kriminalität in Europa. Die Bekämpfung der Korruption und der organisierten Kriminalität.
Linde 1998.
ISBN: 3-85122-805-7

Hilfreiche Links:

- Bundeskriminalamt:
  www.bka.de
- Bundesamt für Verfassungsschutz:
  www.verfassungsschutz.de

VI. Soziales

Bade, K.-J./Oltmer, J.:
Aussiedler: Deutsche Einwanderer aus Osteuropa.
Universitätsverlag Rasch 1999.
ISBN: 3-932147-40-5

Dietz, B./ Roll, H.:
Jugendliche Aussiedler. Porträt einer Zuwanderer-generation.
Campus Verlag 1998.
ISBN: 3-593-35942-1

Eideneier, R./Kallifatidou, S.:
„Altwerden ist ein köstlich Ding ...?" Altern in der Fremde.
Romiosini 2000.
ISBN: 3-929889-37-4

Reinhard, H.-J. (Hg.):
Demographischer Wandel und Alterssicherung. Rentenpolitik in neun europäischen Ländern und den USA im Vergleich.
Nomos 2001.
ISBN: 3-7890-7485-3

Hilfreiche Links:

Verband deutscher Rentenversicherungsträger:
www.vdr.de

Informationen über die Aussiedlerpolitik des Bundes:
www.bmi.bund.de

VII. Integration

Beger, K.-U.:
Migration und Integration.
Leske & Budrich 1999.
ISBN: 3-8100-2567-4

Diehl, C.:
Die Partizipation von Migranten in Deutschland. Rückzug oder Mobilisierung?
Leske & Budrich 2002.
ISBN: 3-8100-3381-2

Haumersen, P./Liebe, F.:
Multikulti: Konflikte konstruktiv. Trainingshandbuch Mediation in der interkulturellen Arbeit.
Verlag an der Ruhr 1999.
ISBN: 3-86072-429-0

Krüger-Potratz, M. et al.:
Integration und Partizipation in der Einwanderungsgesellschaft.
Universitätsverlag Rasch 2002.
ISBN: 3-935326-61-0

Hilfreiche Links:

Zentrum für Europäische Integrationsforschung:
www.zei.de

Landeszentrum für Zuwanderung NRW:
www.lzz-nrw.de

Internet-Portal für deutsch-türkische Jugendliche:
www.vaybee.de

VIII. Frauen

Bauer, Jochen:
Konfliktstoff Kopftuch. Eine thematische Einführung in den Islam.
Verlag an der Ruhr 2001.
ISBN: 3-86072-614-5

Brückner, M./Böhnisch, L.:
Geschlechterverhältnisse: Gesellschaftliche Konstruktionen und Perspektiven ihrer Veränderung.
Juventa 2001.
ISBN: 3-7799-1368-2

Gomez-Tutor, C.:
Bikulturelle Ehen in Deutschland.
IKO-Verlag für interkulturelle Kommunikation 1995.
ISBN: 3-88939-382-9

Frauen helfen Frauen e.V. Lübeck (Hg.):
Bei aller Liebe ... Gewalt im Geschlechterverhältnis.
Kleine Verlag Bielefeld 2000.
ISBN: 3-89370-336-5

Herwartz-Emden, L.:
Einwandererfamilien. Geschlechterverhältnisse, Erziehung und Akkulturation.
Universitätsverlag Rasch 2000.
ISBN: 3-932147-22-7

Rosner, J.:
Asylsuchende Frauen.
VAS-Verlag für Akademische Schriften 1996.
ISBN: 3-88864-203-5

Hilfreiche Links:

Bundesministerium für Familie, Senioren, Frauen und Jugend:
www.bmfsfj.de

Verband binationaler Familien und Partnerschaften e.V.:
www.verband-binationaler.de

IX. Vergangenheitsbewältigung: nationalsozialistische Vergangenheit

Bajohr, F.:
Parvenüs und Profiteure. Korruption in der NS-Zeit.
Fischer 2001.
ISBN: 3-10-004812-1

Dohnanyi, K. von:
Hat uns die Erinnerung das Richtige gelehrt? Eine kritische Betrachtung der „Vergangenheitsbewältigung".
DVK Medien, erscheint laut Verlag Ende 2002.
ISBN: 3-89669-757-9

Reichel, P.:
Vergangenheitsbewältigung in Deutschland. Die Auseinandersetzung mit der NS-Diktatur von 1945 bis heute.
Beck 2001.
ISBN: 3-406-45956-0

Tiedemann, M.:
„In Auschwitz wurde niemand vergast.“ 60 rechtsradikale Lügen und wie man sie widerlegt.
Verlag an der Ruhr 1996.
ISBN: 3-86072-275-1

Hilfreiche Links:

- Aktion Kinder des Holocaust:
  www.akdh.ch
- Argumente gegen Auschwitzleugner:
  www.h-ref.de
- Dokumentation filmischer Zeugnisse der Judenvernichtung:
  www.cine-holocaust.de

Film:

„Schindlers Liste“.
Regie: Steven Spielberg.
USA. 1993.
Authentische Geschichte des Deutschen Oskar Schindler, NSDAP-Mitglied und Frauenheld, der während des Holocaust das Leben von 1.100 Juden rettete, indem er sie in seiner Fabrik arbeiten ließ.

IX. Vergangenheitsbewältigung: Neonazis heute

Bonengel, W./Hasselbach, I.:
Die Abrechnung. Ein Neonazi steigt aus.
AtV 2001.
ISBN: 3-7466-7036-5

Jaschke, H.-G. et al.:
Nach Hitler. Radikale Rechte rüsten auf.
C. Bertelsmann 2001.
ISBN: 3-570-00566-6

Schleicher, H.:
Wie man mit Fundamentalisten diskutiert, ohne den Verstand zu verlieren. Anleitung zum subversiven Denken.
Beck 1999.
ISBN: 3-406-42144-X

Schröder, B.:
Nazis sind Pop.
Espresso Verlag 2000.
ISBN: 3-88520-779-6

Schubarth, W./Stöss, R.:
Rechtsextremismus in der Bundesrepublik. Eine Bilanz.
Leske & Budrich 2001.
ISBN: 3-8100-3115-1

Tramitz, C.:
Unter Glatzen. Meine Begegnungen mit Skinheads.
Droemer 2001.
ISBN: 3-426-27242-3

Zentrum Demokratische Kultur (Hg.):
Rechtsextremismus heute. Eine Einführung in Denkwelten, Erscheinungsfomen und Gegenstrategien.
Bulletin 1/2001.

Hilfreiche Links:

Private Homepage des Schriftstellers und freien Journalisten Burkhard Schröder mit vielen Informationen über Antifaschismus und Neonazismus inkl. großer Linksammlung:
www.burks.de

Große Datenbank mit Adressen zum Neonazismus:
www.otto-brenner-stiftung.de

Informationen über rechte Organisationen und ihre Ideologie:
www.der-rechte-rand.de

Film/TV:

„Familienkrieg".
Fernsehreihe „Unter deutschen Dächern". ARD/Radio Bremen.
3-teilige Dokumentation über eine Mutter, deren 15-jähriger Sohn zum Nazi wird (gesendet im Mai 2002).

„Oi! Warning".
Regie: Dominik und Benjamin Reding.
Deutschland. 1999.
Preisgekrönter Film über einen Jugendlichen, der sich der Skinhead-szene zuwendet.

„Führer Ex".
Regie: Winfried Bonengel.
Deutschland. 2002.
Geschichte zweier DDR-Anarchos, deren Freundschaft zwischen Neonazismus, Gewalt und Missbrauch auf eine harte Probe gestellt wird (basiert auf dem Bestseller: „D3ie Abrechnung").

X. Staatliche Ordnung

Abromeit, H.:
Wozu braucht man Demokratie? Die postnationale Herausforderung der Demokratietheorie.
Leske & Budrich 2002.
ISBN: 3-8100-3350-2

Fornet-Betancourt, R./ Sandkühler, H.J.:
Begründungen und Wirkungen von Menschenrechten im Kontext der Globalisierung.
IKO-Verlag für interkulturelle Kommunikation 2001.
ISBN: 3-88939-591-0

Fountain, S.:
„Wir haben Rechte … und nehmen sie auch wahr." Kinderrechte kennen lernen und verwirklichen.
Unicef (Hg.).
Verlag an der Ruhr 1996.
ISBN: 3-86072-239-5

Generalversammlung der Vereinten Nationen :
Allgemeine Erklärung der Menschenrechte. Verkündet am 10. Dezember 1948.
Insel Verlag 1999.
ISBN: 3-458-19114-3

Hailbronner, K./ Klein, E. (Hg.):
Flüchtlinge, Menschenrechte, Staatsangehörigkeit. Menschenrechte und Migration.
Müller (C. F. Jur.) 2002.
ISBN: 3-8114-5109-X

Koopmann, K.:
Projekt: Aktive Bürger. Sich demokratisch durchsetzen lernen.
Verlag an der Ruhr 2001.
ISBN: 3-86072-668-4

Hilfreiche Links:

- Vereinte Nationen Informationszentrum Bonn: www.uno.de
- Internationale Gesellschaft für Menschenrechte: www.igfm.de
- Flüchtlingskommitee UNHCR Deutschland: www.unhcr.de

Bildnachweis

Unser besonderer Dank gilt:

Bernd Schäfer: Umschlagrückseite, S. 10, 19, 27, 37, 41, 57, 65, 71, 81, 85, 89, 115, 131, 139, 143, 159, 163, 167, 185, 229

Jürgen Schardt: S. 55, 67, 109, 135

Dr. Adolf Holl: S. 45

Justizvollzugsanstalt Gelsenkirchen: S. 111, 127

Pro Asyl e.V.: S. 34, 66

UNHCR: S. 51, 52

alle anderen Fotos: Archiv Verlag an der Ruhr